U0450362

国家自然科学基金面上项目"OFDI生产网络视角下美国货币政策对我国经济的外溢与应对策略研究：理论、实证与数量测度"（72373112）资助

对外直接投资与
产品提质升级问题研究

余静文 著

中国社会科学出版社

图书在版编目（CIP）数据

对外直接投资与产品提质升级问题研究/余静文著. —北京：中国社会科学出版社，2024.1
ISBN 978-7-5227-3086-8

Ⅰ.①对…　Ⅱ.①余…　Ⅲ.①对外投资—直接投资—研究—中国　Ⅳ.①F832.6

中国国家版本馆CIP数据核字（2024）第037572号

出 版 人	赵剑英
责任编辑	刘晓红
责任校对	周晓东
责任印制	戴　宽
出　　版	中国社会科学出版社
社　　址	北京鼓楼西大街甲158号
邮　　编	100720
网　　址	http://www.csspw.cn
发 行 部	010-84083685
门 市 部	010-84029450
经　　销	新华书店及其他书店
印　　刷	北京君升印刷有限公司
装　　订	廊坊市广阳区广增装订厂
版　　次	2024年1月第1版
印　　次	2024年1月第1次印刷
开　　本	710×1000　1/16
印　　张	15.25
字　　数	229千字
定　　价	86.00元

凡购买中国社会科学出版社图书，如有质量问题请与本社营销中心联系调换
电话：010-84083683
版权所有　侵权必究

摘　　要

党的十九届五中全会提出了"加快构建以国内大循环为主体、国内国际双循环相互促进的新发展格局"的重大战略部署。作为连接国内国际双循环的纽带，对外直接投资将扮演重要角色。为构建更高水平开放型经济新体制，打通国内国际"双循环"，需要通过企业"走出去"以助力中国经济高质量发展。党的二十大报告也提出，推进高水平对外开放，稳步扩大规则、规制、管理、标准等制度型开放，加快建设贸易强国，推动共建"一带一路"高质量发展，维护多元稳定的国际经济格局和经贸关系。近年来，中国涌现出大量企业成功"走出去"的案例，吉利控股于2018年2月以约90亿美元价格收购了戴姆勒（Daimler）9.69%股份，成为奔驰母公司戴姆勒的最大股东。2016年5月，美的集团宣布收购德国工业机器人公司库卡（Kuka），2021年11月公告全面收购库卡。2018年4月，青岛双星集团成功控股韩国锦湖轮胎（Kumho Tire），成为全球规模前十的轮胎企业，中国轮胎业最大并购案宣告收官。

企业对外直接投资（Outwards Foreign Direct Investment，OFDI）通过将生产经营中的部分或全部环节转移到其他国家（地区），产生逆向溢出效应，进而对母国企业、国民经济产生影响。企业对外直接投资所引起的学习效应、市场规模的扩大等都会反馈作用于对外直接投资的企业本身。对外直接投资对中国产业结构升级的影响为何？产业结构升级的一个特点便是产品质量的提升。中国经济潜在增速下滑，实际GDP的年均增速从2012年起已经连续多年低于8%，2016—2020年均位于7%以下。中国经济亟待从过去要素驱动型的增长模式转向效率驱动型，甚至是创新驱动型的增长模式，实现这种经济增长模式的转变需要将中国经济更好融入全球经济之中，提高资源配置的效率。这也就需要通过提高产品质量的方式来提高中国产品在全球价值链分工中的竞争优势，提升中国在全球价值链中的地位。已有文献所发现的企业对外直接投资的逆向溢出效应是否也有助于企业产品提质升级？本书尝试基于中国微观层面的数据，采取倾向性得分匹配的方法和双重差分的方法来解答以上问题。

　　本书共分为九章。第一章为绪论，介绍研究背景、意义、内容、方法与创新等。第二章为研究回顾和评述，对研究主题相关的文献进行回顾、归纳和总结，涉及的文献包括影响企业对外直接投资的因素、企业对外直接投资的经济效应、产品质量影响因素等。同时，将对研究进行展望。第三章为对外直接投资的相关理论，本章介绍传统的对外直接投资理论、发展中国家对外直接投资理论，以及对外直接投资与产品提质升级效应的相关理论和文献。第四章为中国对外直接投资的基本事实与特征。本章介绍中国企业对外直接投资的发展历程，并分析当前现状，概括其特征。第五章为对外直接投资与产品提质升级。本章展开对外直接投资产品提质升级效应的理论分析，并结合企业层面和交易层面的数据，从企业自身吸收技术的能力、资讯获取等角度来探讨对外直接投资的提质升级效应。第六章为绿地投资、跨境并购与产品提质升级。本章区分对外直接投资类型，将其分为绿地投资和跨境并购，分析绿地投资的产品提质升级效应和跨境并购的产品提质升级效应。此外，本章识别三种影响路径，分别为学习效应、国外市场资讯获取效应、规模经济效应。第七章为对外直接投资的驱动因素分析：基于银行业竞争的视角。本章从间接融资发展的视角分析企业对外直接投资的影响因素。具体而言，这一章将根据中小商业银行跨区域发展以及异地设立分支机构的政策冲击实证研究这种银行业"松绑"引致的银行业竞争对企业对外直接投资的影响，并检验银行业"松绑"的"市场势力假说"和"信息假说"。第八章为银行业竞争与产品提质升级。本章利用匹配的中国海关数据库、中国工业企业数据库以及城市层面商业银行分支机构的金融许可证信息来分析银行业竞争对产品质量升级的影响。此外，通过识别融资约束缓解这一机制，在银行业竞争与产品质量升级二者间建立桥梁，对银行业竞争的经济影响以及产品质量升级的驱动因素进行系统分析。第九章为研究结论和政策启示。本章首先概括总结本书的主要结论，其次从国家层面和企业层面两个方面提出有助于推动企业高质量对外直接投资、实现经济高质量发展、构建国内国际"双循环"相互促进的新发展格局的政策建议。

关键词："双循环"新格局；对外直接投资；逆向溢出效应；产品质量升级；经济高质量发展；倾向性得分匹配；双重差分法

Abstract

The 5th plenary session of 19th Communist Party of China (CPC) Central Committee comes up with a major strategy deployment on the "Dual Circulation" development pattern which takes domestic development as the mainstay, with domestic and international development reinforcing each other. It indicates an accelerated shift from China's export-oriented development strategy. Besides, the Report of the 20th National Congress of the Communist Party of China also called for advancing opening-up at a high level, steadily expanding institutional opening-up based on rules, regulations, management and standards, accelerating the building of a strong trading country, promoting high-quality development under the Belt and Road Initiative, and maintaining a diversified and stable international economic structure and economic and trade relations. Under the new development pattern, the outwards foreign direct investment (OFDI) will play an important role in connecting the domestic development and the international development. Furthermore, the high quality economic development depends on high quality of "going out" of firms. Recently, there are a plenty of successful cases on outwards foreign direct investment in China. For example, the Geely acquired close to 10 percent of the shares in Mercedes-Benz owner Daimler, becoming its largest shareholder in the February of 2018. Midea tries to claim an acquisition of Germany's Kuka in 2016 and moreover announces a comprehensive acquisition of German robot maker Kuka in 2021. Qingdao Doublestar has announced that it is buying a majority stake in the South Korean tyre maker Kumho Tire. After the acquisition, Qingdao

Doublestar has become one of the biggest tire enterprises in the world.

The outwards foreign direct investment could produce the reverse spillover effects through transferring parts of production to other countries or regions. The reverse spillover effects will affect the firms in parent country as well as the national economy of parent country. Specifically, three channels including learning mechanism, information acquisition mechanism as well as scale economy mechanism will be at work in shaping the behavior of firms in parent country. What is the impact of outwards foreign direct investment on China's industrial structure upgrading? One of the features in industrial structure upgrading is the product quality upgrading. Chinese economy growth has dropped below 8% after 2012 and below 7% between 2016 and 2020. In this case, Chinese economic growth model driven by the factor input needs to transform to a new economic growth model driven by the efficiency and the innovation. However, the achievement of this transformation relies on the degree of integration of Chinese economy into the global economy, which will promote the resource allocation efficiency greatly. The product quality upgrading could help firms to obtain the competitive advantage in the global value chain division. Could the reverse spillover effects revealed in the previous studies affect the product quality upgrading? This study will use the propensity score matching (PSM) and difference-in-differences method (DID) based on the micro data in China to provide an answer to this question.

The book has nine chapters. Chapter one is an introduction part that elaborates the research background, topic, method as well as the academic contribution. Chapter two reviews the literature on both theoretical and empirical researches of outwards foreign direct investment and product quality upgrading. Chapter three introduces the theories on outwards foreign direct investment from the perspectives of traditional theory, theory in developing countries and theory on the effects of the reverse spillovers of outwards foreign direct investment. Chapter four describes the evolution of the outwards foreign direct investment in China generally. The background of outwards foreign direct investment is introduced and furthermore the outwards foreign direct investment is quantized here. The quantification of outwards foreign direct investment is used to present the features of outwards foreign direct investment in China. Chapter five is the empirical study on the effects of outwards foreign direct investment on product quality upgrading. This chapter conducts the theoretical analysis and studies the reverse spillover effects on product quality upgrading from three channels including learning mechanism, information acquisition mechanism as well as scale economy mechanism. Chapter six separates the outwards foreign direct investment into two parts: greenfield investment and overseas merger and acquisition. This Chapter studies the effects of greenfield investment on product quality upgrading and also the effects of overseas merger and acquisition on product quality upgrading. The mechanism will also be discussed in this section. Chapter seven investigates the causal effects of banking competition on outwards foreign direct investment. This Chapter will utilize a natural experiment that small and medium banks are permitted to establish a branch in the regions in which the bank does not headquarter, to identify the causal effects of banking competition on outwards foreign direct investment. There are two hypotheses about the economic effects of banking competition. The first one is "Market Power Hypothesis" and the other one is "Information Hypothesis". In this Chapter, we also try to test the above two hypotheses. Chapter eight attempts to use the matched data set of Chinese Customs' data, Chinese industrial enterprise data as well as business certificate of commercial bank data to study the causal effect of banking competition on quality upgrading. In this Chapter, we will verify the "Market Power Hypothesis". The degree of financial constraint is alleviated because of the intensifying banking competition. The firm could allocate more resources on launching innovation activity and importing high skilled input. This will lead to product quality upgrading. We will also systematically analyze influencing factors of banking competition and product quality upgrading. Chapter nine is the concluding remarks. This Chapter will first conclude and then provide the suggestions on how to promote the high quality "going out" of firms as well as high quality economic development. In particular, this Chapter will offer a proposal from both country-level and firm-level on how to establish a new development pattern of "Dual Circulation".

Keywords: "Dual Circulation" Development Pattern; Outwards Foreign Direct Investment; Reverse Spillover Effects; Product Quality Upgrading; High Quality Economic Development; Propensity Score Matching; Difference-in-Differences Method

目 录

第一章　绪论 …………………………………………… 1

　　第一节　研究背景和意义 ………………………………… 1
　　第二节　研究内容和研究方法 …………………………… 5
　　第三节　基本概念界定 …………………………………… 9
　　第四节　研究的创新 ……………………………………… 11

第二章　研究回顾和评述 ………………………………… 17

　　第一节　影响对外直接投资的因素 ……………………… 17
　　第二节　对外直接投资的经济效应 ……………………… 25
　　第三节　产品质量影响因素的研究 ……………………… 33
　　第四节　研究展望 ………………………………………… 37

第二章　对外直接投资的相关理论 ……………………… 41

　　第一节　传统的对外直接投资理论 ……………………… 41
　　第二节　发展中国家对外直接投资理论 ………………… 44
　　第三节　对外直接投资产品提质升级的直接效应 ……… 47
　　第四节　对外直接投资产品提质升级的间接效应 ……… 49

第四章　中国对外直接投资的基本事实与特征 ………… 52

　　第一节　中国对外直接投资的发展历程 ………………… 52
　　第二节　中国对外直接投资的发展特征 ………………… 56

第五章 对外直接投资与产品提质升级 ……………………… 65

第一节 研究设计 ………………………………………… 65
第二节 数据说明与变量构建 …………………………… 70
第三节 对外直接投资对产品提质升级的影响………… 76
第四节 对外直接投资产品提质升级效应的扩展分析 …… 84
第五节 影响机制探讨 …………………………………… 96
第六节 主要结论 ………………………………………… 103

第六章 绿地投资、跨境并购与产品提质升级 ……………… 105

第一节 研究设计 ………………………………………… 105
第二节 数据说明与变量构建 …………………………… 108
第三节 绿地投资的产品提质升级效应研究 …………… 110
第四节 跨境并购的产品提质升级效应研究 …………… 116
第五节 主要结论 ………………………………………… 119

第七章 对外直接投资的驱动因素分析：基于银行业竞争的视角 …………………………………………… 120

第一节 研究设计 ………………………………………… 120
第二节 数据说明与变量构建 …………………………… 128
第三节 银行业竞争与对外直接投资 …………………… 136
第四节 扩展性分析 ……………………………………… 151
第五节 主要结论 ………………………………………… 161

第八章 银行业竞争与产品提质升级 ………………………… 163

第一节 研究设计 ………………………………………… 163
第二节 数据说明与变量构建 …………………………… 171
第三节 银行业竞争与产品提质升级 …………………… 175
第四节 扩展性分析 ……………………………………… 178
第五节 主要结论 ………………………………………… 183

第九章　研究结论和政策启示 ………………………………… 185

　　第一节　研究结论概述 ………………………………… 185

　　第二节　政策启示 ……………………………………… 188

参考文献 ……………………………………………………… 194

图 目 录

图 1-1　中国对外直接投资流量与全球位次 …………… 2
图 1-2　中国对外直接投资管制程度的变化趋势 ………… 3
图 1-3　出口产品价格对数的密度函数 ………………… 6
图 1-4　内容结构安排 ……………………………… 16
图 3-1　金融全球化的趋势 …………………………… 50
图 4-1　中国对外直接投资流量 ……………………… 57
图 4-2　中国对外直接投资存量 ……………………… 58
图 4-3　中国对外非金融类直接投资存量
　　　　占比（国有企业）………………………… 59
图 4-4　2020 年地方对外直接投资流量按区域分布 ……… 59
图 4-5　2020 年地方对外直接投资流量占比（前 10 位）… 60
图 4-6　2013 年地方对外直接投资流量占比（前 10 位）… 60
图 4-7　2020 年中国境外企业覆盖国家数量与
　　　　国家（地区）总数的比率 ………………… 61
图 4-8　2020 年中国对外直接投资流量前 10 位的
　　　　国家（地区）……………………………… 62
图 4-9　2013 年中国对外直接投资流量前 10 位的
　　　　国家（地区）……………………………… 63
图 4-10　2020 年中国对外直接投资流量行业
　　　　分布（前 10 位）………………………… 64
图 4-11　2013 年中国对外直接投资流量行业
　　　　分布（前 10 位）………………………… 64
图 5-1　企业对外直接投资的项目数量（2000—2013 年）…… 66

图 5-2 部分地区企业对外直接投资情况（地区对外直接投资次数/对外直接投资总次数） ……………… 72
图 5-3 中国企业对外直接投资情况（分经营范围） ……… 80
图 5-4 平行趋势检验及动态效应估计 …………………… 83
图 7-1 中国工业企业对外直接投资次数的变化趋势 …… 131
图 7-2 银行业竞争程度的变化趋势 …………………… 132
图 7-3 银行业竞争与 OFDI 企业占比 ………………… 134

表 目 录

- 表 5-1 平衡性检验的部分结果 …………………… 68
- 表 5-2 主要变量的描述性统计 …………………… 76
- 表 5-3 对外直接投资与产品提质升级：基准回归 ………… 77
- 表 5-4 对外直接投资类型与产品提质升级 ……………… 81
- 表 5-5 对外直接投资与产品提质升级：Two Way Cluster …………………………… 85
- 表 5-6 对外直接投资与产品提质升级：异质性 VS. 同质性 …………………………… 86
- 表 5-7 对外直接投资与产品提质升级：一般贸易 VS. 非一般贸易 ……………………… 88
- 表 5-8 对外直接投资与产品提质升级：产品质量测度的替换（一） ……………… 90
- 表 5-9 对外直接投资与产品提质升级：产品质量测度的替换（二） ……………… 91
- 表 5-10 对外直接投资与产品提质升级：样本选择问题的考察 …………………… 94
- 表 5-11 对外直接投资与产品提质升级：对外直接投资类型的再考察 ……………… 95
- 表 5-12 影响机制分析：进口中间投入品质量 ………… 97
- 表 5-13 影响机制分析：生产技术复杂度 ……………… 100
- 表 5-14 影响机制分析：创新能力 ……………………… 101
- 表 6-1 平衡性检验的部分结果 ………………………… 107
- 表 6-2 主要变量的描述性统计 ………………………… 109

表 6-3　企业绿地投资与产品提质升级 …………… 110
表 6-4　绿地投资对产品提质升级的动态效应 …………… 112
表 6-5　对外直接投资对产品提质升级的影响机制：
　　　　学习机制 …………… 114
表 6-6　绿地投资对产品提质升级的影响机制：
　　　　国外市场资讯获取和规模经济 …………… 115
表 6-7　跨境并购与产品提质升级：基准回归 …………… 117
表 6-8　跨境并购与产品提质升级：横向并购与
　　　　纵向并购 …………… 118
表 7-1　主要变量的描述性统计 …………… 135
表 7-2　银行业竞争与企业对外直接投资：
　　　　基准回归的结果 …………… 137
表 7-3　银行业竞争与企业对外直接投资：
　　　　2008 年之前样本的考察 …………… 140
表 7-4　银行业竞争对企业对外直接投资的影响：
　　　　进一步分析 …………… 143
表 7-5　银行业竞争与企业对外直接投资：地区和行业
　　　　层面因素的考察（一） …………… 147
表 7-6　银行业竞争与企业对外直接投资：地区和行业
　　　　层面因素的考察（二） …………… 149
表 7-7　银行业竞争对企业对外直接投资的影响机制 ……… 152
表 7-8　银行业竞争对企业对外直接投资的影响机制：
　　　　进一步考察 …………… 154
表 7-9　银行业竞争对企业对外直接投资的影响：
　　　　工具变量的估计结果 …………… 156
表 7-10　工具变量估计结果的进一步考察 …………… 158
表 8-1　主要变量的描述性统计 …………… 174
表 8-2　银行业竞争与产品质量提升：对有效产品
　　　　质量的考察 …………… 176
表 8-3　银行业竞争与产品质量提升：对产品

　　　　价格的考察 …………………………………… 177
表 8-4　银行业竞争与融资条件 …………………………… 180
表 8-5　银行业竞争与产品提质升级：基于工具
　　　　变量的回归 …………………………………… 182
表 8-6　银行业竞争与融资条件：基于工具变量的回归 …… 182

第一章

绪　论

第一节　研究背景和意义

一　研究背景

改革不停步，开放不止步。当前，中国外部环境复杂多变，大国博弈，冲突与竞争成为常态，从"301调查"到中兴禁售令，中美贸易摩擦始终贯穿着中国，乃至全球经济金融形势。乌克兰危机也牵动着国际金融市场的神经；美联储主席鲍威尔强调，乌克兰危机、制裁已经给美国经济带来高度的不确定性。与此同时，中国经济也面临着结构调整、新旧动能转换带来的种种阵痛。2020年的新冠疫情冲击更是对中国及全球经济带来了深远的影响，中国国内外经济金融格局正在发生巨变，机遇与挑战并存。习近平总书记强调，当今世界正经历百年未有之大变局，"中国开放的大门不会关闭，只会越开越大"，"我国经济持续快速发展的一个重要动力就是对外开放。对外开放是基本国策。要全面提高对外开放水平，建设更高水平开放型经济新体制，形成国际合作和竞争新优势"（习近平，2020）。

改革开放以来，中国经济的快速增长离不开对外开放引致的资本流入，大量资本流入与农村地区释放的劳动力有效结合，对中国经济产生了巨大的推动力量。2014年，中国对外直接投资（Outwards Foreign Direct Investment，OFDI）的规模首次超过了实际利用外资的规模，这是开放型经济发展到较高水平的普遍规律，也是中国由经贸大国转向经贸强国的重要标志。事实上，中国在资本流动方面与一般发展中国家存在显著差异，发展中国家由于人均资本较低，较高的资本边际回报会吸引资本流入，但是，中国自1994年以来一直是资本的净输出国。

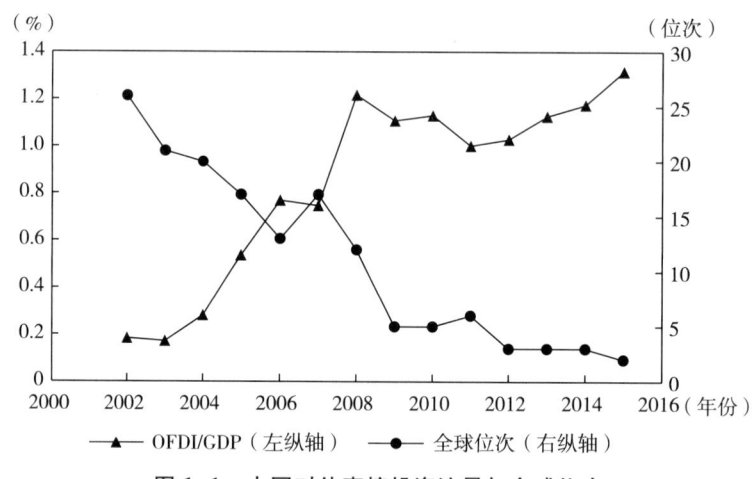

图 1-1 中国对外直接投资流量与全球位次

资料来源：《中国对外直接投资统计公报》。

高水平对外开放有利于实现资源的充分利用，提高资源的配置效率。习近平总书记指出："国际经济联通和交往仍是世界经济发展的客观要求。我国经济持续快速发展的一个重要动力就是对外开放"（习近平，2020）。作为发展中国家，中国在2007年之后对外直接投资规模出现了快速增加。2006年和2007年对外直接投资规模分别为211.6亿美元和265.1亿美元，占GDP比例分别为0.77%和0.75%，随后的2008年，中国对外直接投资规模跃升至559.1亿美元，占GDP比例达到了1.22%，全球位次也较2007年提升了5位。2013年"一带一路"倡议提出时，中国对外直接投资规模达到了1078.4亿美元，全球位次达到了第3位（见图1-1）[①]。中国对外直接投资数量的

[①] 此处对外直接投资规模为流量规模，数据来自《2020年度中国对外直接投资统计公报》。

提升与中国对外开放政策息息相关。图1-2为中国资本项目中关于对外直接投资管制的指标,该指标越低,对外直接投资管制程度越低,从2001年开始,中国对外直接投资的管制在不断放松,表明了中国不断鼓励企业对外直接投资的政策主张[①]。

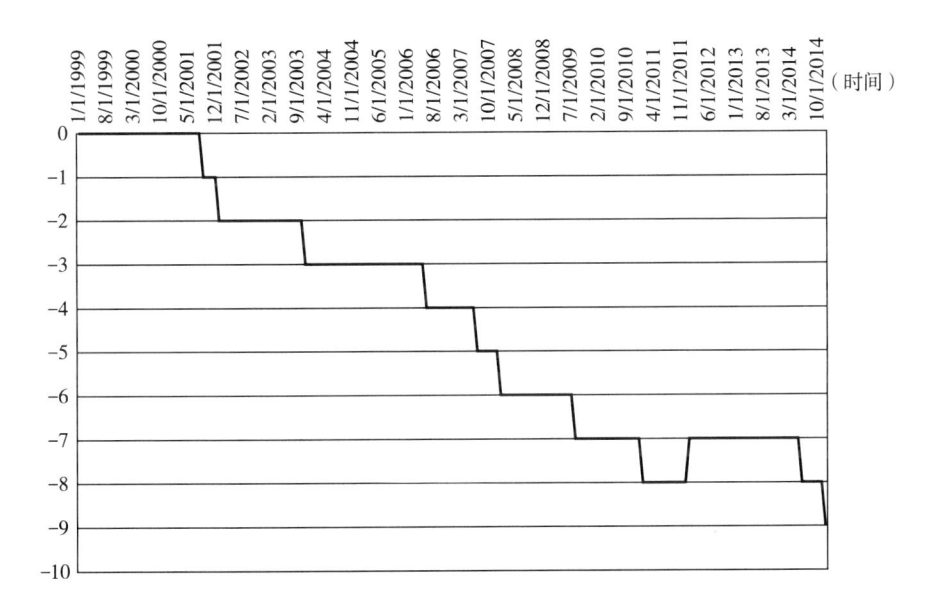

图1-2 中国对外直接投资管制程度的变化趋势

资料来源:Chen和Qian(2016)。

此外,根据国家统计局公布的数据,中国贸易额2021年达到39.1万亿元,与2002年加入世界贸易组织后第一年的数据相比扩大了近7倍,较2019年提高了23.88%。进出口贸易额占GDP比例从2002年的42.21%下降到当前的34.29%。出口贸易额达到了21.7万亿元,较2019年提高了26.09%,占GDP比例为19%。这都表明在经济全球化背景下,中国通过对外直接投资、贸易等途径使生产要

---

① 此处关于对外直接投资管制的数据来自Chen和Qian(2016),他们以1999年1月为初期,对管制的评分赋值为0,当出现对外直接投资管制措施的时候,在前值基础上加1,当出现对外直接投资管制措施的时候,在前值基础上减1。

素,比如,资本、劳动力、信息和生产技术等流动于不同国家(地区)间,也使得国家(地区)和国家(地区),企业和企业之间联系更加密切。企业对外直接投资通过将生产经营中的部分或全部环节转移到其他国家(地区),获取先进的生产、管理、经营经验、技术和方法等,有助于企业增加在全球市场的份额,从而提升国际市场上的知名度与市场地位。

二 研究意义

本部分将从理论意义和现实意义两个角度来阐述本书研究的意义。首先,本书研究的理论意义是对发展中国家企业对外直接投资的经济效应研究进行了补充和扩展。已有研究从生产转移、产业空心化、融资约束、技术溢出等视角评估了企业对外直接投资的经济效应(Johanson and Vahlne, 1990; Konings and Murphy, 2006; Meyer et al., 2009; Yamashita and Fukao, 2010; Ghauri and Park, 2012; Chen and Tang, 2014; 李磊等, 2016; Fu et al., 2018)。但是,较少有研究关注于对外直接投资区位因素对产品提质升级的影响。余静文等(2021)利用中国进出口交易层面数据分析了对外直接投资的提质升级效应,但是并没有区分不同对外直接投资类型的产品提质升级效应,也没有分析对外直接投资产品提质升级的间接效应。当前产品质量影响因素的研究也在兴起,成为宏观经济、国际贸易等领域研究的重要问题。当前多数研究重点放在对外直接投资与出口产品数量的关系上,但需要指出,数量的增长并不意味着产品竞争力的增强。因此,从产品质量视角展开分析更能够说明对外直接投资所产生的经济效益。此外,很多研究均从宏观层面来进行分析,缺少微观层面的经验证据。如果要全面地、系统地评估中国对外开放战略实施情况,那么需要深入分析中国对外直接投资对产品提质升级的影响。

其次,本书研究的现实意义在于从"国内国际双循环"视角为中国实现高质量经济发展提供路径和政策分析。随着中国经济增速的放缓和潜在经济增速的下滑,中国资源、能源,以及环境承受力都受到更严格的约束条件。同时,中国人力成本、土地成本有快速上涨的趋势,过去依靠低廉要素价格的优势将从出口产品价格上逐渐消失。为了实现经济高质量发展，以及更好融入全球经济之中，中国需要以调整贸易出口结构、提高出口产品质量等方式来挖掘产品的竞争优势，提升中国在全球产业价值链分工中的分量和地位。新冠疫情暴发以来，全球经济金融形势日趋复杂，中国经济面临着更严峻的内外部挑战。2020年5月14日，中共中央政治局常委会会议提出"构建国内国际双循环相互促进的新发展格局"，要从持久战的角度认识当下中国面临的诸多问题，"加快构建以国内大循环为主体，国内国际双循环相互促进的新发展格局"。这是中国面对"百年未有之大变局"而做出的一次重大的战略性调整。随着乌克兰危机爆发、美联储货币政策重大转向调整，中国经济面临着更严峻的外部挑战。在复杂多变的环境下，如何提振经济，实现经济高质量发展是具有重大现实意义的研究问题。本书将从微观视角出发，探讨中国企业对外直接投资对产品提质升级的影响，并识别其中的影响机制。本书也将为中国企业提升产品质量提供合理的政策建议。

第二节 研究内容和研究方法

一 研究内容

对外直接投资对中国产业结构升级的影响为何？产业结构升级的一个特点便是产品质量的提升。中国经济潜在增速下滑，2012—2020年，实际GDP的年均增速已经连续9年低于8%；从2016年开始，实际GDP年均增速已经下降到7%以下。中国经济亟待从过去要素驱动型的增长模式转向效率驱动型的增长模式，而实现这种经济增长模式的转变需要将中国经济更好融入全球经济之中，提高资源配置的效率。这也就需要通过提高出口产品质量的方式来提高中国产品在全球价值链分工中的竞争优势，提升中国产业在全球价值链中的地位。已有文献所发现的企业对外直接投资的逆向溢出效应是否也有助于企业出口产品质量升级？本书尝试通过中国微观层面的数据来解答以上问题。事实上，通过比较中国出口产品价格的变化可以明显发现，2006

年较2000年的价格有明显的提高,2013年较2006年的价格同样有明显提升(见图1-3)。出口产品价格在时间维度的变化与企业对外直接投资规模以及中国对外直接投资管制程度在时间维度的变化呈现一种明显的相关性,随着企业对外直接投资规模扩大、对外直接投资管制程度放松,以价格来衡量的出口产品质量在提升。这种相关性背后也可能是由于第三方因素导致的,本书也将通过倾向性得分匹配(Propensity Score Matching,PSM)的方法和双重差分(Difference-in-Differences,DID)的方法来验证现实数据中所揭示出的这种现象。

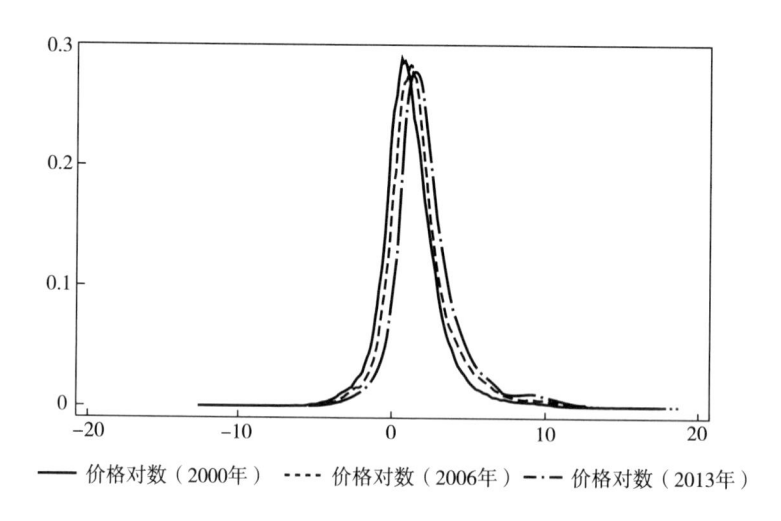

图1-3　出口产品价格对数的密度函数

资料来源:笔者根据中国海关库提供的数据计算得来。

在中国情境下展开这项研究具有一定优势。首先,中国对外开放进程在2000年之后发生较大的变化,2000年之前受制于中国资本项目管制的政策措施,企业对外直接投资规模和数量都受到限制;2000年之后,中国资本项目管制,特别是针对对外直接投资的管制开始放松,因此可以观察到企业"走出去"步伐在加快[①]。中国对外直接投

---

① 图1-2中,1999年1月至2001年8月,中国对外直接投资管制指标没有发生变化,这表明中国没有颁布实施关于对外直接投资的管制政策或放松管制政策。

资的大力发展与中国实施的"走出去"战略密不可分。1978年，中国对内改革、对外开放，且对外开放成为长期国策。亚洲金融危机以后，中国出台了《关于鼓励企业开展境外带料加工装配业务的意见》，支持企业以境外加工贸易的方式"走出去"，并使"引进来"和"走出去"相结合。"走出去"战略在2000年正式提出，与西部大开发战略、城镇化战略、人才战略并称为四大新战略。从境外投资企业（机构）名录中，可以发现，2000年之后中国对外直接投资企业在不断增加。2003年党的十六届三中全会通过的《关于完善社会主义市场经济体制的若干重大问题的决定》指出，"走出去"战略是建成完善的社会主义市场经济体制和更具活力、更加开放的经济体系的战略部署，是适应统筹国内发展和对外开放要求的，有助于进一步解放和发展生产力，为经济发展和社会全面进步注入强大动力。2005年政府工作报告提到要进一步实施"走出去"战略，鼓励有条件的企业对外投资和跨国经营，加大信贷、保险外汇等支持力度，加强对"走出去"企业的引导和协调。2013年，"丝绸之路经济带"和"21世纪海上丝绸之路"，即"一带一路"倡议提出；2015年《推动共建丝绸之路经济带和21世纪海上丝绸之路的愿景和行动》制定并发布，推动沿线国家/地区实现经济战略相互对接，在基础设施互联互通、产业投资、资源开发、经贸合作、金融合作、人文交流、生态保护、海上合作等领域，推进了一批条件成熟的重点合作项目，实现优势互补。

  本书共分为九章。第一章为绪论，介绍研究的背景、意义、内容、方法与创新等。第二章为研究回顾和评述，对研究主题相关的文献进行回顾、归纳和总结，涉及的文献包括影响企业对外直接投资的因素、企业对外直接投资的经济效应、产品质量影响因素等。本章也将对研究进行展望。第三章为对外直接投资的相关理论，本章介绍传统的对外直接投资理论、发展中国家对外直接投资理论，以及对外直接投资与产品提质升级效应的相关理论和文献。第四章为中国对外直接投资的基本事实与特征。本章介绍中国企业对外直接投资的发展历程，并分析当前现状，概括其特征。第五章为对外直接投资与产品提质升级。本章展开对外直接投资产品提质升级效应的理论分析，并结合企业层面和交易层面的数据,从企业自身吸收技术的能力、资讯获取等角度来探讨对外直接投资的提质升级效应。第六章为绿地投资、跨境并购与产品提质升级。本章区分对外直接投资类型,将其分为绿地投资和跨境并购,分析绿地投资的产品提质升级效应和跨境并购的产品提质升级效应。此外,本章识别三种影响路径,分别为学习效应、国外市场资讯获取效应、规模经济效应。第七章为对外直接投资的驱动因素分析:基于银行业竞争的视角。本章从间接融资发展的视角分析企业对外直接投资的影响因素。具体而言,这一章将根据中小商业银行跨区域发展以及异地设立分支机构的政策冲击实证研究这种银行业"松绑"引致的银行业竞争对企业对外直接投资的影响,并检验银行业"松绑"的"市场势力假说"和"信息假说"。第八章为银行业竞争与产品提质升级。本章利用匹配的中国海关数据库、中国工业企业数据库以及城市层面商业银行分支机构的金融许可证信息来分析银行业竞争对产品质量升级的影响。此外,本章通过识别融资约束缓解这一机制,在银行业竞争与产品质量升级二者间建立桥梁,对银行业竞争的经济影响以及产品质量升级的驱动因素进行系统分析。第九章为研究结论和政策启示。本章首先概括总结本书研究的主要结论,其次从国家层面和企业层面两个方面提出有助于推动企业高质量对外直接投资、实现经济高质量发展、构建国内国际"双循环"相互促进的新发展格局的政策建议。

二 研究方法

本书将从多个视角、多个层次来研究中国企业对外直接投资与产品质量升级的关系,采取的研究方法如下所示。

第一,文献分析法。根据研究的主题,检索相关文献资料,掌握国内外关于对外直接投资与产品提质升级问题的最新研究动态,为研究开展提供理论基础。已有理论表明企业对外直接投资能够通过学习机制、国外市场资讯获取以及规模经济反馈于母国企业,本书将具体分析以上反馈机制能否体现在产品质量升级上。本书还将基于微观层面数据,识别各种影响机制对外直接投资提质升级效应的影响。

第二,历史比较分析法。广泛查阅国内外文献资料,了解不同发展阶段的对外直接投资特点,概括对外直接投资的对母国企业的逆向溢出的主要表现形式，并通过对中国对外直接投资发展历程的分析，概括总结促进企业"走出去"，推动产业结构升级的措施对策，并通过规范分析，提炼其中具有规律性的特征。

第三，计量统计分析法。研究对外直接投资与产品质量之间的作用关系时，需要通过具体数据和模型进行实证分析。实证分析主要采用的计量方法有以下两种：①倾向性得分匹配方法。本书将采取此方法来筛选出对外直接投资倾向相似的企业，这里面既包括实际对外直接投资的企业也包括实际未对外直接投资的企业。②双重差分方法。本书采取双重差分的方法对原样本和匹配的样本进行分析，识别对外直接投资对出口产品质量的影响。从对外直接投资的管制程度指标来看，进入21世纪以来，一系列放松对外直接投资管制的政策措施出台，中国对外直接投资的规模也不断增加，每一个时期都会有企业选择对外直接投资，这也有助于本书采取双重差分的方法进行识别。

第三节 基本概念界定

一 "双循环"新格局

加快构建以国内大循环为主体、国内国际双循环相互促进的新发展格局，是《中共中央关于制定国民经济和社会发展第十三个五年规划和二〇三五年远景目标的建议》提出的一项关系我国发展全局的重大战略任务，需要从全局高度准确把握和积极推进。构建新发展格局是应对新发展阶段机遇和挑战、贯彻新发展理念的战略选择。

"双循环"新发展格局是在"百年未有之大变局"背景下提出的，为解决中国经济结构调整、增速下滑、经济循环梗阻等问题提出的一种新发展格局，是重塑中国竞争优势的战略抉择，是推动中国实现经济高质量发展的重大战略部署。一方面，"双循环"新发展格局强调内需的重要性，要优化内需格局，培育完整的内需体系，提高居民消费需求占国内需求的比重，以扩内需提振经济，以优化结构促进经济高质量发展。另一方面，中国对外开放发展的战略依然重要，

"双循环"新发展格局并不是孤立地依赖国内大循环,还需要结合高水平对外开放的"外循环",对外开放要有利于新发展的理念、有利于转向效率驱动的经济增长模式。中国发展对外直接投资也应重视补创新不足、核心技术缺乏的短板,更深层次地融入全球供应链产业链,形成参与国际竞争和合作的新优势。

二 对外直接投资

本书涉及对外直接投资与产品质量两个基本概念。对外直接投资指的是一国国际直接投资的流出,即投资者直接在外国举办并经营企业而进行的投资。根据国际货币基金组织的定义,对外直接投资是指一国投资者将其资本用于其他国家的生产经营并掌握一定经营控制权的投资行为,或一国的居民实体(对外直接投资者或母公司)与本国以外的另一国企业(外商直接投资企业或子公司)建立长期联系,对该企业享有持久利益并控制该企业的投资。

对外直接投资可分为:①参加资本,只参加少量的投资,不参与经营,必要时也派遣技术人员和顾问担任指导。②开办合资企业。由双方共同投资并派遣拥有代表权的人员参加经营。一些发展中国家为了保障本国利益,对合资企业中的外资比例都有立法限制。③收买现有企业。④开设子公司,由总公司出资,根据当地法律开设独立经营企业。对外直接投资一般表现为:投资者输出资本,直接在国外开办工厂,设立分店,或收买当地原有企业,或与当地政府、团体、私人企业合作,而取得各种直接经营企业的权利。

此外,本书也将区分对外直接投资的类型,将对外直接投资分为绿地投资(Green field Investment)和跨境并购(Cross-Border Merger and Acquisition)。绿地投资,也称为创建投资,具体指的是企业在东道国境内依照东道国的法律设置的部分或全部资产所有权归投资者所有的企业。跨境并购为跨境兼并和跨境收购的总称,指的是企业通过一定的渠道和支付手段,将另一国(地区)企业的一定份额股权买下,进而对另一国(地区)企业的经营管理实施实际的或完全的控制行为。跨境并购跨越了不同的国家或地区,其面临风险比境内并购更大、更复杂。

三 产品提质升级

产品质量的定义最早出现在质量管理学领域，Shewhart（1931）从主观和客观两个层面来定义。从主观层面说，质量是顾客的主观要求；从客观层面说，质量应该被理解为独立于顾客的主观感受之外且不以顾客的主观感受为转移的产品本身特性。质量包含社会性特征、产品自身特征以及其他特征（Garvin，1984）。正因如此，产品质量不同于产品数量；产品数量容易度量，产品质量难以观察，不能直接进行度量。本书将产品质量定义为除价格以外消费者所衡量的产品价值，包含产品的任何有形属性。换言之，产品质量是在控制影响价格的供需因素之后的价格。本书也将基于产品价格数据来度量产品质量，首先，研究计算每个企业每年每种产品在出口目的地的价格，用该变量来衡量产品质量；其背后的逻辑是同一类产品的价格如果越高，那么意味着该产品的质量越高。当产品质量增加时，消费者效用水平会更高，对该产品给予较高估值。其次，本书也将基于 Khandelwal（2010）、Khandelwal 等（2013）、Fan 等（2018）的方法，将产品质量加入消费者效用函数，通过消费者效用最大化决策推导出产品需求的表达式，并通过计量回归方程得到对应残差项，将其作为产品质量[①]。由于本书是基于中国出口交易层面的数据，通过计量模型回归得到的产品质量，因此，本书研究所涉及的产品质量指的是出口产品质量。

第四节 研究的创新

本书的创新体现在以下几个方面。第一，本书基于产品提质升级的视角研究了企业对外直接投资的逆向技术溢出效应，并对作用机理进行了分析。对外直接投资对东道国能够产生积极的经济效应，中国经济增长的奇迹的一个解释便是涌入的外资与农村地区释放的劳动力

[①] 产品质量的具体度量见后文。

相结合,很多研究聚焦于外资对中国经济的影响。孙浦阳等(2018)发现上下游的联动是外商直接投资对中国经济发展的重要渠道。毛其淋(2019)利用2002年外商投资产业指导目录的修订为准自然实验,研究了外资进入对中国企业创新的影响。罗伟和吕越(2019)构建了反映中国企业所有制属性的世界投入产出表,尝试回答外资是否有益于促进中国在全球价值链分工中的地位提升这一问题。研究发现,外资提升了中国在全球价值链分工中的参与度以及参与模式的复杂度,但因其高加工贸易倾向使中国制造业在融入过程中向全球价值链下游移动。外资进入的一个直接影响是资本的增进,这将有助于改善本土企业面临的融资约束问题。才国伟和杨豪(2019)基于 Hsieh 和 Klenow(2009)的测算框架,利用中国1998—2013年制造业企业数据,测算了资本市场和劳动力市场的资源错配程度,并以此作为关键变量来考察外商直接投资对资源错配的影响。白俊红和刘宇英(2018)采取相似的分析框架研究了对外直接投资对本国资源配置的影响。目前,有大量关于直接投资对东道国影响的研究,其中也包括外商直接投资对中国企业、国民经济影响的研究(Lin and Kwan,2016;Lu et al.,2017;杨红丽和陈钊,2015;李磊等2016;田毕飞和陈紫若,2016;苑德宇等,2017;杨连星等,2019)。

  企业对东道国的直接投资也能够通过多个渠道影响企业自身。首先,企业对外直接投资具有学习机制(Learning Mechanism),企业跨国活动往往会产生更多知识和技术的积累(Johanson and Vahlne,1990;Meyer et al.,2009;Ghauri and Park,2012;Chen and Tang,2014;Fu et al.,2018;王泽宇等,2019)。企业在东道国的经营活动中所获取的关键资源和信息可以直接或间接地影响到本国企业,比如对外直接投资的企业在东道国的生产、经营过程中获取更多的技术和管理经验,再通过跨国企业内部网络传递回本国,从而影响到本国企业生产效率;企业在东道国设立研发机构,利用东道国人力资本优势,其产生知识外溢效应也有助于本国企业生产效率的提升(Edamura et al.,2014;Cozza et al.,2015;Huang and Zhang,2017)。这种逆向溢出也会影响产品质量(余静文等,2021)。发展中国家可以通过鼓励对发达国家的直接投资来实施赶超战略。与这些研究结论不同，沈春苗和郑江淮（2019）发现，对外直接投资并没有产生技能偏向性技术进步。其次，企业对外直接投资可以获取更多关于国外市场的资讯，获取更多产品需求信息，也可以获取战略性资源，从而有助于本国企业的产品创新（Child and Rodrigues，2005；Wang et al.，2012）。最后，企业对外直接投资可绕开贸易壁垒扩大市场规模，产生规模经济效应。此外，已有文献更多地探讨了对外直接投资对企业生产率（Huang and Zhang，2017）、企业创新（Fu et al.，2018）、产能利用（李雪松等，2017）以及就业（顾雪松等，2016；李磊等，2016）的影响。从产品质量角度来展开对外直接投资影响的研究较少。本书不仅关注于对外直接投资对母国企业产品提质升级的作用，而且更关注于对外直接投资的驱动因素以及对外直接投资提质升级效应中间接融资发展的作用。这是已有研究鲜有讨论的问题（余静文等，2021）。

第二，本书还识别了对外直接投资影响出口产品质量的机制。对外直接投资能够通过学习机制、资讯获取机制和规模经济机制影响本国企业生产率、创新等。当前实证研究主要聚焦到学习机制上，利用企业吸收能力的强弱来验证学习机制的存在（Chen and Tang，2014；Fu et al.，2018）；资讯获取和规模经济两个机制更多是理论上的分析（Child and Rodrigues，2005；Fan et al.，2018），Wang等（2012）侧重于广告的投放强度来反映对市场资讯的把握。本书则通过将对外直接投资的经营范围进行分类来识别出这两个影响机制。如果企业是在境外建立设立咨询、信息收集、调研等机构，这种类型的对外直接投资仅为获取更多资讯。当实证分析发现这种类型的对外直接投资也导致了产品质量升级，这意味着资讯获取机制发挥了作用。如果企业是在境外设立批发、经销处等，这种对外直接投资是为了扩大贸易规模。当实证分析发现这种类型的对外直接投资也提升了产品质量，这说明规模经济机制发挥了作用。

第三，本书补充了产品质量影响因素的文献，现有研究产品质量的文献主要的切入角度是贸易（Khandelwal et al.，2013；Bas and Strauss-Kahn，2015；Fan et al.，2015；Fan et al.，2018）。Khandelwal 等（2013）分析了出口配额的消除对中国纺织品服装的出口价格的影响。Bas 和 Strauss-Kahn（2015）考虑中间投入品贸易自由化对出口产品价格、出口产品质量的影响。Fan 等（2015）、Fan 等（2018）聚焦于中国加入 WTO 引起的关税下降，分析关税下降对产品提质升级的影响。此外，还有研究从上游垄断、融资约束、杠杆率、银行业竞争等方面考察了产品质量提质升级的影响因素（王永进和施炳展，2014；张杰，2015；Bernini et al.，2015；余静文等，2021）。与这些研究不同，本书则从企业对外直接投资的角度来分析出口产品质量升级，并且本书还将对外直接投资区分为绿地投资和跨境并购，分析不同类型对外直接投资的产品提质升级效应。此外，本书将跨境并购区分为跨境横向并购和跨境纵向并购，分析不同跨境并购类型的产品提质升级效应。

第四，本书进一步将对外直接投资类型分为绿地投资和跨境并购，分别考察不同类型对外直接投资对产品提质升级的影响。已有的对外直接投资对产品质量影响的研究更多的是利用境外投资企业（机构）名录来展开，该名录主要涉及的是绿地投资。景光正和李平（2016）还利用宏观层面数据研究了对外直接投资对产品质量的影响。这类研究忽略了对外直接投资中的另一个重要类型，即跨境并购对产品提质升级的影响。根据蒋冠宏和曾靓（2020）的处理方法，本书利用并购数据来区分企业对外直接投资类型，分为绿地投资和跨境并购。本书将同时分析这两种类型对外直接投资对产品质量的影响。此外，横向的并购行为往往发生在生产相同或相似的企业当中，目的是占领市场，进一步使得市场份额比重加大，此时，企业的议价能力会随着并购后市场势力的增强而提高。相反，纵向并购多数发生于上下游企业之间，这种形式下能够扩展公司的业务；目的是降低交易成本，提高经营效率。资源的整合和效率的提升将有助于产品质量升级。本书还将利用上市企业较为丰富的信息，将跨境并购分为横向并购和纵向并购，考察不同类型并购对产品提质升级的影响。

第五，本书还从银行业竞争的视角考察了对外直接投资的驱动因素，利用中小商业银行跨区域发展以及异地设立分支机构的政策冲击实证研究了这种银行业"松绑"引致的银行业竞争对企业对外直接投资的因果影响。已有研究更多是研究银行业竞争对企业生产效率、企业创新等行为的影响。比如，Chong 等（2013）研究了中国银行业竞争对中小企业融资约束的影响，银行业竞争加剧有助于缓解中小企业融资约束，"市场势力假说"引致的效应占据主导作用。马君潞等（2013）分析了银行业竞争对企业借款期限结构的影响，对中国上市企业数据的分析表明，在法律制度比较完备、政府干预较少的地区，银行业竞争加剧能够延长上市企业的借款期限。方芳和蔡卫星（2016）研究了银行业竞争对企业成长的影响，银行业竞争程度提高能显著促进企业成长，这种促进作用在小型企业、非国有企业以及无政府补贴企业中更为显著。唐清泉和巫岑（2015）分析了银行业竞争对企业研发支出方面的融资约束的影响。银行业竞争加剧有助于改善企业在研发支出方面面临的融资约束，并且这一效应在民营企业、高科技企业以及小型企业中表现更为突出。蔡竞和董艳（2016）研究了银行业竞争对企业研发创新行为的影响。银行业竞争加剧对企业创新行为产生了积极作用，并且股份制银行的发展更能促进企业研发创新。张杰等（2017）研究了银行业竞争与企业创新的关系，银行业竞争对企业创新行为的影响呈现"U"形特征，即存在银行业竞争对企业创新活动影响的临界值，只有越过了临界值，银行业竞争才能够促进企业创新。蔡卫星（2019）分析了银行业竞争对企业生产率的影响，银行业竞争程度的提高对融资约束程度更高企业的生产率提升作用更为显著。本书将进一步分析银行业竞争对企业对外直接投资的影响，用最大发展中国家的微观数据来验证银行业竞争的"市场势力假说"和"信息假说"。此外，本书还将基于银行业竞争与对外直接投资的联系以及对外直接投资与产品提质升级效应的联系，考察银行业竞争对产品质量升级的影响，建立起连接银行业竞争与产品质量升级的桥梁，丰富了银行业发展对经济发展影响的研究文献，同时也拓展了产品质量相关影响因素的研究。

对外直接投资与产品提质升级问题研究

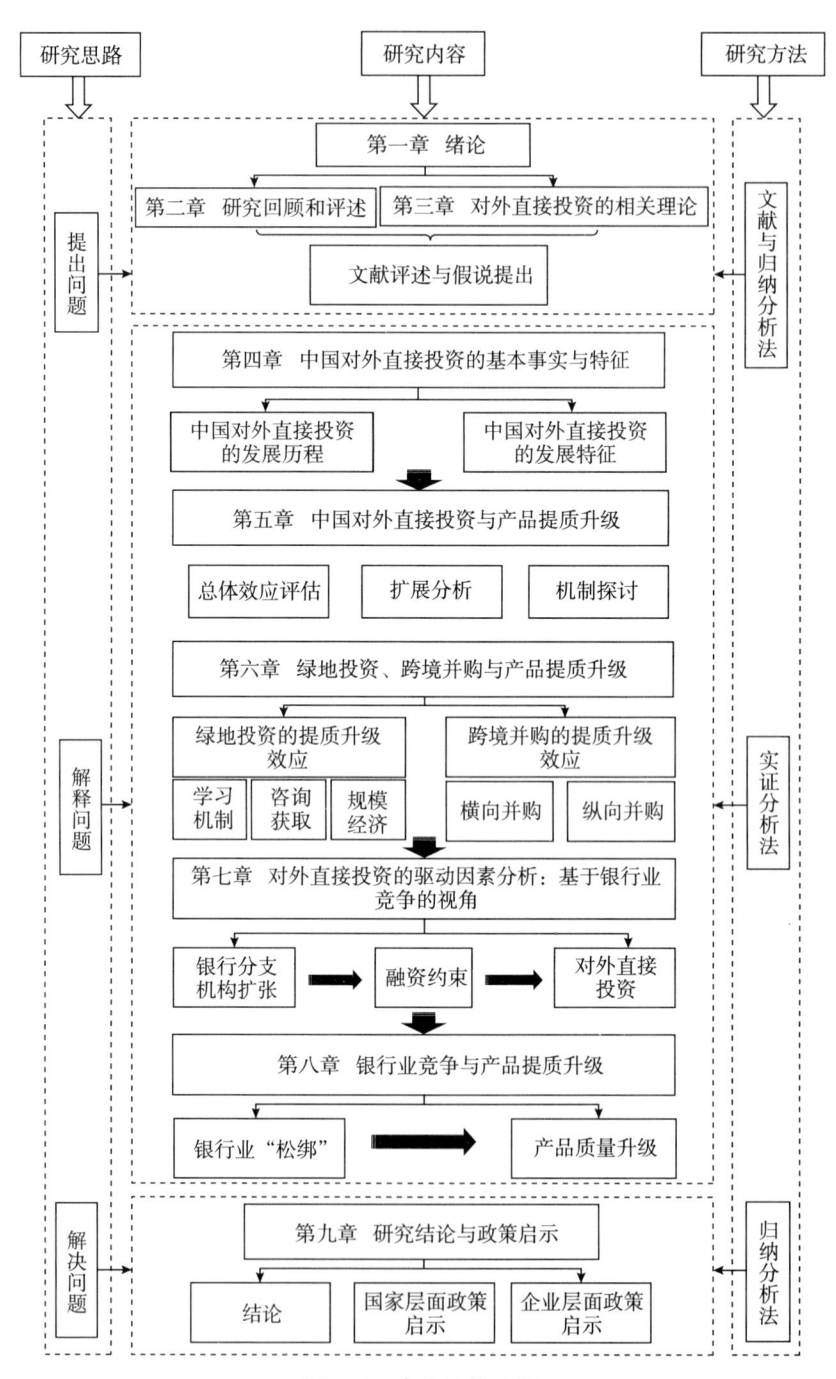

```
研究思路                 研究内容                      研究方法

                      ┌─────────────────┐
                      │  第一章  绪论    │
                      └─────────────────┘
                              │
              ┌───────────────┴───────────────┐
   提出    │ 第二章 研究回顾和评述 │ 第三章 对外直接投资的相关理论 │   文献与
   问题    └───────────────┬───────────────┘   归纳
                      │ 文献评述与假说提出 │                 分析法

           ┌─────────────────────────────────────┐
           │ 第四章 中国对外直接投资的基本事实与特征 │
           └─────────────────────────────────────┘
              ┌──────────────┬──────────────┐
              │ 中国对外直接投资 │ 中国对外直接投资 │
              │   的发展历程    │   的发展特征    │
              └──────────────┴──────────────┘

           ┌─────────────────────────────────────┐
           │ 第五章 中国对外直接投资与产品提质升级  │
           └─────────────────────────────────────┘
           ┌──────────┬──────────┬──────────┐
           │ 总体效应评估 │ 扩展分析  │ 机制探讨 │
           └──────────┴──────────┴──────────┘

           ┌─────────────────────────────────────┐
           │ 第六章 绿地投资、跨境并购与产品提质升级 │
           └─────────────────────────────────────┘
   解释      ┌─────────────────┬─────────────────┐   实证
   问题      │ 绿地投资的提质升级 │ 跨境并购的提质升级 │   分析法
             │      效应       │      效应       │
             ├────┬────┬────┼────────┬────────┤
             │学习 │咨询 │规模 │ 横向并购 │ 纵向并购 │
             │机制 │获取 │经济 │        │        │
             └────┴────┴────┴────────┴────────┘

           ┌─────────────────────────────────────┐
           │ 第七章 对外直接投资的驱动因素分析：基于银行业 │
           │          竞争的视角                    │
           └─────────────────────────────────────┘
           ┌────────┐   ┌────────┐   ┌────────┐
           │ 银行分支 │ ▶ │ 融资约束 │ ▶ │ 对外直接 │
           │ 机构扩张 │   │        │   │  投资   │
           └────────┘   └────────┘   └────────┘

           ┌─────────────────────────────────────┐
           │ 第八章 银行业竞争与产品提质升级         │
           └─────────────────────────────────────┘
           ┌──────────────┐        ┌──────────────┐
           │ 银行业"松绑"   │   ▶   │ 产品质量升级  │
           └──────────────┘        └──────────────┘

           ┌─────────────────────────────────────┐
           │ 第九章 研究结论与政策启示              │
           └─────────────────────────────────────┘
   解决    ┌────────┬─────────────┬─────────────┐   归纳
   问题    │  结论   │ 国家层面政策 │ 企业层面政策 │   分析法
           │        │    启示     │    启示     │
           └────────┴─────────────┴─────────────┘
```

图 1-4 内容结构安排

第二章

研究回顾和评述

第一节 影响对外直接投资的因素

一 生产要素成本

一般而言，对外直接投资可以分为以下三种类型。市场主导型，该类型投资以开辟新市场的方式一方面规避贸易保护、贸易壁垒，另一方面也有助于解决国内产能过剩问题；资源导向型，该类型投资是为解决国内自然资源方面需求的缺口，通过对外直接投资获取稀缺资源，维持生产原材料供给的稳定性；技术导向型，即通过吸收学习先进技术，并了解国际技术最新动态。不同类型的对外直接投资对本国经济影响也不尽相同。市场主导型的对外直接投资往往会导致生产环节的转移，引起所谓的"产业空心化"问题；资源导向型的对外直接投资更多是出于战略层面的需要，对于维持经济稳定十分重要；技术导向型的对外直接投资往往能够填补本国技术环节、生产技艺、管理模式方面的不足，能够提高对外直接投资企业的技术能力和管理水平，对企业生产效率等都将产生积极影响。相较丁外商直接投资，对外直接投资领域的研究相对较多，一方面是因为中国对外直接投资规模不断扩大；另一方面是因为对外直接投资的识别策略更为成熟，研究较为充分。本书将细分两个对外直接投资子领域的文献，即对外直接投资驱动因素的文献以及对外直接投资经济影响的文献，并依次对这两方面文献进行梳理和回顾。

跨境资本流动的驱动因素主要是收益和风险，更准确地说是经过风险调整后的收益，诺贝尔奖得主卢卡斯（Lucas）曾提出了资本逆流之谜，也称为卢卡斯之谜（Lucas Paradox），即资本为什么从发展中国家流向发达国家？根据新古典增长模型，相较于发达国家，发展中国家人均资本更低，因此资本边际回报会更高，具有逐利性的资本理应从发达国家流向发展中国家。但是，现实却是资本从发展中国家流向发达国家。其中的一个原因在于，发展中国家的投资风险往往较高，实际投资回报可能还低于发达国家（Lucas，1990）。对外直接投资的驱动因素与投资成本收益息息相关。因此，能够提高投资收益、降低投资成本的因素都能够推动企业"走出去"。

国内要素市场上的扭曲会助推企业进行对外直接投资。Chen等（2019）基于中国企业数据发现了三个典型事实：第一，中国私有非跨国公司的生产率要高于国有非跨国公司，但是私有跨国公司的生产率要低于非跨国公司。第二，私有企业进行对外直接投资的比例要大于国有企业[1]。第三，私有跨国公司的相对规模要小于国有跨国公司[2]。这三个典型事实是反直觉的。首先，国有企业比私有企业规模大，并且会得到更多政府支持，那么为什么从数据中反而看到私有企业进行对外直接投资的比例要更大。其次，私有企业生产率要高于国有企业，那么为什么进行对外直接投资的企业中，私有企业生产率反而要低于国有企业。最后，国有企业更有可能进行对外直接投资，并且国有企业更容易得到支持，因此其相对规模应该要小于私有企业。这项研究基于Helpman-Melitz-Yeaple（2004），将制度套利（Institutional Arbitrage）和逆向选择（Selection Reversal）加入模型中，并使用境外投资企业（机构）名录、ORBIS数据库对以上现象进行了解释。在中国，私有企业购入投入要素的成本要高于国有企业，私有企

---

[1] 对外直接投资私有企业数量占全部私有企业数量的比例要大于对外直接投资国有企业数量占全部国有企业数量的比例。

[2] 私有跨国公司规模与私有非跨国公司规模之比要小于国有跨国公司规模与国有非跨国公司规模之比。

业对外直接投资可以绕开这种歧视。Fan 等（2018）观察到中国劳动力成本和对外直接投资具有相同变化趋势，中国劳动力成本上升和大规模企业"走出去"两种现象几乎同时发生，他们利用中国最低工资标准，研究了劳动力成本上升对企业对外直接投资的影响，国内劳动力成本提高是驱动企业进行对外直接投资的重要因素。

过去研究关注劳动力成本，以最低工资标准的变动作为事件冲击来展开研究（Fan et al., 2018；王欢欢等，2019）。郭娟娟等（2020）还考察了土地房屋成本对企业"走出去"的影响。他们利用中国工业企业数据库、境外投资企业（机构）名录以及283个地级市房价数据，将人均土地转让面积作为房价的工具变量，研究了房价上涨对企业OFDI的影响。房价上涨对中国制造业企业"走出去"具有显著的正向影响，劳动力成本效应是房价上涨推动制造业企业"走出去"的主要机制。此外，房价上涨引致的制造业企业"走出去"提高了资源配置效率，促进了产业升级。政策扶持也是企业进行对外直接投资所需要考量的重要因素。洪俊杰和张宸妍（2020）构建了行业层面的对外投资政策支持力度，并基于中国工业企业数据库数据和境外投资企业（机构）名录，采取动态 GMM（Generalized Method of Moment）方法研究产业政策对对外直接投资的影响。具体而言，研究对每个企业，加总支持其进行对外直接投资的政策数量作为对外直接投资的政策支持力度，同时还运用文本分析技术综合判断政策文本传递的对于对外直接投资的态度。研究表明，产业政策支持降低了对外直接投资临界生产率和平均生产率，在政府预算中性的假设下，适度的政策支持能够提高社会福利。

二 金融发展

对外直接投资的发展离不开金融的支持。一方面，国内金融发展可以缓解融资约束，融资约束是制约企业对外直接投资的重要因素。另一方面，海外金融分支机构在给予资金支撑同时，可以带来更多投资信息，缓解信息不对称问题。Yan 等（2018）使用中国工业企业数据库和境外投资企业（机构）名录研究了融资约束和对外直接投资之间关系。生产率和融资约束都对企业"走出去"产生了影响，融资约束程度下降有助于提高企业"走出去"的概率，生产率的提升可以提高融资约束程度下降对企业"走出去"的促进效应。这一影响也具有异质性，融资约束对企业"走出去"的影响在私有企业的效应更大，并且外部融资约束的影响要大于内部融资约束的影响。吕越和邓利静（2019）基于中资银行海外分支机构数据，分析了本国金融发展对企业对外直接投资的影响。中资银行在海外开设的分支机构越多，越有利于中国企业对外直接投资。中资银行"走出去"对发展中国家和"一带一路"沿线国家的对外直接投资带动效应尤为突出。金祥义和张文菲（2021）基于数字金融普惠指数，采取 Probit 模型研究了数字金融发展对企业跨国并购的影响。其中，企业跨国并购数据来自 Zephyr 跨国并购数据库和上市企业数据库。他们还将企业经营所在地距离杭州市的球面距离作为数字金融指数的工具变量，研究发现数字金融发展能够显著促进企业跨国并购，主要渠道是缓解了融资约束、提高了技术创新。也有研究发现银行业发展能够促进企业对外直接投资（余静文，2021）。

需要注意的是，地区的银行业管制放松并不一定会导致本地区企业"走出去"，可能存在本地区企业从其他地区银行贷款的情况。但由于信贷市场分割情况的存在，本地区企业与本地区金融机构联系更为紧密。根据 Aghion 等（2006）的研究，资本地区间的流动因为信息不对称受到一定的阻碍。信息不对称是经济中的一种常态，这使得当地资本（Local Capital）对经济发展更为重要，因为当地资本的持有者对当地企业、经济更为了解，由此缓解了信息不对称导致的逆向选择和道德风险问题。事实上，信贷市场规模分割不仅出现在中国，而且也出现在发达国家，比如美国，Chava 等（2013）、Cornaggia 等（2015）均基于信贷市场分割的前提条件研究了美国各州银行业管制放松对企业创新的影响。Chong 等（2013）、蔡竞和董艳（2016）、蔡卫星（2019）等也都基于信贷市场分割的前提研究了中国银行业管制放松对企业诸多行为的影响。此外，信贷市场分割还存在于中国城乡（中国人民银行赣州市中心支行课题组，2006）。

三 政治关联和区位关联

政治关联、区位关联也是影响对外直接投资的重要因素。闫雪凌和林建浩（2019）基于对外直接投资的区位选择理论，通过对领导人访问数据和《中国对外直接投资统计公报》的整合，分析了领导人访问对中国对外直接投资区位分布的影响。研究发现，领导人访问对中国对外直接投资的区位分布具有显著的当期促进效应，中国领导人出访效应大于东道国领导人来访效应，且随着中国经济全球影响力上升和外交政策调整，领导人访问的当期促进效应逐渐增强。蒋为等（2019）采用网络分析方法来分析中国对外直接投资的驱动因素，识别了出口网络对中国企业对外直接投资区位选择的路径效应、社群效应与邻伴效应。中国企业对外直接投资趋向于选择经济临近、社群内地理临近地区作为目的国。同时，企业对外直接投资决策依赖于出口网络的社群分布，更趋向于选择社群内地区进行对外直接投资。此外，邻伴企业的出口网络显著影响了企业对外直接投资的决策。

四 不确定性

对外直接投资还涉及收益回报不确定的问题，双边关系的紧张、行业的不确定性、汇率波动都会影响对外直接投资所面临的风险及实际回报。不确定性也是影响企业"走出去"决策的重要因素。余振和陈鸣（2019）构建中国对29个国家或地区的制造业行业的投资及这些国家或地区对应行业对华反倾销存量的数据，分析了贸易摩擦对中国制造业对外直接投资的影响。研究发现，对外直接投资目的地对华反倾销措施会促进中国制造业对外直接投资。这种促进作用具有异质性，对外直接投资目的地的营商环境以及本国资本密集型行业的反倾销措施的对外直接投资促进效应更为显著。王泽宇等（2019）基于中国对外直接投资的企业层面数据从制度环境、行业不确定性、生命周期阶段的角度考察了中国对外直接投资的驱动因素。企业所处行业的不确定性较高将推动企业向制度风险更低的高制度治理水平国家投资，以降低经营风险。企业所在地区制度治理水平越高、所处行业不确定性程度越大和所在生命周期阶段越趋于后期，均会显著推动企业投资区位转型，由已有的向单一制度治理水平国家投资转型到同时向两类制度治理水平国家投资。这种不确定性还体现在汇率制度上。张夏等（2019）基于境外投资企业（机构）名录，研究了双边事实固定汇率制度对企业对外直接投资的影响。固定汇率制度降低了汇率波动带来的风险，双边固定汇率制度能提高企业进行对外直接投资的概率。陈琳等（2020）基于2005—2017年中国全球投资跟踪数据库、中国上市企业数据库，从人民币汇率波动不确定性的角度分析了中国企业对外直接投资的动因。根据实物期权理论，面对不确定性，特别是那些打算投资到高沉没成本行业的企业更是会选择等待或延迟投资。研究引入除投资目的国之外其他国家汇率波动的平均值作为该企业投资目的国汇率波动的工具变量。研究发现，人民币汇率波动增加，减少了中国对外直接投资的可能性，也抑制了投资规模。张海波（2021）利用中国工业企业数据库和境外投资企业（机构）名录，以次贷危机为例，研究了外部冲击和信贷扩张对企业对外直接投资的影响。其关键解释变量为2008年前后的虚拟变量与企业层面信贷规模的交互项。研究发现，信贷扩张能促进中国企业对外直接投资，国际金融危机爆发强化了这种投资促进效应；信贷扩张主要通过"生产率提升效应"和"投资固定成本降低效应"两个渠道影响企业对外直接投资。联合国贸发会于2009年开始每年定期发布两次《投资政策监测报告》，列举出了各国出台的各类投资政策，包括鼓励性、限制性和中性政策。基于这些信息，余官胜等（2020）采取倾向性得分匹配的方法考察了国际投资保护对中国企业"走出去"的影响。企业"走出去"数据来自美国企业研究所和美国传统基金会设立的中国全球投资追踪数据库。研究发现，国际投资保护阻碍了中国企业"走出去"，阻碍效应对中国能源产业企业和国有企业更为突出，但阻碍效应会随着时间减弱，而逆全球化出现后的投资保护会产生更大的阻碍效应。

五 其他影响因素

"引进来"与"走出去"的关系也是研究的焦点之一。李磊等（2018）基于中国工业企业数据库和境外投资企业（机构）名录研究中国引入外资是否有助于企业走出去。该研究根据外商投资产业指导目录构建了"外商投资产业政策"变量,设定数值0—3,分别表示"禁止""限制""允许"和"鼓励",并利用GB编码与工业库合并。结果发现"引进来"显著促进了中国企业"走出去"。黄凌云等(2018)基于制造业细分行业数据考察了对外投资和引进外资的互动关系,技术引进、模仿创新和自主研发这三种技术进步路径直接抑制了中国双向外商直接投资的互动发展水平。双向外商直接投资互动发展水平还受物质资本、制度质量和行业规模等因素影响。

还有研究关注中间投入品、外资持股、对非援助对中国企业"走出去"的影响。余淼杰和高恺琳(2021)利用中国海关数据、中国商务部的对外直接投资数据以及中国国家统计局的工业企业数据库研究了进口中间品对企业对外直接投资的影响。由于进口中间品提高了生产效率,同时进口中间品有助于了解当地商贸信息,缓解信息不对称问题,这些都有助于企业进行对外直接投资。研究采取三个措施来解决内生性问题,首先选取首次对外直接投资企业和从未进行对外直接投资的企业作为样本;其次将解释变量滞后一期;最后使用企业面临的世界出口供给作为进口中间品的工具变量。研究发现,进口中间品对企业对外直接投资概率有显著的正向影响,影响渠道为提升生产率和降低对外投资固定成本,进口中间品对企业未来在同一市场对外直接投资有显著的积极作用。此外,在进口契约密集程度较高、进口市场与中国的物理或制度距离较远时,进口中间品的影响更显著。孙楚仁等(2021)使用中国商务部发布的境外投资企业(机构)名录、美国威廉玛丽学院创建的"AidData中国对外援助数据库"、世界银行的"世界发展指标WDI"和"全球治理指数WGI"、"企业工商数据"以及"联合国大会投票数据"研究了对非援助是否能够促进企业对外直接投资这一问题。研究采取工具变量方法解决内生性问题,其中工具变量由联合国大会投票的相似度和亲和力指数综合计算得到,赋值越高代表两国投票相似度越高、对重大国际事务的共同关心程度越高。研究发现,对非援助能有效促进中国企业对外直接投资;进一步机制检验发现,中国对非援助的投资促进作用可以通过提高受援国监管质量、法治水平等政府治理能力实现;异质性分析发现,中国对非援助的投资促进作用主要体现在以发展为目的的援助、非中央企业投资、非洲低收入和中低收入国家。叶志强等（2021）利用CSMAR（China Stock Market & Accounting Research）上市企业数据，以"沪港通"为外生冲击，采取倾向性得分匹配和双重差分的方法研究了外资持股是否有助于企业"走出去"。研究发现，外资大股东持股能够提高对外直接投资倾向，但只有长期持股才能够显著提高对外直接投资倾向；当对外直接投资于经济发达国家或地区以及上市公司产权性质是非国有时，外资大股东持股的影响更大；外资大股东的创新机制不能提高上市公司对外直接投资，但信息溢出机制可以发挥作用。臧成伟和蒋殿春（2020）区分了企业所有制，研究了国有企业和非国有企业在海外并购行为上的差异。他们采取Logit模型、Tobit模型以及双重差分法展开研究，发现国有企业在本国具有融资优势，使得其更青睐于国内并购；相反，非国有企业更倾向于海外并购，即"走出去"。此外，市场化程度降低了国有企业海外并购倾向；高管如果曾经在政府部门任职，那么企业海外并购倾向更低，因为该高管能够给企业带来政策优惠，企业会将重点放在国内发展和国内并购上。孙浦阳等（2020）以服务企业为样本，考察服务企业技术前沿化是否提高了对外直接投资水平，研究基于中国上市企业数据，通过加入更多控制变量以解决遗漏变量问题，并采取加入时间维度的泊松伪极大似然法（Poisson Pseudo-Maximum Likelihood，PPML）解决反向因果问题。实证结果表明，服务企业技术前沿化显著地提高了对外直接投资水平，并且对绿地投资的作用更明显；提升信息沟通能力是服务企业技术前沿化影响对外直接投资的重要机制。

顾露露等（2022）从中国移民网络角度探讨了中国企业对外直接投资的驱动因素。基于2008—2019年中国A股上市企业数据、fDi Markets数据库、中国全球投资跟踪数据库、Zephyr全球并购数据库、SDC并购数据库和清科研究数据库，他们识别出中国对外直接投资的企业，然后采取最小二乘法分析了中国移民网络对企业对外直接投资的影响。移民网络用东道国的中国移民存量的对数值来衡量，其数据来自联合国经济与社会事务部。研究发现，中国移民网络显著促进了中国企业对外直接投资，东道国制度质量和制度距离能够起到调节移民网络对企业对外直接投资的影响，并且男性移民对企业对外直接投资的促进效果更突出。在采取东道国的历史移民数据、东道国和美国的地理距离、孔子学院数量作为移民网络工具变量后，研究结论依然成立。谢红军和吕雪（2022）基于2009—2019年中国A股上市企业数据研究了环境、社会和治理（Environment, Social and Governance, ESG）因素对企业对外直接投资的影响，其中，绿地投资数据来自fDi Markets数据库，跨境并购数据来自汤森路透的SCD全球并购数据库。ESG数据为华证ESG评级数据和商道融绿提供的ESG评级指标。他们采取Probit模型和Tobit模型，同时也将"泛ESG"基金持有的家数和持股市值作为企业ESG优势的工具变量展开研究，发现ESG优势能够显著地提升上市企业对外直接投资的可能性和规模。主要机制是从内部降低企业跨境投资的资本成本，缓解融资约束。此外，东道国ESG水平较低时，对外直接投资企业的ESG优势可以利用社会和治理方面的优势，克服环境因素引起的外来者劣势。

第二节　对外直接投资的经济效应

一　就业和"产业空心化"

关于对外直接投资经济效应的研究主要集中在对外直接投资是否引起"产业空心化"问题。对外直接投资一个直接的经济效应就是生产的转移，引起"产业空心化"。中国是否也存在对外直接投资"产业空心化"的引致效应呢？这对于稳定产业和就业具有重要政策含义。孙好雨（2019）基于商务部境外投资企业（机构）名录研究了中国企业对外直接投资对国内投资的影响，关注的是产业转移、对外直接投资带来的产业空心化问题。研究发现，对外直接投资在短期能够促进对内投资，但是长期效果不明显。垂直类与生产服务类的对外直接投资对对内投资的促进作用更显著。通过中介效应模型，研究还发现提高企业生产率、扩大企业规模以及提升企业出口额是重要的影响渠道。杨连星等（2019）从中间品进出口视角研究了外商直接投资对企业产出的影响。总体而言，对外直接投资能够显著促进企业产出，但影响具有异质性。首先，商贸服务型、前向垂直型对外直接投资能显著促进产出；当中间品出口占比高于临界值，水平型对外直接投资才能够促进产出；当中间品进口占比超出临界值后，后向垂直型对外直接投资才能够促进产出。其次，研究开发型、没有中间品出口的水平型对外直接投资会挤出产出。孔群喜等（2019）从地区和企业两个维度实证考察了对外直接投资对经济增长质量的影响效应。总体上，对外直接投资能够有效促进经济增长质量水平的提升，并且向发达国家进行的投资行为都更有利于提高企业的经济增长质量。贾妮莎等（2019）基于制造业企业数据，采取马氏距离匹配和双重差分方法研究了对外直接投资的就业效应。实证结果显示，对外直接投资显著促进了母国就业，但是这一就业效应具有异质性。商贸服务类、技术寻求型对外直接投资促进了母国就业的绝对量；相较于投资发展中国家，投资发达国家更有利于促进母国就业的绝对量。

姜青言等（2021）从对外直接投资动机出发梳理了对外直接投资对母国就业的主要影响路径，提出了一种基于时变状态空间模型和投入产出模型的对外直接投资对母国就业效应的测算模型。研究利用2007—2014年中国对美国制造业对外直接投资和出口数据以及投入产出表，测算了中国对美国投资的母国就业效应和机会成本。经测算发现，中国对美国的直接投资总体体现出了母国就业创造效应，2008—2014年中国对美国制造业直接投资平均每年为中国创造就业约147万人；在投资动机层面，市场寻求型对外直接投资对母国就业为创造效应，资源寻求型对外直接投资对母国就业为替代效应；在机会成本层面，2012年之前中国对美国直接投资对母国就业产生的机会成本较大，资金投往国外造成了母国就业损失，但2012年后这种机会成本逐渐减小，相较国内投资，对外直接投资对母国就业的创造效应更强。

二 逆向溢出效应

此外，中国正处于结构转型、要素驱动型经济增长模式向效率、创新驱动型转型的重要节点。企业对外直接投资是否能够出现逆向技术溢出，帮助母国企业转型升级，提高全球价值链地位？Fu 等（2018）使用英国大学和中国大学联合对广东企业调研的数据研究了对外直接投资对创新的影响。其中产生作用的是学习机制（Learning Mechanism），强调跨国公司和子公司之间的内部信息等传输。研究提出四个假说。第一，对发达国家的对外直接投资与企业创新正相关。第二，知识寻求型对外直接投资对企业创新的作用更大。第三，对外直接投资获取知识与国内研发获取知识存在替代关系。第四，国际经验可以提高对外直接投资对创新的影响。整体而言，对外直接投资对创新有正向影响，但是这一影响取决于企业的其他特征，比如研发、国际经营经验等。对于跨国公司来说，内部研发和对外直接投资存在一种替代关系。王泽宇等（2019）基于中国对外直接投资的企业层面数据，发现企业仅向低制度治理水平国家投资提高了投资收益率，但对生产力水平的提升不显著。企业向高制度治理水平国家投资有效提升了企业的生产力水平，但对投资收益率影响不显著。白俊红和刘宇英（2018）基于中国各省份面板数据测度各地区资本错配和劳动力错配指数，并通过构建静态和动态面板计量模型，分析了对外直接投资对资源错配的影响。中国各地区均存在一定程度的资本和劳动力错配，资源错配存在显著的路径依赖性。同时，对外直接投资显著地改善了整体的资本和劳动力的资源错配程度，提高了资源配置的效率。

与以上文献的研究结论不同，沈春苗和郑江淮（2019）发现对外直接投资并没有产生技能偏向性技术进步。他们从技能偏向性技术进步视角，分析中国对外直接投资的成效问题，提出了四个理论假说，第一，本土企业全球价值链低端嵌入程度越高，对外直接投资对技能偏向性技术进步的逆向技术溢出效应越弱。第二，距离前沿经济体的技术差距越小，对外直接投资对技能偏向性技术进步的逆向技术溢出效应越弱。第三，产能过剩越严重，对外直接投资对技能偏向性技术进步的逆向技术溢出效应越弱。第四，本土企业技术吸收能力越弱，对外直接投资对技能偏向性技术进步的逆向技术溢出效应越弱。他们使用省级层面数据对此进行了一一验证。对外直接投资逆向技术溢出对国内技能偏向性技术进步产生了抑制效应,但自主创新对技能偏向性技术进步产生了促进效应。其中,制约对外直接投资逆向技术溢出效应的因素既与国内存在的产能过剩和技术吸收能力不足有关,也与全球价值链低端锁定和发达国家的技术封锁意愿有关。

邵玉君(2017)使用跨国面板数据分析了中国对外直接投资和外商直接投资的技术溢出效应,研究表明发达国家或地区对中国的直接投资有阻碍技术进步的效应,其中的原因可能在于发达国家对发展中国家的技术封锁,以及其占有研发资源,从而对发展中国家企业研发具有挤出效应。同时在不同国家和地区,对外直接投资的技术溢出效应具有异质性:对欧美日的对外直接投资对中国技术进步存在阻碍作用,但对其他国家的对外直接投资则对技术进步有促进作用。崔敏和魏修建(2016)使用中国服务业省级面板数据,利用因素变量与技术无效联合估计生产函数的随机前沿模型分析了国际溢出效应,指出外商直接投资在技术结构、技术差距的作用下有显著的技术效应,对外直接投资通过人力资本、制度、技术差距三种吸收能力对区域服务业有显著促进作用,人力资本作为吸收能力的间接效应,能够增强外商直接投资和对外直接投资的国际溢出效应。黄远浙等(2021)基于中国工业企业数据库、国家知识产权局的中国专利数据库、海关数据库、境外投资企业(机构)名录,研究了跨国投资对企业创新的影响,其中创新用专利授权数量、被引数量来衡量。研究区分以对外投资目的地数表示的对外投资广度和以每个市场的对外投资次数表示的对外投资深度,采取固定效应模型、倾向性得分匹配以及双重差分的方法来展开研究,发现对外投资广度对创新绩效有正向促进作用,对外投资深度的作用呈"U"形变化;制度多样化程度正向调节对外投资广度与创新之间的关系,而对对外投资深度与创新之间关系的影响较弱;对投资目的地以及企业异质性的进一步分析表明,制度距离方向、区位以及经济发展类型会左右对外投资广度和深度的作用,不同投资动机和所有制也会影响两者的作用。此外,本国企业对外直接投资所带来的逆向技术溢出效应依赖于企业自身的吸收能力,打铁还需自身硬(Peng and Yu,2021)。因此,为了更好地发挥对外直接投资的逆向技术溢出效应，本国企业应当注重自身创新能力的提高，有效地吸收来自对外直接投资的逆向技术溢出效应，使得对外直接投资能够反哺企业自生能力，从而形成良性循环。此外，对外直接投资还有助于提高贸易福利。尹斯斯等（2020）利用中国工业企业数据库和商务部提供的境外投资企业（机构）名录，研究了对外直接投资对贸易福利的影响。研究将滞后变量作为工具变量，并采取中介效应模型来展开分析。研究发现，企业对外直接投资会加剧母国市场竞争程度，从而提高贸易福利，母国在东道国的对外直接投资的劳动力成本优势越大、东道国对母国研发水平优势越大，越有利于贸易福利提升。其中影响机制包括：第一，母国市场竞争程度。这加剧了行业内部的市场竞争程度。第二，东道国的劳动力成本与研发水平。对外直接投资企业能够利用较低成本劳动力和较高研发水平来提高贸易福利。陈晓林和陈培如（2021）在垂直创新的南北产品周期模型中纳入了对外直接投资的技术流动路径，从理论上分析了母国知识产权保护对企业对外直接投资逆向技术溢出效应。研究表明，知识产权保护加强了对外直接投资的逆向技术溢出效应，因此知识产权保护有助于发展中国家技术水平的提升。

二 其他经济效应

刘娟等（2020）、李杨和车丽波（2021）分别从创业和就业技能结构视角来研究对外直接投资的经济影响。企业对外直接投资过程中，企业管理人员、技术人员与海外团队的互动，以及高端人才的流动都有助于创业；对外直接投资的逆向技术溢出，通过人力资本消化吸收后也能够间接影响创业，同时也会增加对技能劳动力的需求。此外，对外直接投资涉及生产的转移，这可能导致母国污染程度的下降。欧阳艳艳等（2020）利用城市层面PM2.5年均浓度数据以及上市企业对外直接投资金额数据，采取面板空间滞后模型和动态GMM模型研究了企业对外直接投资对空气污染的影响。实证结果表明，企业对外直接投资增加会显著改善本地城市的空气污染水平，同时会减少本地城市向周边城市的污染溢出。导致这一结果的原因是企业多元化投资战略整合了上下游资源，提高生产经营效率的同时降低了能耗水平。同时，在国内环保标准不断提高的新形势下，部分传统制造业通过产业转移的方式降低了本地污染物排放；企业还通过对外直接投资逆向技术溢出获得节能减排的生产技术和管理经验，从而改善了本地环境质量。

当前关于国际投融资领域的研究还呈现出企业研究转向家庭研究的趋势。陈东和苏雯锦（2021）研究外商直接投资对东道国居民健康的影响。江小敏等（2021）利用行业层面对外直接投资存量、流量数据以及家庭层面数据，研究了对外直接投资对工资的影响。该研究通过将解释变量滞后2—3期来应对可能存在的内生性问题，同时利用全球并购数据，加总计算行业层面的并购，将其作为中国海外并购的工具变量来展开分析。研究发现，与发达国家不同，中国对外直接投资有助于临时合同工人工资水平的提高，且提升作用大于固定合同工人；对外直接投资在扩大高、低技能组间工资差距的同时也缩小了组内工资差距，即具有"组间扩大，组内收敛"的极化效应。其基本逻辑是，对外直接投资会扩大企业生产规模，提高生产效率，由此产生提高工资的效应；同时企业也会因生产规模扩大而雇佣更多劳动力，由于临时工流动性大，因此，为吸引临时工，企业对临时工的工资提高幅度更大。

此外，还有部分研究关注于"一带一路"建设带来的经济效应。罗长远和曾帅（2020）实证分析了"一带一路"倡议对企业融资约束的影响，发现"一带一路"倡议并没有降低企业融资约束，反而提高了企业融资约束；企业参与"一带一路"倡议后，其在信贷资源、利润率和生产率方面并没有体现出相应的优势。这也意味着需要推动市场中介机构和组织的发展来降低企业的信息不对称问题，需要通过商业性金融、政策性金融等对参与"一带一路"倡议企业进行金融支持，同时还有必要扩大直接融资的支持。李小帆和蒋灵多（2020）采取简约式和结构式模型研究"一带一路"建设对中西部经济发展的影响。简约式模型估计部分采取了双重差分、三重差分的方法，其中三个维度差异分别来自"一带一路"倡议的提出、中西部关口城市、出口目的国和进口来源国是否为"一带一路"沿线国家。研究数据来自锐思（RESSET）、中国海关进出口全口岸数据库与商务部数据库。简约式估计结果表明，"一带一路"建设使中西部关口的出口与进口额相对东部关口显著提升，且"一带一路"建设显著促进了通过中西部关口与沿线国家的贸易。结构式估计表明，"一带一路"建设对中西部地区开放的促进作用增加了中国的对外贸易、实际GDP以及社会福利，增加幅度依次为3.397%、0.397%以及0.142%。肖建忠等（2021）基于美国企业研究所和美国传统基金会公开的"中国全球投资跟踪"数据库，采取三重差分法研究了中国企业对"一带一路"沿线国家能源投资的影响。"一带一路"倡议有效促进了中国对沿线国家的投资规模，这一效应在能源行业更加突出。

也有研究利用了中国"一带一路"的结点城市，利用中国城市层面的差异研究"一带一路"倡议对中国经济的影响。卢盛峰等（2021）基于中国海关出口统计数据，采取双重差分的方法研究了"一带一路"倡议对中国出口质量的影响。研究将"一带一路"沿线核心城市作为处置组，分析结果表明，"一带一路"倡议提高了国内沿线城市的出口产品质量。这一出口产品质量提升效应背后的机制是"一带一路"倡议改善了沿线城市的政策环境，同时地方政府支持力度明显增加。鲁渤等（2020）基于中国地方经济发展与港口物流发展相关数据，量化中国八个沿海结点地区的港口区位商、辐射强度与港城协同度，采取倾向性得分匹配和双重差分的方法研究了"一带一路"倡议对沿海结点地区经济发展和港城发展的影响。研究将"一带一路"倡议提出后的结点地区和城市，或者规划为海上战略支点和新亚欧大陆桥经济走廊沿线重点地区设为处置组。分析结果表明，沿海战略结点地区没能实现"一带一路"倡议助力城镇化建设从而推动港口转型升级和港城统筹发展的目的，"一带一路"倡议也没有导致结点地区的高速经济增长。还有一系列研究基于中欧班列开通，采取双重差分的方法来展开具体研究。张建清和龚恩泽（2021）发现中欧班列显著提高了中国城市全要素生产率，"轴—辐"范围在200千米以上、300千米以内。主要影响机制是中欧班列开通刺激了技术创新的提升。周学仁和张越（2021）以中欧班列为例，研究了国际运输通道对中国进出口增长的影响。研究利用了中国城市层面的贸易数据和中欧班列数据，采取了双重差分法。实证结果表明，相较于未开通中欧班列的城市，开通城市的出口和进口均显著增长；补贴激励是中欧班列贸易增长效应的中间机制，并主要通过铁路、公路和水路的物流规模增长实现传导作用。此外，中西部城市及经济发展水平较低的城市，开通中欧班列的进出口增长效应显著更大。韦东明和顾乃华（2021）以中欧班列为例，采取双重差分的方法研究了国际运输通道对中国区域经济高质量发展的影响。研究发现，中欧班列开通有助于实现中国区域经济高质量发展这一目标，能够通过技术创新效应、产业结构效应、资源再配置效应等机制促进经济高质量发展。中欧班列的开通还具有正向辐射作用，其效应在250千米以内都存在。研究揭示了"一带一路"倡议背景下基础设施互联互通的经济作用。此外，张俊美和佟家栋（2021）还采取了工具变量法研究"一带一路"国际人才网络对中国出口贸易的影响。研究利用中国企业出口数据和"一带一路"沿线国家来华留学生数据，发现国际人才网络在一定程度上可以弥补目的国制度的缺失，促进中国企业对"一带一路"沿线国家的出口贸易，其中出口贸易额和出口产品种类数都出现了明显增加，这是正式制度和非正式制度替代的体现。国际人才网络可以降低贸易中的不确定性和贸易成本，这是其影响中国与"一带一路"沿线国家出口贸易的重要渠道。

新冠疫情对全球经济造成空前的负面冲击，一些国家经济陷入困境，主权债务成为国际社会高度关注的问题。同时西方媒体一致炒作"债务陷阱论"，即中国"一带一路"倡议为沿线国家带来巨额债务。"一带一路"倡议是否为沿线国家带来了债务风险？金刚和沈坤荣（2019）利用微观层面数据对这一问题进行了研究，通过分析交通基础设施"问题投资"数量增减来研究债务风险，现实数据显示"问题投资"并没有显著增加，同时投资规模出现了明显提高。事实上，"一带一路"倡议不仅加大了基础设施投资力度，而且也提高了经济增速（曹翔和李慎婷，2020）。基础设施建设本身就可以降低交易成本，有利于经济的长期发展，因此，"一带一路"倡议能够降低债务风险。邱煜等（2021）利用宏观层面的数据进一步考察了"一带一路"倡议是否降低了沿线国家债务风险这一问题，债务风险直接用国家外债总额占资本存量比重来衡量。他们发现，平均而言，"一带一路"倡议能够降低债务风险，这一效应与地区经济发展程度、政局稳定性、参与"一带一路"倡议的积极性有关。研究也表明当前西方媒体宣扬的"中国方案"阴谋论是有悖事实的。严兵等（2021）利用国家（地区）层面的面板数据，采取双重差分法、广义合成控制法研究了境外经贸合作区对贸易的影响。在人均 GDP 较低、自然资源依赖度更高或"一带一路"沿线国家，经贸合作区促进贸易的积极效应更加突出。

第三节　产品质量影响因素的研究

一　企业层面因素

企业的性质与规模、融资约束、企业出口强度、对外直接投资等都会对产品质量产生影响。Fan 等（2015）在企业异质性贸易模型中引入信贷约束变量，发现企业生产效率与出口产品价格之间存在"U"形关系。信贷约束只有在生产效率超过门槛值时才起效果，即影响企业定价，使得产品定价下降，且会对产品质量产生负面影响。Bernini 等（2015）发现产品质量的影响因素之一为企业杠杆率，依靠债务融资的企业会更偏向短期投资，而提高产品质量需要更多的长期投入，比如研发投入；因此，给定其他条件不变的情况下，拥有较高杠杆率的企业，其生产的产品质量会较差。Khandelwal 等（2013）分析了出口配额的消除对中国纺织品服装的出口价格的影响。Bas 和 Strauss-Kahn（2015）考虑中间投入品贸易自由化对出口产品价格、出口产品质量的影响。

在创新项目的研发周期中，企业必须维持资金链稳定，一旦资金供应无法满足研发所需，导致项目中断，企业会遭受极大的损失。一般而言，企业自身资金实力难以维系高昂的研发成本，因此外部融资成了企业筹集研发活动费用的重要途径。已有文献研究认为融资约束会阻碍企业进行研发活动（解维敏和方红星，2011）。融资约束缓解引起的创新能力加强有助于提高产品质量，同时融资约束缓解使企业能够进口更多高质量中间投入品，这也有助于产品质量升级（Bas and Strauss-Kahn，2015；Fan et al.，2015；Fan et al.，2018）。张杰（2015）从融资约束的角度来分析出口产品质量，发现融资约束对出口产品质量产生了显著影响，而且这一影响具有异质性，国有和集体企业出口产品质量并没有受到融资约束的抑制作用，民营企业的出口产品质量受到融资约束的显著抑制作用，融资约束与港澳台和外资企业出口产品质量呈现出倒"U"形关系；在金融市场化进程较快的省份中，融资约束对民营企业出口产品质量的制约作用更突出。余静文等（2021）基于中国工业企业数据库、海关数据库和境外投资企业（机构）名录研究了企业对外直接投资对出口产品质量的影响。徐大策和李磊（2021）基于中国工业企业数据库、海关数据库和境外投资企业（机构）名录研究了企业对外直接投资对进口产品质量的影响。研究均发现，企业对外直接投资有助于提高产品质量，并且学习机制和企业自身吸收能力在产品提质升级效应中发挥了重要的作用。

二 行业和地区层面因素

行业层面因素也能够对产品质量产生影响。汪建新（2014）使用HS6位编码数据分析了进口关税削减对中国省级地区产品质量升级的影响。进口关税削减对远离质量前沿的产品种类的质量升级作用为负，相反对国内市场竞争激烈，距离质量前沿更近的产品种类的质量升级作用为正。影响渠道主要是技术创新和更多地使用高质量的进口中间投入品。Bas和Strauss-Kahn（2015）利用产品关税的削弱导致的中间贸易品自由化，来分析其对产品质量的影响。Fan等（2018）聚焦于中国加入WTO引起的不同产品关税下降，来分析关税下降对产品质量升级的影响。方森辉和毛其淋（2021）利用了1999年实施的"高校扩招"作为事件冲击，采取双重差分的方法来研究行业层面的人力资本对企业产品质量的影响。产品质量采取Khandelwal等（2013）的方法来测度。2003年（1999年后4年）作为政策冲击年，研究同时根据行业层面人力资本强度将行业分为高人力资本强度行业和低人力资本强度行业，其中，"高校扩招"对高人力资本强度行业影响更大。研究发现，人力资本提高显著提高了出口产品质量；影响机制在于人力资本扩张能够提高企业研发强度、增强质量吸收能力、进口高质量的中间品来提高出口产品质量。其中，研发强度用研发经费占销售额的比例来衡量；质量吸收能力用员工在职培训费用来衡量；进口中间产品质量按施炳展和曾祥菲（2015）方法来测算。

吸引外商投资是中国发展经济的一个重要手段，通过外商投资能够给中国带来技术、经验等，其中关于是否能够对出口产品质量产生影响，许多学者对此展开了深刻研究。Harding 和 Javorcik（2012）通过研究 116 个国家贸易数据，发现发展中国家的外商直接投资与产品质量呈现正相关，然而这种现象在发达国家并不显著。李坤望等（2014）分析了外商直接投资对产品质量的影响，他们基于产品层面的数据，发现产品质量在外商直接投资的作用下得到显著提升，但值得注意的是不同的行业类型效果不同，即资本密集型行业中企业进行的外商直接投资会对产品质量会产生积极作用；反之劳动密集型行业中的企业进行的外商直接投资对产品质量提升没有明显效果。此外，王永进和施炳展（2014）从上游垄断的视角来分析中国企业出口产品质量升级，由政府保护所形成的垄断对出口产品质量升级产生不利的影响，随着下游行业竞争程度提高，上游垄断的负面作用会更加突出。谢靖和王少红（2022）以 Khandelwal 等（2013）的方法来测算产品质量，以此来研究行业层面数字经济发展程度对产品质量的影响。研究将数字化行业界定为电子元件的生产，计算机及周边产品，通信设备，电子消费品的制造、检验，导航及控制设备的制造；有线、无线、卫星及其他电信活动；计算机软件研发、咨询和实施管理；数据信息的储存、处理等服务活动；未另分类的其他信息服务活动，然后利用投入产出表计算各个行业对数字化行业产品的依赖，并将其定义为行业层面数字化发展程度。研究发现，数字经济发展能够显著提高企业产品质量，数字经济发展影响产品质量升级的渠道分别是生产效率的提升和质量生产能力的提高。沈国兵和袁征宇（2020）

基于中国工业企业数据库和海关数据库研究了创新保护强度是否有助于提高企业产品质量这一问题。研究采取工具变量的方法来应对内生性问题，选取了变量滞后期，同时利用美国行业研发密度数据来构建行业层面的创新保护水平。研究发现，创新保护本身提升了企业出口产品质量，影响机制是创新保护激励企业使用高质量的进口中间投入品。企业互联网化有利于发挥创新保护对中国企业出口产品质量的提升作用。企业互联网化能够提高企业管理产品能力，从而强化创新保护对企业出口产品质量的影响。

也有研究讨论地区层面因素对产品质量升级的影响。张铭心等（2021）研究了中国省级层面和城市层面数字金融发展对产品质量的影响。数字金融发展指数由北京大学数字金融研究中心和蚂蚁金服集团共同编制，用来衡量地区数字金融的发展程度。中国数字普惠金融指数的编制利用了蚂蚁金服的交易账户信息，指数包括覆盖广度、使用深度和数字化程度三个一级维度，以下又分若干二级维度，该指数在研究中已得到广泛应用；产品质量同样使用 Khandelwal 等（2013）的方法来测算，并进行标准化加总在企业层面。其研究发现，数字金融发展有助于产品质量升级。这一提质升级的影响机制是企业管理运营资本效率提高以及融资约束的缓解。祝树金等（2022）基于中国工业企业数据库和海关数据库，将环境信息公开作为外生的环境成本冲击，采取工具变量的方法研究了环境成本提高是否提高了产品质量这一问题。研究选取城市空气流动系数和政府工作报告中与环境相关词频占比作为环境成本的工具变量。政府环境信息公开整体上促进了产品质量的提升；企业环境成本提高后，企业会通过调整产品质量和价格来吸收成本冲击的影响。该研究的基本逻辑在于，企业会自发进行行为的调整来应对负面冲击。

三　国家层面因素

蔡婉婷（2016）通过文献整理发现国家层面下的政府补贴、人均GDP 和地理距离会对产品质量产生影响。对于政府补贴，产品会因政府补贴而出现质量升级效应。韩会朝和于翠萍（2014）通过实证研究发现出口国人均 GDP 提高 1%，出口产品质量将会提高 0.15%，其中出口地的市场规模对出口产品质量没有显著影响。李怀建和沈坤荣（2015）研究发现人均收入越高的国家，研发水平和物质资本存量会显著影响产品质量。Anwar 和 Sun（2018）利用中国行业层面数据分析了外商直接投资对中国企业出口产品质量的影响，从外商直接投资的溢出效应考察了产品质量升级。

部分研究使用产品价格来衡量产品质量（Hummels and Skiba, 2004; Fan et al., 2017）。Hummels 和 Skiba（2004）基于阿根廷、巴西等国与美国的贸易数据，发现出口市场距离远，运输成本越大，出口产品的离岸价格越高。Bastos 和 Silva（2010）分析了出口目的地距离与企业产品质量关系，对于目的地距离越远的地区，企业倾向于出口质量更高的产品。此外，出口目的地收入水平也会影响企业产品质量。不同收入水平的国家的产品需求存在差异，高收入国家往往对高质量产品具有较大需求，因此出口到高收入国家的产品质量往往更高。Hallak（2006）、Verhoogen（2008）均发现高收入国家更有意愿进口高质量的产品。Brambilla 等（2012）、Manova 和 Zhang（2012）分别对阿根廷和中国贸易数据进行分析，发现企业出口目的地收入水平的提高会引起出口产品质量的提高。基于中国海关贸易数据的分析表明，不同年份出口产品质量与出口目的地收入水平的关系都比较稳定，出口的目的地收入水平越高，出口产品质量越高。

第四节　研究展望

第一，"一带一路"倡议的研究依然是学术界讨论的热点问题。自 2013 年"一带一路"倡议提出以来，政策沟通、设施联通、贸易畅通、资金融通、民心相通五通建设取得明显进展，从"大写意"具体到"工笔画"。中国与"一带一路"沿线国家的双边投资成为中国实现产业结构转型、重铸全球价值链的重要举措。"一带一路"倡议相关研究的丰富与其较为成熟的识别策略有着密不可分的关联。"一带一路"倡议研究主要有三个识别策略。首先，利用"一带一路"

倡议提出导致的时间维度上的差异,以及沿线国家与非沿线国家在国家地区层面上的差异来构建双重差分的计量模型(罗长远和曾帅,2020)。其次,时间维度上的差异和国内与"一带一路"倡议相关的结点城市、区域与不相关的城市、区域之间的差异(卢盛峰等,2021)。最后,利用中欧班列在不同城市开通时间的差异,以及开通中欧班列城市与未开通中欧班列城市之间差异来构建多时点的双重差分模型(周学仁和张越,2021)。

第二,研究更加重视识别策略,未来对多时点双重差分法的改进将成为主流。当前大部分多时点双重差分均采用双向固定效应模型,当处置效应存在异质性时,这种模型设定不能准确识别处置效应。最新的研究对多时点双重差分的因果关系识别进行了较为充分的讨论(Sun and Abraham, 2021; Baker et al., 2022)。未来多时点双重差分将更加重视正确的处置效应识别方法。此外,一些研究利用了新的情境来展开因果关系识别,比如,举办马拉松赛事城市对外商直接投资区位选择的影响(潘春阳和廖捷,2021);清末通商口岸地区对外商直接投资和贸易的影响(张川川等,2021);中欧班列对中国进出口的影响(周学仁和张越,2021);"沪港通""深港通"对企业融资的影响(庞家任等,2020)。新的研究情境需要重视进一步的对处置组和控制组可比性的分析。事实上,诸多政策并不是外生,比如举办马拉松赛事的城市、"一带一路"倡议的结点城市、中欧班列的开通城市,"沪港通""深港通"还涉及标的股票的调入和调出。这可能导致基于不同研究情境得到的研究结论不完全一致,比如,罗长远和曾帅(2020)将上市企业区分为参与"一带一路"倡议的企业和未参与的企业,采取双重差分的方法发现"一带一路"倡议并没有降低企业融资约束,反而提高了企业融资约束。李建军和李俊成(2020)同样基于上市企业,也是采取双重差分的方法,结果发现"一带一路"倡议扩大了企业的信贷融资规模,降低了信息不对称,改善了企业财务状况。二者识别上的差异在于对参与"一带一路"倡议企业的界定上。罗长远和曾帅(2020)采取了三种界定方法,一是将列入"一带一路"官网名录的企业界定为参与"一带一路"倡议的企业;二是将属于IFIND的"一带一路"概念板块企业界定为参与"一带一路"倡议的企业;三是将实际投资于"一带一路"沿线国家的企业界定为参与"一带一路"倡议的企业。李建军和李俊成(2020)根据上市企业与"一带一路"沿线国家和地区是否存在业务来界定参与"一带一路"倡议的企业。

第三,未来将出现更多家庭层面的分析和结构式模型的分析。当前国际投融资领域研究主要利用企业层面微观数据来展开,微观数据包括:fDi Markets全球企业绿地投资数据库、BVD(Zephyr)合资和并购企业数据库、中国"全球投资跟踪"数据库、Thomson One数据库、境外投资企业(机构)名录、CSMAR上市企业对外直接投资数据库等。使用微观层面数据一方面可以较好地识别变量因果关系,另一方面也有助于探讨影响机制。此外,国际投融资领域研究也开始使用家庭层面数据,事实上家庭层面数据比较丰富,但是将国际投融资与家庭行为结合起来相对而言比较难,原因有两方面。首先,国际投融资更多是企业行为,比如"一带一路"倡议中企业的参与,外商直接投资和对外直接投资均为企业行为;其次,家庭层面数据频率较低,同时由于家庭成员流动性往往较高,不利于展开较长时间维度的分析。值得注意的是,当前在国际宏观经济领域出现了一系列基于家庭数据展开的研究,比如关税、货币政策等对家庭行为的影响(Dai et al., 2020; Cloyne et al., 2020; Daniel et al., 2021)。陈东和苏雯锦(2021)基于盖洛普世界民意调查数据,研究外商直接投资对东道国居民健康的影响。此外,大部分研究均使用简约式计量模型来进行因果关系推断,李小帆和蒋灵多(2020)还采取结构式模型进行估计和反事实推断。如果结构式模型能够较好刻画影响机制,那么基于结构式模型进行的反事实估计能够更好对政策进行量化分析,未来结构式模型估计或将越来越多。

第四,已有研究对产品质量影响因素做了较充分的研究。现有研究产品质量的文献主要的切入角度依然是国际贸易,比如,Khandelwal等(2013)分析了出口配额的消除对中国纺织品服装的出口价格的影响。Bas和Strauss-Kahn(2015)考虑中间投入品贸易自由化对出口产品价格、出口产品质量的影响。Fan 等（2015）以及 Fan 等（2018）聚焦于中国加入 WTO 引起的关税下降，分析关税下降对产品质量升级的影响。此外，王永进和施炳展（2014）从上游垄断的视角来分析中国企业产品质量升级，指出由政府保护所形成的垄断会对产品质量升级产生不利的影响，随着下游行业竞争程度提高，上游垄断的负面作用会更加突出。张杰（2015）还从融资约束的角度来分析出口产品质量，融资约束对出口产品质量产生了显著影响，这一影响具有异质性，国有和集体企业出口产品质量并没有受到融资约束的抑制作用，民营企业的出口产品质量受到融资约束的显著抑制作用，融资约束与港澳台和外资企业出口产品质量呈现出倒"U"形关系；在金融市场化进程较快的省份中，融资约束对民营企业出口产品质量的制约作用更突出。Bernini 等（2015）考察了企业杠杆率对出口产品质量的影响。依靠债务融资的企业会更偏向短期投资，而提高产品质量需要更多的长期投入，比如研发投入，因此，给定其他条件不变的情况下，依靠债务融资的企业，其出口产品质量会更低。Anwar 和 Sun（2018）利用中国行业层面数据分析了外商直接投资对中国企业出口产品质量的影响，从外商直接投资的溢出效应考察了出口产品质量升级。未来关于产品质量升级影响因素的研究将更多的利用新的研究情境，从新的视角来展开。"双循环"新格局下，要促进经济增长模式从要素驱动型向效率驱动、创新驱动型转型，亟待产品提质升级，增强产品国际竞争力，使中国产业能够攀升至全球产业链价值链高端。如何通过对外开放战略来实现这一目标将是未来产品提质升级方面研究的重要内容。本书尝试以对外直接投资为切入点，分析中国对外开放战略对产品质量升级影响，并将区分境外并购和绿地投资来分别展开分析。

第三章

对外直接投资的相关理论

第一节 传统的对外直接投资理论

一 垄断优势理论

传统对外直接投资理论包括垄断优势理论（Monopolistic Advantage Theory）、内部化理论（Theory of Internalization）、产品生命周期理论（Product Life Cycle Theory）和国际生产折中理论（Eclectic Theory of International Production）。垄断优势理论由 Hymer（1960）基于传统的国际资本流动理论首先提出。该理论认为，企业进行跨国经营往往面临着政治、文化、制度因素带来的挑战，同时也面临着语言、汇率波动等问题，跨国经营成本较高。企业在东道国面临的更多的是一系列较高的制度性和非制度性的经营成本。因此，企业进行对外直接投资，在东道国经营需要具备一定的垄断优势。依靠这一优势，企业才能够克服跨国（地区）经营成本较高这一问题，与东道国的企业进行竞争。企业的垄断优势包括技术优势、管理经营优势和知识积累优势、资金优势、信息优势、全球生产网络优势等，其中技术优势是最核心的垄断优势（Hymer，1976）。该理论成立前提是市场不完全，包括产品市场不完全、要素市场不完全、规模经济引起的市场不完全以及政府干预引起的市场不完全。

此外，获取规模经济优势也是企业跨国（地区）经营的重要动因。企业可以通过对外直接投资，进行纵向一体化和横向一体化实现内部规模经济，即单位产品生产成本随生产规模提高而下降，企业能够更有效率地使用资源、组织生产，提升经营效率。对外直接投资企业在东道国与同行业企业聚集在某地区还可以引致外部规模经济。这是由多个企业之间通过合理分工、合理的地区布局、共享劳动力市场、技术外溢等形成的规模经济。垄断优势理论能够很好解释发达国家企业对外直接投资行为，但是不能很好解释对外直接投资的区位选择问题，同时也不能很好解释发展中国家企业对外直接投资行为。

二 内部化理论

20世纪70年代，一系列研究在垄断优势理论基础上融入了交易成本理论，以此来讨论对外直接投资的驱动因素，最终形成了对外直接投资的内部化理论（Buckley and Casson，1976；Rugman，1981）。内部化指的是用内部市场取代外部市场，将市场建立在企业内部的过程。内部化理论提出，由于高昂交易成本存在，企业可以通过对外直接投资的方式，在企业内部整合上下游生产销售资源，更有利于实现企业利润最大化。市场不完全性与企业性质是内部化理论的核心要点。

根据这一理论，驱动企业对外直接投资的因素是通过内部化降低交易成本，由此带来协调性收益、稳定性收益、避免干预性收益等。其中，协调性收益为生产经营环节集中在企业内部，因避免外部市场不完全、价格信号扭曲等负面影响而带来的收益。稳定性收益是稳定的买卖双方关系带来的收益。避免干预性收益为避免东道国政府采取产业政策、税收等市场化和非市场化干预带来的收益。当然，内部化也带来成本，包括管理成本、沟通成本、国家风险成本。其中管理成本指的是内部化后企业层级、分支机构增加带来的经营管理成本。沟通成本为跨国（地区）的分支机构之间的通信联系，以及企业与东道国政府、东道国企业之间的沟通和联络带来的成本。国家成本为企业实现内部化后对东道国市场产生影响，从而出现东道国政府对企业经营干预而造成的成本。当内部化边际收益超过内部化边际成本，企业便会进行对外直接投资以整合资源。内部化理论可以很好解释跨国企业垂直型投资，但是依然不能很好解释对外直接投资的区位选择以及跨国企业的水平型投资。

三 产品生命周期理论

Vernon（1966）将垄断优势理论与产品生命周期融合来解释企业对外直接投资的驱动因素，提出产品生命周期理论。产品生命周期可以分为创新阶段、成熟阶段、完成标准化阶段。在不同阶段，企业的出口决策和对外直接投资决策不相同。在新产品出现初期，企业可以维持垄断优势，通过出口满足国外市场需求。当产品进入成熟阶段，生产工艺标准化，产品生产企业增加，产品市场逐渐饱和，企业以往的垄断优势下降。同时，同类产品带来的竞争压力加剧，本国边际生产成本上升，此时，企业有动机将生产环节转移到其他国家，进行对外直接投资。

如果产品进入完成标准化阶段，产品和生产工艺已经标准化，企业以往拥有的竞争优势完全丧失，价格和成本竞争成为主要竞争手段，这迫使企业选择将产品生产环节迁移至生产成本更低的国家或地区。此外，在完成标准化阶段，企业生产规模达到规模经济临界区域，容易出现规模不经济、生产效率下降的情况，这也会迫使企业选择对外直接投资。在这一阶段，企业将开始新一轮的产品创新。

产品生命周期理论归纳总结了以美国为代表的发达国家对发展中国家对外直接投资的规律，可以比较好地解释发达国家企业对外直接投资的区位选择，但是不容易解释发展中国家对发展中国家的对外直接投资行为以及发展中国家对发达国家的对外直接投资行为。

四 国际生产折中理论

对外直接投资理论影响力较大的是国际生产折中理论。该理论基于垄断优势理论、内部化理论和区位优势理论等发展起来的（Dunning，1981）。Dunning 将一系列研究汇集成论文集 *International Production and Multinational Enterprise*，系统阐释了对外直接投资理论中的国际生产折中理论，为投资发展周期理论奠定了基础。

该理论综合吸收了对外直接投资理论中的驱动对外直接投资的因素，概括总结出三个因素，即所有权（Ownership Specific）、内部化（Internalization）和区位（Location Specific），这三个因素所形成的优势是影响企业对外直接投资的关键。其中，所有权优势是指企业能够获取其他企业无法获取的资产或者所有权，由此利用垄断优势抵消跨国经营成本上升带来的负面影响，能够与东道国企业展开竞争，并具有一定的竞争优势。所有权优势可以细分为技术优势、规模优势、管理优势等。内部化优势即为一体化优势，指的是企业通过对外直接投资将外部市场内部化，更有利于实现利润最大化的目标。内部化可以部分抵消外部市场的不完全带来的负面影响，从而有助于实现资源的最佳配置，继续维持企业特定的垄断优势。区位优势指的是东道国文化、制度、资源禀赋等优势能够与所有权优势、内部化优势融合（Navaretti et al.，2010；Hayami et al.，2012）。区位优势还包括东道国较好的地理区位、丰富的自然资源、较大的市场潜力等。区位优势不仅决定了对外直接投资的决策，而且也决定了对外直接投资的类型和行业。然而，需要注意的是，所有权优势、内部化优势、区位优势三者并不是相互独立的，这三者往往紧密相关、互为因果，导致该理论解释力有所削弱。

第二节　发展中国家对外直接投资理论

一　狭义垄断优势理论

传统的对外直接投资理论主要是对发达国家对外直接投资的现象进行理论阐释。随着，发展中国家对外直接投资的发展、规模的快速增长，关于发展中国家对外直接投资的研究越来越多，一些研究也提出了相对应的理论。这里面包括狭义垄断优势理论、邻近—集中权衡理论（Proximity-Concentration Trade-off Theory）、边际产业扩张理论（Theory of Marginal Industry Expansion）、技术创新产业升级理论（Theory of Technological Innovation and Industrial Upgrading）、投资发展路径理论（Investment Development Path Theory）等。

狭义垄断优势理论包括小规模技术优势理论（Theory of Small Scale Technology）和技术地方化优势理论（State on Localized Technological Capacities)。前者提出发展中国家相较于发达国家，其企业在小规模生产技术、特殊产品、低廉生产要素等方面具有竞争优势。由于部分国家，比如低收入国家需求有限、市场规模较小，大规模生产技术往往难以在较小市场规模中获取规模效益。但是发展中国家企业在低收入国家进行直接投资，可以更好发挥发展中国家企业所具有的小规模生产技术的比较优势（Wells，1977，1983）。后者则提出发展中国家企业会对进口的技术和产品进行改造，根据东道国市场需求和要素禀赋特征进行地方化技术创新，这些创新更适合发展中国家的市场，由此形成了对发展中国家对外直接投资的竞争优势（Slaughter，2000）。如果东道国市场规模较大，消费者偏好有较大差异，那么发展中国家企业能够发挥技术地方化优势，获取竞争优势，从而能够进入东道国市场（Lall，1983）。与小规模技术优势理论相比，该理论更强调技术引进的再生过程，发展中国家对发达国家的技术不是简单的模仿和复制，而是对技术的消化、改进和创新。以上理论更多聚焦于发掘发展中国家企业在竞争上可能存在的优势，能够较好解释发展中国家对发展中国家直接投资的动因。但是，以上理论难以解释发展中国家的高新技术企业对外直接投资的现象，以及发展中国家对发达国家对外直接投资的现象。

二 邻近—集中权衡理论

企业进行对外直接投资的目的事实上是占领该国市场。占领该国市场可以通过国际贸易和直接投资在东道国建立工厂来实现。现实中，对外直接投资中很大一部分是建立销售网络，而不是直接在东道国建立工厂从事生产活动，这一现象不仅出现在发达国家，而且也出现在发展中国家，该现象具有普遍性。为解释企业出口和投资间的权衡决策，Brainard（1997）和 Helpman 等（2004）提出邻近—集中的权衡理论。

具体而言，邻近—集中权衡理论将企业异质性融入贸易和对外直接投资决策的理论框架（Helpman et al.，2004）。该理论强调企业贸易和对外直接投资决策受到其自身生产率的影响。无论是贸易，还是对外直接投资，都存在固定成本，生产率上的优势可以弥补固定成本带来的竞争劣势。如果生产率较高,那么该企业会选择对外直接投资;如果生产率位于中等水平,那么该企业会选择出口;如果生产率较低,那么该企业会选择国内生产,同时国内市场销售。

三 边际产业扩张理论

Kojima(1978)认为之前对外直接投资理论不能很好解释发展中国家对外直接投资现象。Kojima(1978)基于20世纪70年代日本大规模对外直接投资的现象,利用国家分工的比较成本理论分析了日本对外直接投资与美国对外直接投资的差异,并提出了边际产业扩张理论,又称为比较优势理论,即发展中国家之间的比较优势能够解释发展中国家对外直接投资现象。由于各国的资源禀赋不同,一国的比较劣势产业或边际产业可能是其他国家的潜在比较优势产业。即便企业不具备所有权优势,依然可以基于比较优势进行对外直接投资。按照这一理论,对外直接投资应从本国比较劣势的产业开始按顺序依次进行,即便发展中国家企业不具备所有权优势,但是相对于直接投资的东道国企业,其依然具有技术优势,因此该国可以将部分夕阳产业迁移至其他国家。一方面有助于本国产业升级,另一方面也可以促进东道国技术升级、经济发展。需要注意,边际产业扩张理论能够较好解释日本垂直型的对外直接投资,但是,此后日本也出现了大量的水平型的对外直接投资,该理论对水平型的对外直接投资解释力较弱。同时,该理论也忽视了日本对发展中国家的对外直接投资,将劣势产业进行转移导致这些国家出现资源消耗大、环境污染严重、产业结构转型困难等问题。

四 技术创新产业升级理论

20世纪80年代以来,发展中国家对发达国家直接投资的规模不断提高,发展中国家企业成为东道国企业的重要竞争对手。如何解释发展中国家对外直接投资的新趋势是国际直接投资理论面临的重大挑战之一。

Cantwel 和 Tolentino(1990)提出技术创新产业升级理论,以解释发展中国家对发达国家直接投资的现象。该理论认为,技术创新和产业升级是发展中国家企业对外直接投资的重要驱动因素。发展中国家企业往往并不位于技术前沿,技术水平较低,研发能力受限;这些企业可以通过对外直接投资,利用发达国家的研发资源,学习和吸收发达国家的先进技术,从而促进企业自身创新,实现产业升级。技术水平是影响企业国际生产活动的重要因素,同时也是影响发展中国家企业对外直接投资形式和增长速度的重要因素(Tolentino,1993)。这是技术创新产业升级理论的主要内容。该理论可以很好解释发展中国家对发达国家对外直接投资现象。

五 投资发展路径理论

此外,由 Dunning(1981)提出,Dunning 和 Narula(1996)、Narula 和 Dunning(2010)等发展的投资发展路径理论得到了广泛应用。该理论从宏观、动态的角度解释各国在国际直接投资中的地位,强调对外直接投资净额与经济发展阶段息息相关。该理论将对外直接投资净额变化分为五个阶段。第一阶段是经济发展水平较低的阶段,这些国家国内市场规模较小、人均收入水平较低,投资所需的基础设施建设、人力资本水平都较为落后,外商直接投资和对外直接投资规模都较小。第二阶段是经济发展水平有所提升,但依然较低,此时区位优势得以发挥,人均资本较低吸引了更多外商直接投资。第三阶段是经济发展水平又上升到新的台阶,工业化进程加快,对外直接投资快速增长,相反外商直接投资增速放缓。第四阶段是人均 GDP 位于较高水平,企业生产率得到明显改善,对外直接投资增速出现明显快于外国直接投资增速的趋势。第五阶段是经济发展水平达到最为发达国家的水平,外商直接投资和对外直接投资都保持在较高水平,对外直接投资净额开始下降,逐渐回归至零。

第三节 对外直接投资产品提质升级的直接效应

企业对外直接投资通过将生产经营中的部分或全部环节转移到其他国家(地区),产生逆向溢出效应,进而对东道国企业、国民经济产生影响。企业对外直接投资所引起的学习效应、生产要素的流动、市场规模的扩大都会反馈作用于对外直接投资的企业本身。这种由于企业对外直接投资对企业自身行为产生的影响称为逆向溢出效应。通过文献梳理,本部分将从学习机制、国外市场资讯获取和规模经济效应三个方面,详细阐述对外直接投资对产品提质升级的影响机制。

首先,企业对外直接投资具有学习机制。学习机制是企业对先进国家进行对外直接投资活动,能够了解东道国的生产技术和管理技术,用学到的知识来进行母国企业的生产经营管理,从而有助于母国企业产品的提质升级。企业跨国活动往往会产生更多知识和技术的积累(Johanson and Vahlne,1990;Meyer et al.,2009;Ghauri and Park,2012;Chen and Tang,2014;Fu et al.,2018)。企业在东道国的经营活动中所获取的关键资源和信息可以直接或间接地影响到本国企业,比如对外直接投资的企业在东道国的生产、经营过程中获取更多的技术和管理经验,再通过跨国企业内部网络传递回本国,从而影响到本国企业生产效率;企业在东道国设立研发机构,利用东道国人力资本优势,其产生知识外溢效应也有助于本国企业生产效率的提高(Edamura et al.,2014;Cozza et al.,2015;Huang and Zhang,2017)。发展中国家可以通过鼓励对发达国家的直接投资来实施赶超战略。

其次,企业对外直接投资可以获取更多关于国外市场的资讯,获取更多产品需求信息,也可以获取战略性资源,从而有助于本国企业的产品创新(Child and Rodrigues,2005;Wang et al.,2012)。由于信息不对称存在,企业"走出去"的成本往往较高,掌握更丰富的市场咨询,有助于企业更好地"走出去"。企业在东道国的经营活动中所获取的关键资源和信息,比如国际市场需求、技术经验等,都有助于企业改善现有生产技术,获取高质量的中间投入品,从而促进产品提质升级。

最后,企业对外直接投资可绕开贸易壁垒扩大市场规模,产生规模经济效应。企业以更低成本购买高质量的中间投入品将有助于产品质量的提升(Fan et al.,2018)。规模经济效应是指企业进行对外直接投资活动扩大了生产规模,规模的扩大一定程度上能够减少单位产品的生产成本，使企业的生产要素投入更合理，利润得到提高，生产经营能力得到增强。此外，生产要素能够在企业内部流动，技术和经验在此过程中上下渗透，企业员工在此过程中不断学习，在交流合作过程中创造出更多的价值，进一步促进生产技术水平提高，最终促进企业产品提质升级。

对外直接投资的学习机制、国外市场资讯的获取、市场规模的扩大都对企业自身施加了影响，这种影响也将反映在企业产品质量上。企业通过对外直接投资的学习机制可以获取更多先进的技术、管理经验以及研发经历，这不仅有助于企业自身效率的提升，而且也有助于企业产品质量的升级；企业通过对外直接投资所获取的国外市场资讯能够使企业掌握更准确的需求供给信息，提升产品质量，满足客户需求；企业通过对外直接投资所产生的规模经济效应也能够影响企业对生产要素质量的选择，进而影响其生产的产品质量。

第四节　对外直接投资产品提质升级的间接效应

随着经济金融全球化进程的推进以及中国融入经济金融全球化程度的提高，跨国生产网络在外溢效应中扮演着极为重要的角色。金融全球化进程使得经济体之间的关联性加强，经济体外部负债和外部资产的规模不断提升。图3-1（a）为Cordella和Ospino Rojas（2017）构建的金融全球化指标（FG_CR），图3-1（b）为Lane和Milesi-ferretti（2006）构建的金融全球化指标（FG_LM），不论从哪个指标来看，金融全球化程度均在不断提高。1981年中国外部资产与外部负债之和占GDP比重仅为15.12%；到2000年，这一比例上升至68.73%；至2011年，该比例已经超过1，为108.63%，较1981年增长了618.45%。外部财富占GDP比重从1981年的7.1%跃升至2011年的21%，增长了195.58%。

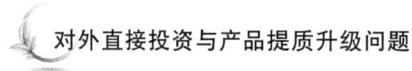

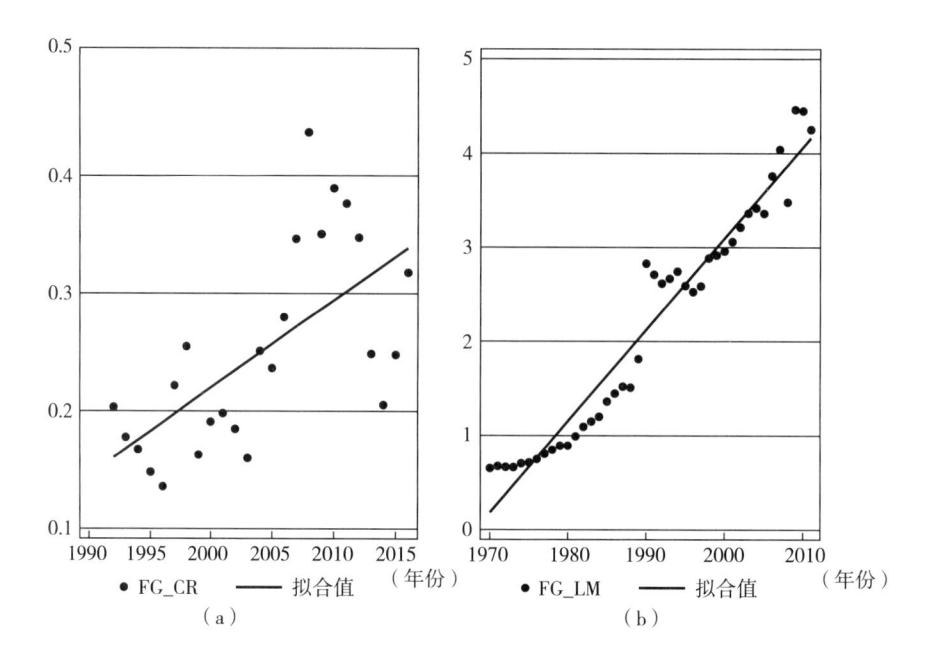

图 3-1　金融全球化的趋势

资料来源：Lane 和 Milesi-ferretti（2006）Updated；Cordella 和 Ospino Rojas（2017）。

Lin 和 Ye（2018）、Wu 和 Ye（2022）均发现中国外商直接投资企业在美国货币政策冲击和不确定性冲击中都发挥了积极作用。虽然中国采取了资本管制措施，但是外商直接投资企业依然能够从国际金融市场借贷，从而使得外部冲击能够通过外商直接投资企业传导到国内。同时，对外直接投资企业直接遭受海外金融市场冲击，并通过子公司与母公司关联传递到国内。

对外直接投资产生提质升级的间接效应可能通过以下三个渠道来实现。第一为下游需求带动。对外直接投资会影响到生产规模，这一影响也会通过需求渠道传递到生产网络中的企业（Ozdagli and Weber，2017；di Giovanni and Hale，2022）。如果对外直接投资会影响到生产规模，出现产业"空心化"，那么下游需求萎缩，这会负向影响其使用的上游中间投入品，进而负面影响上游企业的产出、投资等。如果对外直接投资影响到生产规模，但是出现技术反哺，刺激了更多需求，那么下游需求将会增加，这会正向影响其使用的上游中间投入品，进而正向影响上游企业的产出、投资等。生产中的规模效应能够对企业产品质量产生影响。

第二为技术溢出。直接投资能够产生技术溢出效应。对外直接投资企业同样具有技术外溢效应，这一技术外溢效应称为逆向技术溢出。企业对外直接投资具有学习机制，企业跨国活动往往会产生更多知识和技术的积累（Johanson and Vahlne，1990；Meyer et al.，2009；Ghauri and Park，2012；Chen and Tang，2014；Fu et al.，2018；余静文等，2021b）。企业在东道国的经营活动中所获取的关键资源和信息可以直接或间接地影响到本国企业，比如对外直接投资的企业在东道国的生产、经营过程中获取更多的技术和管理经验，再通过跨国企业内部网络传递回本国，从而影响到本国企业生产效率。企业在东道国设立研发机构，利用东道国人力资本优势，其产生知识外溢效应也有助于本国企业生产效率的提升（Edamura et al.，2014；Cozza et al.，2015；Huang and Zhang，2017）。当企业进行对外直接投资获取了逆向技术外溢效应，企业也能够通过上下游产业关联将技术外溢到生产网络上的企业。生产技术是影响企业产品质量的关键要素。

第三为商业信用溢出。这一渠道主要针对中国经济、金融体系特点提出。首先，商业信用在一定程度可以与银行信用进行替代（Allen et al.，2005；Chen et al.，2019）。其次，中国资本项目并没有实现完全的自由化，即便存在资本管制，跨国企业依然可以通过国际金融市场融资（Lin and Ye，2018）。对外直接投资企业更有可能通过国际金融市场融资，同时对外直接投资企业的生产规模也会因对外直接投资行为而发生变化，这些都会影响对外直接投资企业为生产网络中的其他企业提供商业信用。当然，对外直接投资企业会受到海外市场需求下降的影响，减少母公司的内源融资，从而影响母公司为生产网络中的企业提供商业信用。如果对外直接投资企业的海外子公司遭受到负面冲击，那么这会影响对外直接投资企业为其生产网络上的企业提供流动性。生产网络上的企业面临的融资约束问题将会暴露，而融资约束是制约产品提质升级的重要因素。

第四章

中国对外直接投资的基本事实与特征

第一节 中国对外直接投资的发展历程

一 中国对外直接投资的探索阶段

1949—1978年是中国对外直接投资的探索阶段。中华人民共和国成立初期,国内外经济环境较为恶劣,连年战争积贫积弱,经济建设的基本任务是解决人民温饱问题。按Dunning(1981)投资发展阶段理论,一国经济发展处于较为落后阶段,该国就会缺乏进行对外直接投资的条件和激励。此时的中国也没有能力开展对外直接投资。有部分继承型境外投资企业,比如招商局集团有限公司、华润(集团)有限公司、香港中旅(集团)有限公司,负责货币中转业务、进口重要物资,以及组织对香港地区的出口等。其中,华润(集团)有限公司于1952年由中共中央办公厅转为中央贸易部管理,于1954年获得授权成为中国各进出口公司在香港地区的总代理;招商局集团有限公司于1965年获批准成立下属友联船厂,于1972年获批准成立下属海通公司,并于1978年获批能够扩大自主经营权限,全面开展经贸活动。此外,这段时期还存在对发展中国家,包括朝鲜、坦桑尼亚、阿尔巴尼亚、越南等的一系列援助。

二 中国对外直接投资的初步发展阶段

1979—1991年时中国对外直接投资的初步发展阶段。20世纪70年代，以美元和黄金为基础的布雷顿森林体系（Bretton Woods System）崩溃瓦解，随后石油危机爆发，金融全球化的浪潮由此开始出现，并促进了跨境资本流动。随着中国改革开放政策的确定，以及国际环境的改善，《关于经济改革的十五项措施》于1979年8月颁布，允许中国企业到境外创办企业。国有企业相继开展对外直接投资业务，比如，北京友谊商业服务公司与日本东京丸一商事株式会社在日本东京合资设立了改革开放后、第一家对外直接投资企业，即京和股份有限公司；中国五矿进出口总公司、中国化工进出口总公司、中国船舶工业总公司、中国银行等相继在境外成立子公司或代表处。这一阶段颁布的涉及对外直接投资的政策还包括《关于在国外开设合营企业的暂行规定》（1981）、《关于在国外开设非贸易性合资经营企业的审批程序和管理办法》（1985）、《境外贸易、金融、保险企业财务管理暂行办法》（1989）、《境外投资外汇管理办法》（1989）、《境外金融机构管理办法》（1990）、《国务院批转国家计委关于加强海外投资项目管理意见的通知》（1991）等。这一阶段对外直接投资的管理制度得到逐步完善。

三 中国对外直接投资的调整发展阶段

1992—2001年是中国对外直接投资的调整发展阶段。1992年邓小平南方谈话，解决了长期束缚着人们思想的诸多重大认识问题，把改革开放和现代化建设推进到了一个新的阶段，开启了市场经济体制改革的序幕。国内外较好的政策环境对中国对外直接投资发展起到一定的促进作用，制造业、采矿业以及金融服务业企业是这一阶段中国对外直接投资的主力军，投资重点逐步从中国香港、中国澳门，北美地区向亚太，非洲，欧洲，拉美地区转移。亚洲金融危机爆发后，为了扩大出口、创造就业，国家鼓励企业开展境外加工装配业务，为轻纺、家电、机械电子等行业的企业在海外设立工厂提供优惠政策，1998年全国外经贸工作会议便提出"积极引导和推动中国具有比较优势的加工企业在外国当地开展生产加工和装配，鼓励有经济实力、有技术力量的企业到境外投资办厂"。

1994年人民币实现汇率并轨,同时取消外汇留存和上缴制度,实行强制结汇制度,初步建立起全国统一的、规范性的外汇市场。《中华人民共和国外汇管理条例》于1996年颁布实施,形成以市场供求为基础、单一的、有管理的浮动汇率制度,强调运用经济和法律手段进行外汇和国际收支的调控。中国对外经济合作业务的管理工作得到制度化、规范化等方面的进一步完善,为中国对外直接投资的进一步发展奠定了基础。这一阶段中国对外直接投资的重点政策还包括《关于用国有资产实物向境外投资开办企业的有关规定》(1993)、《关于暂停收购海外企业和进一步加强海外投资管理的通知》(1993)、《境外投资财务管理暂行办法》(1996)、《关于设立境外贸易公司和贸易代表处的暂行规定》(1997)、《境外所得计征所得税暂行办法》(修订)(1997)、《关于鼓励企业开展境外带料加工装配业务意见的通知》(1997)等。

四 中国对外直接投资的稳步提升阶段

2002—2012年是中国对外直接投资的稳步提升阶段。"走出去"战略在2000年正式提出,与西部大开发战略、城镇化战略、人才战略并称为四大新战略。2001年12月11日,中国加入世界贸易组织,与多个国家(地区)建立合作关系,为中国对外直接投资提供了更为有利的环境。2000年之后,中国资本项目管制,特别是对外直接投资的管制开始放松,企业"走出去"的步伐也开始明显加快。2003年党的十六届三中全会通过的《关于完善社会主义市场经济体制的若干重大问题的决定》指出"走出去"战略是建成完善的社会主义市场经济体制和更具活力、更加开放的经济体系的战略部署,是适应统筹国内发展和对外开放的要求的,有助于进一步解放和发展生产力,为经济发展和社会全面进步注入强大动力。2005年政府工作报告提到要进一步实施"走出去"战略,鼓励有条件的企业对外投资和跨国经营,加大信贷、保险外汇等支持力度,加强对"走出去"企业的引导和协调。作为发展中国家,中国在2007年之后的对外直接投资规模出现了快速增加。2006年和2007年对外直接投资流量规模分别为

211.6亿美元和265.1亿美元，占GDP比例分别为0.77%和0.75%。随后的2008年，中国对外直接投资流量规模跃升至559.1亿美元，占GDP比例达到了1.22%，全球位次也较上一年提升了5位。到2012年，中国对外直接投资流量规模增加到了878亿美元，全球位次上升到2012年的第3位；中国对外直接投资存量规模达到5319.4亿美元，全球位次从2002年的第25位上升到2012年的第13位。

这一阶段颁布的涉及对外直接投资的重要政策包括《国务院关于投资体制改革的决定》（2004）、《关于境外投资开办企业核准事项的规定》（2004）、《关于建立境外投资重点项目风险保障机制有关问题的通知》（2005）、《关于调整部分境外投资外汇管理政策的通知》（2006）、《关于鼓励和支持非公有制企业对外投资合作的意见》（2007）、《境外投资管理办法》（2009）、《关于企业境外所得税抵免有关问题的通知》（2009）、《境外中资企业机构和人员安全管理规定》（2010）、《境外直接投资人民币结算试点管理办法》（2011）等。

五　中国对外直接投资的深化发展阶段

2013年至今是中国对外直接投资的深化发展阶段。1978年以来，中国先后经历了四次通过开放促改革、促发展的重大战略：第一次是1978年党的十一届三中全会以来深圳对外开放；第二次是1992年邓小平南方谈话；第三次是2001年中国入世；第四次是2013年上海自贸区建立、"一带一路"倡议提出。尽管每次开放的原因、背景都有所差异。然而，其背后的逻辑是一致的，即通过改革开放来促进经济的发展，提高潜在经济增长率。

"一带一路"倡议是以贸易畅通、资金融通为主要内容的，深化对外开放和鼓励"走出去"的新战略和新举措，也是在经济新常态下实现经济结构调整，经济发展模式转型的积极战略部署。"一带一路"倡议需要中国对外开放，同时也需要"一带一路"沿线国家的对外开放。21世纪初"走出去"战略提升到国家战略层面，到2013年9月"丝绸之路经济带"和"21世纪海上丝绸之路经济带"的战略构想的提出来、2015年3月"一带一路"愿景与行动文件发布，再到党的十九大，习近平总书记的报告中明确指出"要以'一带一路'建设为重点，坚持引进来和走出去并重，遵循共商共建共享原则，加强创新能力开放合作，形成陆海内外联动、东西双向互济的开放格局"。这将成为中国对外开放总体战略实施的蓝图，旨在"形成陆海内外联动、东西双向互济的开放格局"。裴长洪和刘洪愧（2018）以习近平新时代对外开放思想为基础，分析了"一带一路"倡议的贡献，总结了经济全球化发展至今的经验教训，为中国开放型经济与开放型世界经济的内外联动提供了中国方案。

2014年，中国对外直接投资流量规模达到1231.2亿美元，首次超过实际利用外资规模1196亿美元，这也标志着中国对外直接投资步入一个崭新的阶段。2020年中国对外直接流量规模达到1537.1亿美元，存量规模达到25806.6亿美元，流量规模全球排名为第1位，存量规模排名为第3位，较2012年提升了10位。需要注意的是，这一阶段对外直接投资的不稳定因素也在增加，地缘政治、局部冲突、意识形态差异等对中国进一步对外开放提出了新的挑战。这一阶段颁布的涉及对外直接投资的重要政策包括《推动共建丝绸之路经济带和21世纪海上丝绸之路的愿景与行动》（2015）、《关于推动国际产能和装备制造合作的指导意见》（2015）、《促进中小企业国际化发展五年行动计划（2016—2020年）》（2016）、《关于加强国际合作提高我国产业全球价值链地位的指导意见》（2016）、《关于改进境外企业和对外投资安全工作的若干意见》（2017）、《关于进一步引导和规范境外投资方向的指导意见》（2017）、《民营企业境外投资经营行为规范》（2017）、《关于境外投资者以分配利润直接投资暂不征收预提所得税政策问题的通知》（2017）、《关于引导对外投融资基金健康发展的意见》（2018）等。

第二节 中国对外直接投资的发展特征

一 总体规模

2020年，中国对外直接投资流量达到了1537.1亿美元，其中非金融类对外直接投资流量为1340.5亿美元，金融类对外直接投资流量为196.6亿美元。整体流量同比增速为12.3%，超过GDP同比增速，非金融类流量同比增速为14.6%，金融类流量同比增速为-1.5%。按照对外直接投资流量排名，2020年中国全球位次为第1，卢森堡、日本分别列全球第2位和第3位。2020年中国对外直接投资流量超出2002年流量近55倍，流量全球排名从第26位上升到第1位。这是中国对外直接投资流量规模首次排名全球第1位，占全球份额的20.2%，同时也是中国对外直接投资流量全球份额首次超过20%，较2019年有近1倍的提升。一方面是因为中国对外直接投资流量在增加，另一方面是因为疫情冲击下全球对外直接投资流量出现了39.4%的同比下降，尤其是发达经济体对外直接投资流量同比下降了55.5%（见图4-1）。

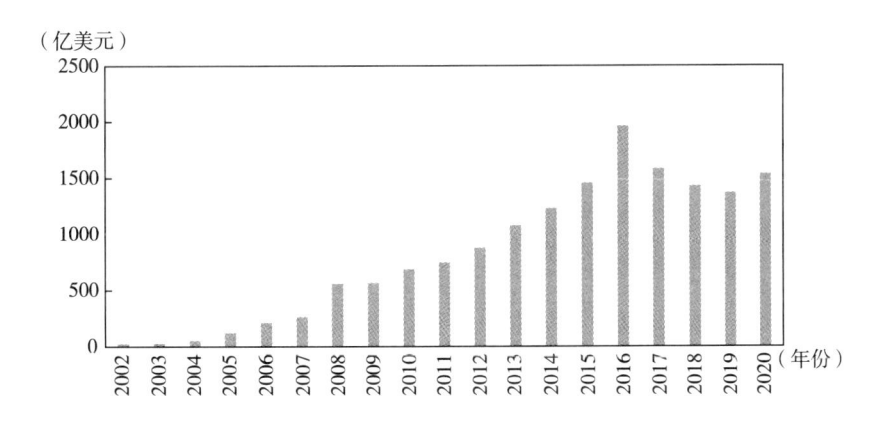

图 4-1 中国对外直接投资流量

资料来源：《中国对外直接投资统计公报》。

中国对外直接投资流量位于全球前列，从存量来看，全球位次同样出现了较大幅度的提升。2020年中国对外直接投资存量达到了25806.6亿美元，同比增长17.36%，超过2002年存量近86倍，全球排名从第25位上升到第3位，中国对外直接投资存量规模全球排名最高为2017年第2位（见图4-2）。但是，需要注意的是，中国对外直接投资存量距离全球排名第1位的美国差距依然较大，2020年美国对外直接投资存量为81285亿美元，占全球比重为20.7%，而中国仅为6.6%。荷兰对外直接投资存量规模为37976亿美元，占全球比重为9.7%。

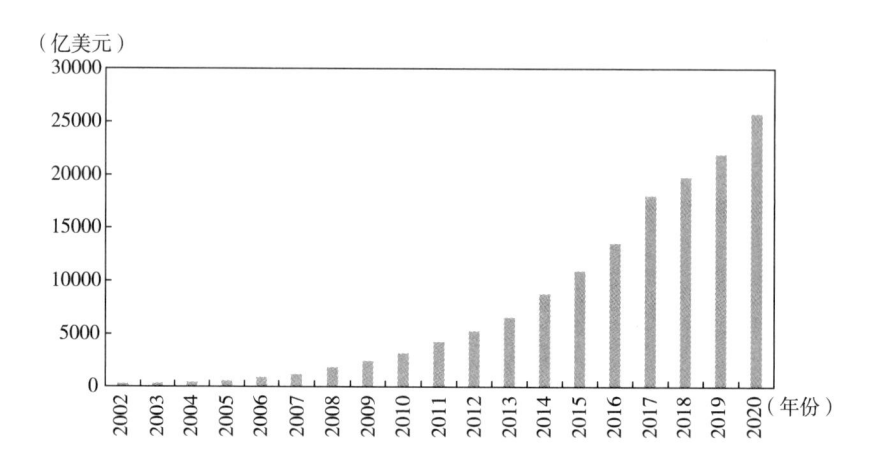

图4-2 中国对外直接投资存量

资料来源：《中国对外直接投资统计公报》。

二 投资主体和地区

2020年中国对外直接投资（排除金融类）存量中，非国有企业占比超过50.0%，达到53.7%，国有企业占比为46.3%，这是至2018年以来，非国有企业占比再次超过50.0%。经过多年发展，对外直接投资主体已经从国有企业转为非国有企业。2006年中国对外直接投资中，国有企业为主导，其占比为81.0%，非国有企业占比仅为19.0%。此后，国有企业占比不断下降，至2015年已经连续10年下降。2015年，国有企业占比为50.4%，非国有企业占比为49.6%。中国对外直接投资中，非国有企业占比在2017年、2018年和2020年超过了50.0%，最高是2020年的53.7%（见图4-3）。

2020年中国对外直接投资中，85.1%来自东部地区，8.2%来自中部地区，7.0%来自西部地区，0.7%来自东北三省（见图4-4）。对外直接

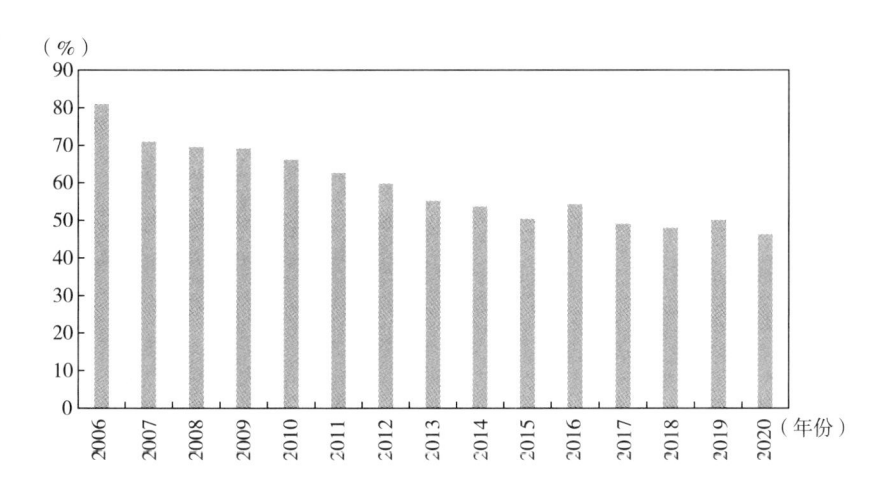

图 4-3　中国对外非金融类直接投资存量占比（国有企业）

资料来源：《中国对外直接投资统计公报》。

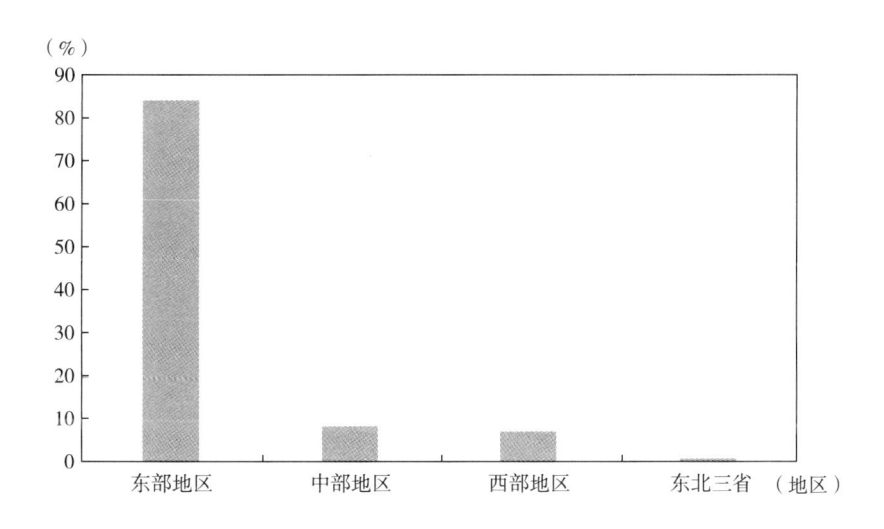

图 4-4　2020 年地方对外直接投资流量按区域分布

资料来源：《中国对外直接投资统计公报》。

投资流量排名前 10 位的地区依次是广东省、上海市、浙江省、江苏省、山东省、北京市、福建省、湖南省、四川省和天津市。其中，广东省、上海市、浙江省对外直接投资流量占比超过 10.0%，依次为

27.7%、14.8%和12.7%；这三个地区流量规模同样超过了100亿美元，依次为235.3亿美元、125.5亿美元和107.4亿美元（见图4-5）。2013年对外直接投资流量排名前10位的地区依次是广东省、山东省、北京市、江苏省、上海市、浙江省、辽宁省、天津市、福建省和河北省（见图4-6）。与2013年相比，上海市、浙江省的对外直接投资流量占比排名均出现较大幅度的提升；相反，北京市排名出现了较大幅度下降。辽宁省、河北省则跌出了前10位；湖南省和四川省则跃进了前10位。

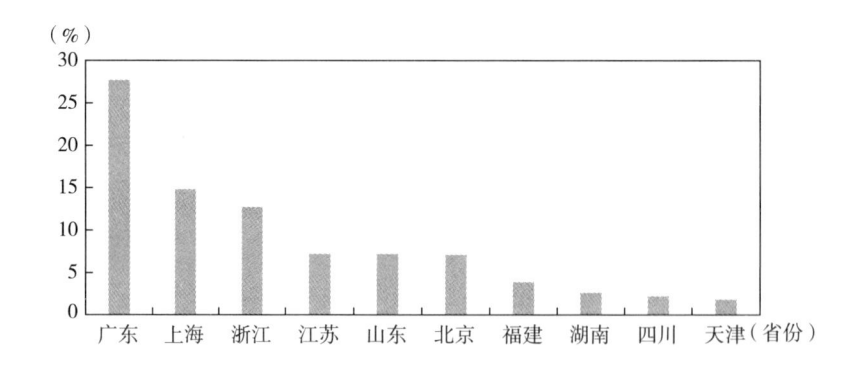

图4-5 2020年地方对外直接投资流量占比（前10位）

资料来源：《中国对外直接投资统计公报》。

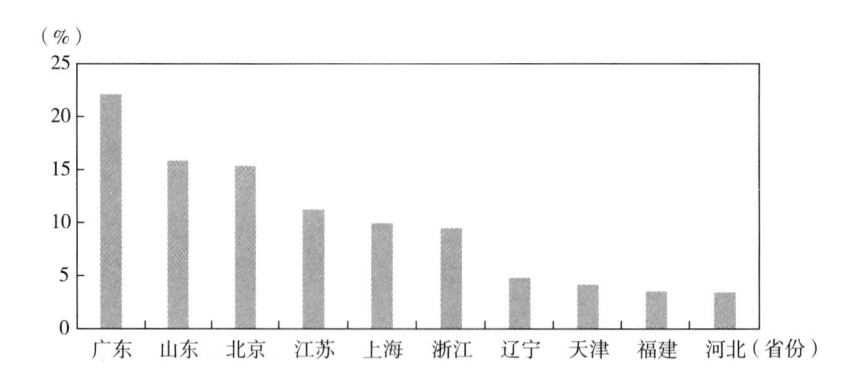

图4-6 2013年地方对外直接投资流量占比（前10位）

资料来源：《中国对外直接投资统计公报》。

三 投资目的地的区位分布

2020年中国对外直接投资分布于全球189个国家（地区），共设立4.5万家企业。其中按照境外企业覆盖率从高到低排序，亚洲、欧洲和非洲位列前3，境外企业覆盖率分别达到95.7%、87.8%和86.7%。北美洲的境外企业覆盖率为75.0%，排名第4位（见图4-7）。从境外设立企业情况来看，亚洲数量最多，数量超过2.6万家，占全部新设企业的58.5%，主要分布在中国香港、新加坡、日本、越南等。在北美设立企业数量超过6000家，占全部新设企业的13.5%。欧洲、非洲、拉丁美洲、大洋洲新设企业占比分别为10.4%、7.9%、6.7%和3.0%。新设企业数量前10位的国家（地区）分别为中国香港、美国、新加坡、德国、英属维尔京群岛、俄罗斯联邦、澳大利亚、日本、越南和开曼群岛。

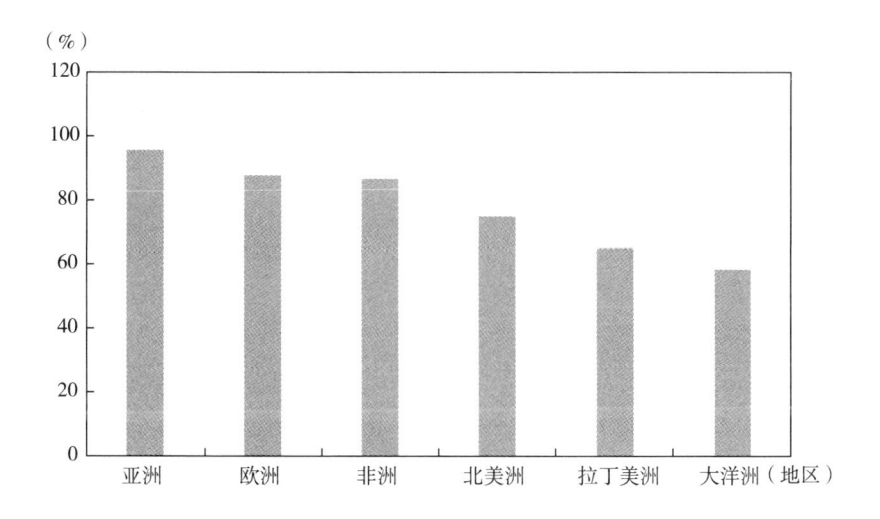

图4-7 2020年中国境外企业覆盖国家数量与国家（地区）总数的比率

资料来源：《中国对外直接投资统计公报》。

从对外直接投资流量规模来看，2020年流向亚洲的投资最多，达到了1123.4亿美元，其次是拉丁美洲的166.6亿美元，再次是欧洲的126.9亿美元，北美洲、非洲、大洋洲紧随其后，投资规模依次是

63.4亿美元、42.3亿美元和14.5亿美元。2020年中国对外直接投资流量排名前10位的国家（地区）依次是中国香港、开曼群岛、英属维尔京群岛、美国、新加坡、荷兰、印度尼西亚、瑞典、泰国和越南。其中，中国香港的流量规模达到了891.5亿美元，流量占比达到了58.0%，远远超过排名第两位的开曼群岛，其流量规模为85.6亿美元，流量占比为5.6%（见图4-8）。2013年中国对外直接投资流量排名前10位的国家（地区）依次是中国香港、开曼群岛、美国、澳大利亚、英属维尔京群岛、新加坡、印度尼西亚、英国、卢森堡和俄罗斯联邦。同样地，中国香港的流量占比依然很高，达到了58.3%。与2013年相比较，流量排名前10位的国家（地区）中发达经济体明显减少，新兴市场经济体明显增加。这也表明中国对外直接投资的目的地在发生转变（见图4-9）。

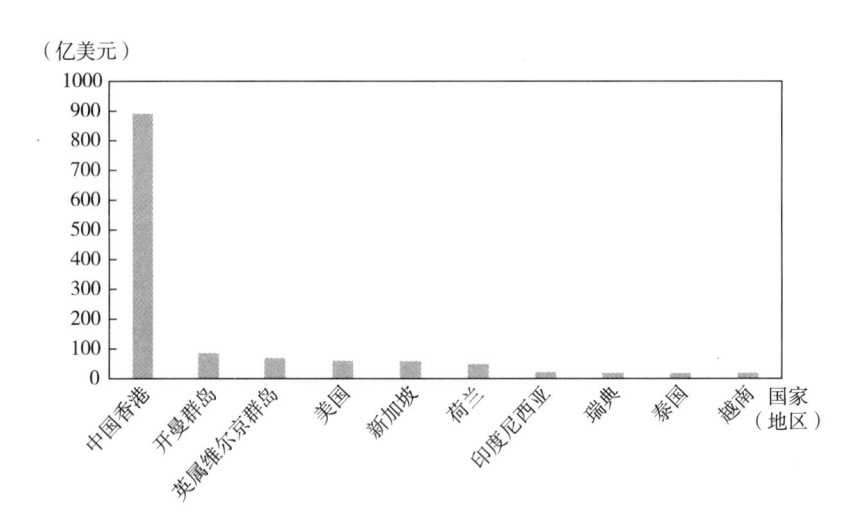

图4-8 2020年中国对外直接投资流量前10位的国家（地区）

资料来源：《中国对外直接投资统计公报》。

四 行业分布

2020年中国对外直接投资主要集中在租赁和商业服务业、制造业以及批发和零售业，流量占比依次为25.2%、16.8%和15.0%。金融

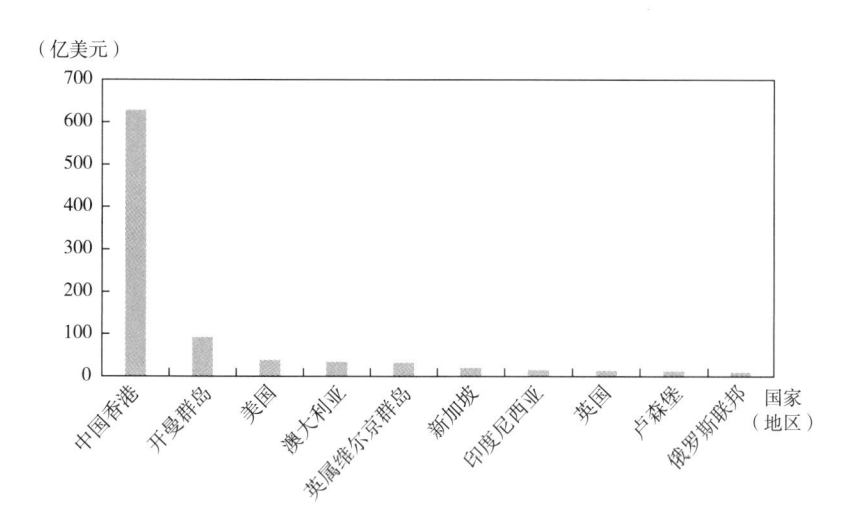

图 4-9　2013 年中国对外直接投资流量前 10 位的国家（地区）

资料来源：《中国对外直接投资统计公报》。

业对外直接投资占比为 12.8%，随后是信息传输/软件和信息技术服务业、建筑业、采矿业以及交通运输/仓储和邮政业，占比依次为 6%、5.3%、4.0% 和 4.0%（见图 4-10）。受到新冠疫情的冲击，住宿和餐饮业、教育、农/林/牧/渔业、水利/环境和公共设施管理业对外直接投资出现了大幅度的下降，其中，住宿和餐饮业、教育业下降幅度均达到了 80.0%。建筑业、信息传输/软件和信息技术服务业、交通运输/仓储和邮政业、房地产业的对外直接投资出现了较大幅度的上升，比如，建筑业上升幅度达到了 114.0%，信息传输/软件和信息技术服务业上升幅度为 67.7%。

与 2013 年相比，对外直接投资的主要行业有所变化。2013 年，租赁和商业服务业的对外直接投资流量为 270.6 亿美元，流量占比为 25.1%，与 2020 年相似。流量占比排第 2 位和第 3 位的分别是采矿业和金融业。其中，采矿业对外直接投资流量规模为 248.1 亿美元，流量占比为 23.0%，同比增长了 83.2%；金融业对外直接投资流量规模为 151 亿美元，流量占比为 14.0%。批发和零售业对外直接投资流量规模为 146.5 亿美元，流量占比为 13.6%（见图 4-11）。2020 年，

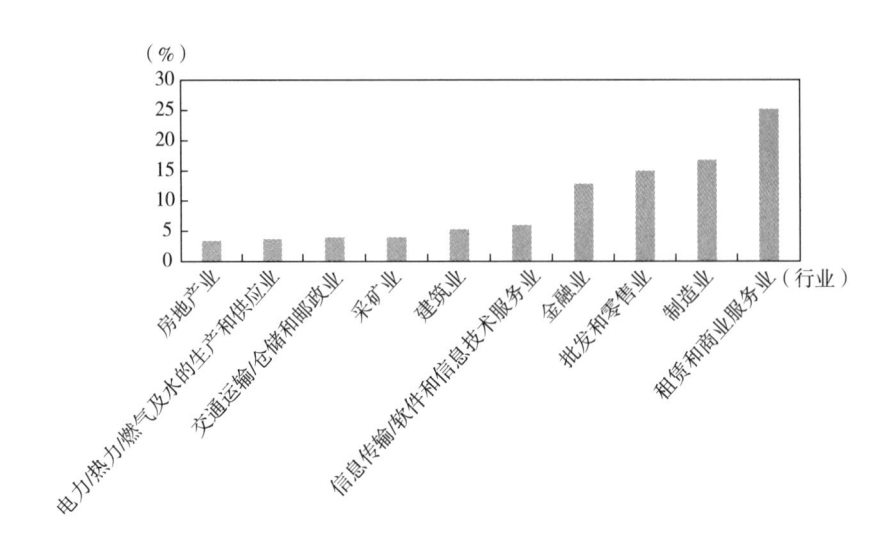

图 4-10　2020 年中国对外直接投资流量行业分布（前 10 位）

资料来源：《中国对外直接投资统计公报》。

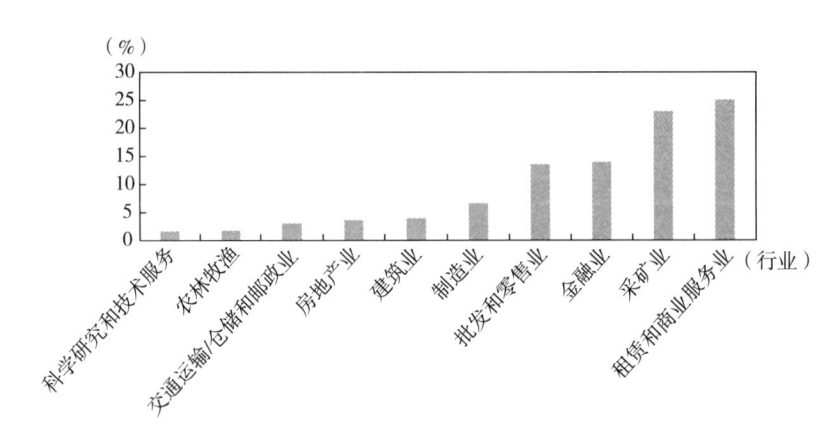

图 4-11　2013 年中国对外直接投资流量行业分布（前 10 位）

资料来源：《中国对外直接投资统计公报》。

流量排名第 2 位和第 3 位的依次为制造业、批发和零售业。制造业在 2013 年出现了 17.0% 的负增长，对外直接投资流量为 72 亿美元，流量占比为 6.7%。2013 年之后，制造业对外直接投资出现了大幅度的上升，流量占比出现了超过两倍的增幅。同时，批发和零售业的流量占比有 10.3% 的增幅，金融业的流量占比则出现了 8.6% 的降幅。

第五章

对外直接投资与产品提质升级

第一节 研究设计

一 研究情境说明

本书将利用中国渐进的资本项目开放策略来识别对外直接投资的提质升级效应。中国对外开放进程在2000年之后发生较大的变化，2000年之前受制于中国资本项目管制的政策措施，企业对外直接投资规模和数量都受到限制，2000年之后，中国资本项目管制，特别是对外直接投资的管制开始放松，因此可以观察到企业"走出去"步伐在加快。中国对外直接投资的大力发展与中国实施的"走出去"战略密不可分。"走出去"战略在2000年正式提出，从境外投资企业（机构）名录中，可以发现2000年之后中国对外直接投资企业在不断增加。在2005年之前，企业进行对外直接投资的次数较少，2005年之后对外直接投资的次数明显增加，从2005年的202次增加到2013年的2222次，增长10倍，年均增幅达到34.95%（见图5-1）。从资本项目中对外直接投资子项目的开放进程来看（见图1-2），虽然其呈现出向上变化的趋势，但并不连续，每隔一段时间才会有一次相关规章制度的出台。这种渐进的开放策略一方面是中国履行当初加入WTO

的承诺，中国对外直接投资年度流量的全球排名从加入WTO之初的第26位上升至2017年的第3位[①]；另一方面也导致了企业对外直接投资存在时间维度上的变化，本书便利用了这一变化上的差异来分析对外直接投资对企业产品提质升级的影响。

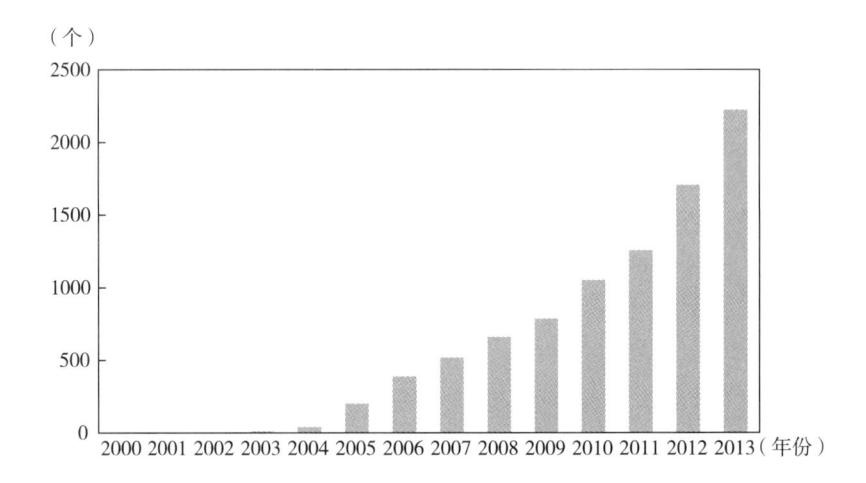

图 5-1　企业对外直接投资的项目数量（2000—2013 年）

资料来源：笔者根据匹配的中国工业企业数据库、海关数据库、境外投资企业（机构）名录计算得来。

二　倾向性得分匹配方法

对外直接投资企业相对于没有对外直接投资的企业而言，数量较小，这会导致回归分析中高维度匹配的问题（Rosenbaum and Rubin，1983）。本书在此采取了倾向性得分匹配的方法来筛选出对外直接投资倾向相似的企业，这里面既包括实际对外直接投资的企业（处置组），也包括实际未对外直接投资的企业（控制组）。随后，本书采取双重差分的方法对匹配的样本进行分析，识别对外直接投资对产品提质升级的影响。从对外直接投资管制程度的指标来看，进入21世纪以来，一系列放松对外直接投资管制的政策措施先后出台，中国对

[①] 数据来自《中国与世界贸易组织白皮书》。

外直接投资的规模也不断增加。每一个时期都会有企业选择对外直接投资，对外直接投资的虚拟变量即为时间维度和企业维度两个维度的变量。倾向性得分匹配方法的使用，首先是为了解决高维度匹配问题；其次是为了便于将进行了对外直接投资企业和没有进行对外直接投资企业做比较。

在倾向性得分匹配部分，本书采取的是 Logit 模型进行回归，被解释变量为企业是否进行了对外直接投资这一虚拟变量，解释变量包括企业年龄的对数、企业规模的对数、资本密度的对数、出口密度、资产回报率，这些变量在前后千分之五处进行了 Winsorize 的处理①。为避免可能存在的内生性问题，解释变量均滞后一期。此外，本书也控制了二位码行业固定效应、地区（省级）固定效应。考虑到政府补贴是影响企业对外直接投资与否的关键因素（冀相豹和王大莉，2017），此处研究在回归中也将国有控股情况和政府补贴加一的对数作为解释变量。得到倾向性匹配得分后，研究将校准半径设为万分之一，采取一对多的方式进行匹配，总共获取企业样本 3021 家，其中 15.1% 的样本企业进行过对外直接投资，企业成立时间平均约为 12 年，有 12.5% 的企业为国有控股企业。

表 5-1 报告了匹配后平衡性检验的部分结果。OFDI 和 Non OFDI 依次为有对外直接投资的企业和没有对外直接投资的企业，研究分别比较了这两类企业的相关特征在匹配前和匹配后的差异。从匹配的事后检验来看，匹配之后的企业年龄的对数、企业规模的对数、利润率、杠杆率、国有控股情况差异都出现了显著减小，Bias 的绝对值均较匹配前有所下降。并且，匹配前，这些变量在 OFDI 和 Non OFDI 企业的差异基本都显著异于零，匹配后，这些变量在 OFDI 和 Non OFDI 企业的差异均不显著②。

---

① 本书在这里采取 Logit 模型逐年进行回归，但由于 2000—2004 年，匹配数据库中进行对外直接投资企业数量较少，因此，本书首先是对 2000—2004 年样本进行回归，其次是对 2005 年及之后样本依次进行回归。

② 变量符号和定义见表 5-2。

表 5-1　　　　　　　　　平衡性检验的部分结果

		2000—2004 年			
		均值		Bias（%）	p>|t|
		ODI	Non ODI		
Log（Age）	匹配前	2.1796	2.0142	23.6	0.089
	匹配后	2.1796	2.1915	-1.7	0.921
Log（Employee）	匹配前	-0.5043	-1.5112	69.9	0.000
	匹配后	-0.5043	-0.6338	9.0	0.678
Profit	匹配前	0.0560	0.0222	27.5	0.024
	匹配后	0.0560	0.0603	-3.5	0.854
Leverage	匹配前	0.5821	0.7366	-59.6	0.350
	匹配后	0.5821	0.5601	8.5	0.574
Soecontrol	匹配前	0.1724	0.1037	19.9	0.086
	匹配后	0.1724	0.1897	-5.0	0.811
		2008 年			
		均值		Bias（%）	p>|t|
		ODI	Non ODI		
Log（Age）	匹配前	2.3052	2.0416	42.1	0.000
	匹配后	2.2972	2.2602	5.9	0.267
Log（Employee）	匹配前	-1.0169	-1.8363	63.6	0.000
	匹配后	-1.0615	-0.9970	-5.0	0.394
Profit	匹配前	0.0455	0.0237	22.7	0.000
	匹配后	0.0453	0.0430	2.4	0.670
Leverage	匹配前	0.5973	0.5579	15.3	0.001
	匹配后	0.5974	0.5954	0.8	0.904
Soecontrol	匹配前	0.1026	0.0532	18.5	0.000
	匹配后	0.0958	0.1209	-9.4	0.149
		2013 年			
		均值		Bias（%）	p>|t|
		ODI	Non ODI		
Log（Age）	匹配前	2.5655	2.3461	40.4	0.000
	匹配后	2.5566	2.5681	-2.1	0.475

续表

		2013 年			
		均值		Bias（%）	p>|t|
		ODI	Non ODI		
Log（Employee）	匹配前	-0.3829	-0.9475	59.4	0.000
	匹配后	-0.4284	-0.4385	1.1	0.746
Profit	匹配前	0.0591	0.0371	24.1	0.000
	匹配后	0.0590	0.0592	-0.2	0.948
Leverage	匹配前	0.5445	0.5588	-5.3	0.033
	匹配后	0.5439	0.5393	1.7	0.663
Soecontrol	匹配前	0.0974	0.0436	21.1	0.000
	匹配后	0.0881	0.0967	-3.4	0.352

三　双重差分法

本书将基于倾向性得分匹配后的样本，利用 2000 年之后中国对外开放政策中对外直接投资管制的逐步放松，采取双重差分法来分析企业对外直接投资对企业产品提质升级的影响。处置组为进行了对外直接投资的企业，控制组为从未进行过对外直接投资的企业。计量模型设定如式（5-1）所示。

$$Quality_{pict} = Constant + \beta \times OFDI_{it} + X_{it}\gamma + \delta_{pic} + \tau_{pt} + \varepsilon_{pict} \quad (5-1)$$

其中，下标 p、i、c 和 t 分别表示产品、企业、出口目的地和年份。Quality 为根据 Khandelwal（2010）、Khandelwal 等（2013）、Fan 等（2018）的方法计算的出口产品质量，Constant 为常数项，OFDI 为关键解释变量，即企业是否对外直接投资的虚拟变量。X 为一组控制变量，包括企业年龄的对数、企业年龄对数的平方、企业规模、杠杆率、利润率、是否国有控股的虚拟变量。对外直接投资的提质升级作用体现为出口到某地区的产品在对外直接投资前后出现了质量的变化，需要识别的是企业—产品—出口目的地维度的质量变化，因此，此处研究在计量模型中加入了企业—产品—出口目的地的固定效应（δ）[①]。此外，企业核心产品所处领域出现技术突破，有可能使得企业进行技术寻求型的对外直接投资，同时该技术突破也会对企业出口产品质量产生影响，为了对产品随时间变化的因素进行控制，本书还在计量模型中加入了产品—年份的固定效应（τ）。ε为误差项，γ为待估参数向量，β为本书所关注的待估参数。如果β显著为正，那么企业对外直接投资有利于产品提质升级；如果β显著为负，那么企业对外直接投资不利于产品提质升级；如果β不显著，那么企业对外直接投资对产品提质升级没有显著影响。由于被解释变量为高维度的变量（企业—产品—出口目的地—年份），关键解释变量为低维度的变量（企业—年份），因此研究放弃误差项独立同分布假设，允许误差项在聚类层面相关。参照Moulton（1990）的建议，此处研究将标准误聚类在企业层面。

第二节 数据说明与变量构建

一 数据说明

本部分使用了三个数据库。第一，中国工业企业数据库，该数据库来自国家统计局的企业年度调查，涵盖了中国所有国有和非国有工业企业中规模以上的企业，其中规模以上指的是主营业务收入超过500万元[②]。数据库提供了企业的会计报表（损益表、资产负债表和现金流量表），包括企业地址代码、行业代码、邮政编码、电话号码、资产总计、负债总计、主营业务收入、营业利润、生产销售额、工业增加值、从业人数、企业资本金、新产品产值、研发投入、现金流等100多个信息。数据库中的这些企业贡献了中国85%的工业产出，较

[①] 采取企业—产品—出口目的地固定效应是出口产品质量升级研究中的常用处理（余淼杰和张睿，2017；Fan et al.，2018；祝树金和汤超，2020）。

[②] 规模以上企业界定发生了两次变化，2007年，国家统计局将主营业务收入不足500万元的国有工业法人企业排除在统计范围之外；2011年纳入统计的工业企业主营业务收入标准从500万元提高到2000万元。

好地代表了全国工业企业的总体水平,《中国统计年鉴》中宏观层面的工业数据即根据此数据库中微观企业相关信息加总计算得来。

参照 Cai 和 Liu（2009）、Yu（2015）的思路，本部分按照以下步骤对数据异常值和缺失值进行处理。第一，删除以下变量缺失的样本，它们包括总资产、工业总产值、固定资产净值、职工人数和销售额。第二，删除职工人数小于 8 的样本。第三，删除了本书使用变量有缺失的样本。第四，删除不符合会计原则的样本。根据 GAAP（Generally Accepted Accounting Principles），本书删去了符合以下条件的样本，这些条件为流动资产大于总资产、固定资产大于总资产、固定资产净值大于总资产、企业识别代码缺失、企业成立时间无效（成立月份小于 1 或者大于 12）。

第二，海关数据库。研究出口产品质量需要用到产品价格、数量的信息，海关数据库提供这一类的信息。海关库数据来自中国海关总署，是具体到交易层面的数据库，包括每种产品（HS8 位编码）的三类信息。①贸易的基本变量，比如，出口额、进口额、产品数量、产品单位。②贸易模式和方式，比如，进出口的对象国家或地区、是否途经第三国或地区、贸易类型（加工贸易、一般贸易）、进出口的海关。③企业的基本信息，比如，企业名称、所在城市、电话、邮编、企业经营者姓名以及企业所有制信息。

第三，境外投资企业（机构）名录。该数据来自中国商务部，包括了 1980 年以来的在商务部备案的对外直接投资境内企业信息，比如，境内投资主体、境外投资企业（机构）名称、投资国家或地区、经营范围、核准日期等。该套数据没有提供具体的对外直接投资额的数据，并且目录中对外直接投资的境外机构只在成立年份出现，不包含此后撤销或追加投资的信息，因此，本部分的分析聚焦在企业是否进行了对外直接投资这一行为上。

企业对外直接投资研究中存在匹配数量相对中国工业企业数据库而言较小的问题，但由于中国工业企业数据库样本量较大，本书采取了倾向性得分匹配方法为对外直接投资企业寻找控制组样本。本部分在此将企业名称作为识别信息将中国工业企业数据库与境外投资企业

（机构）名录进行匹配来分析对外直接投资企业样本。通过两个库的匹配，总计匹配到 5589 个进行了对外直接投资的样本（企业层面），其中 2000 年之前未匹配到样本，且有超过 40% 的匹配样本出现在 2012 年和 2013 年。这里可能存在这样的问题，即对外直接投资企业集中在北京、上海等少数地区。通过对匹配上的对外直接投资企业样本进行分析，结果发现，在匹配样本中，对外直接投资企业的地区分布较为广泛，对外直接投资出现在 4 个直辖市以及 253 个地级市中，其中，宁波市出现了 485 次企业对外直接投资，绍兴市有 268 次企业对外直接投资，深圳市有 245 次企业对外直接投资，苏州市有 238 次企业对外直接投资，北京市有 179 次企业对外直接投资，超过 100 次企业对外直接投资的地区有 14 个。图 5-2 列出了 2000—2013 年超过 100 次企业对外直接投资的地区，这些地区主要为东部沿海地区，其中，浙江省的地级市数量较多。纵轴为该地区对外直接投资次数与对外直接投资总次数的比重。

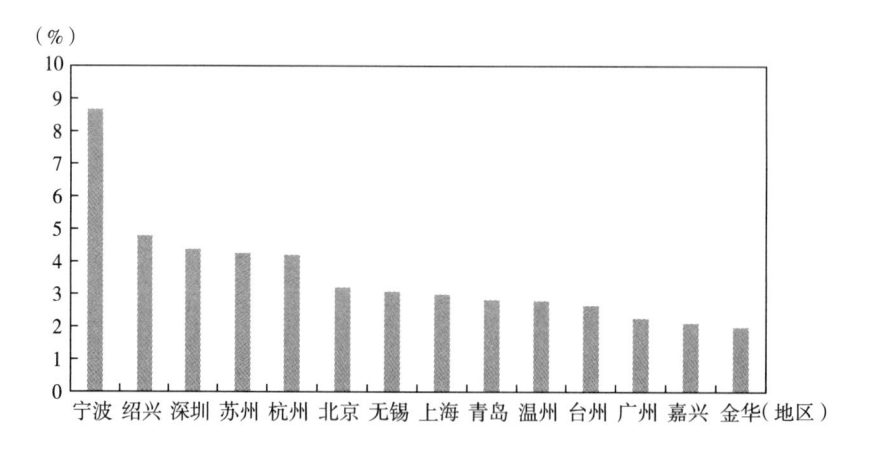

图 5-2　部分地区企业对外直接投资情况（地区对外直接投资次数/对外直接投资总次数）

资料来源：笔者根据中国工业企业数据库和境外投资企业（机构）名录计算得来。

此处研究中的产品质量需要用到海关库提供的产品价格、数量、出口目的地等信息，因此需要将中国工业企业数据库与海关库进行匹配。由于中国工业企业数据库和海关库的企业代码并不一致，本部分按照 Yu（2015）的方法，运用企业名称、邮编、电话号码将中国工业企业数据库与海关数据库进行了合并处理，首先运用企业名称进行匹配，其次运用邮政编码和电话号码后七位进行匹配。两轮匹配中，只要有一轮匹配成功，那么该样本便纳入本书的分析。由于海关数据库的涵盖年份是从 2000—2013 年，所以匹配后的数据库的涵盖年份也是从 2000—2013 年。

此外，为分析探讨企业对外直接投资是否对出口产品质量产生影响，本部分还从匹配的中国工业企业数据库和海关库中识别出进行了对外直接投资的企业，因此，本部分利用企业名作为识别信息将匹配好的中国工业企业数据库和海关数据库与境外投资企业（机构）名录进行匹配。

二 变量构建

研究中的被解释变量为产品质量。产品质量作为一种无形的产品属性一直是一个重要的研究范畴。但是，质量难以被直接观察，如何准确测算产品质量也就成为经济学研究的热点和难点问题。Khandelwal（2010）基于 1989—2001 年美国制造业产品的进口数据，使用了嵌套 logit 模型建立了一个关于产品市场份额与其价格的回归方程，认为在价格相同的情况下，产品的销量主要取决于其质量，因而在同一时间同一地点价格一定时，产品销量越高表明其质量越高。从而上述回归方程的残差项衡量了产品的质量。这种方法相对简单易行，数据也比较容易获取，但该方法存在价格内生性的问题，因此需要对其内生性加以处理方能应用。施炳展（2014）考虑了企业的出口产品质量的异质性，使用出口绩效来代替市场总绩效，并基于消费者效用函数，在限定消费者支出的情况下求解消费者效用最大化时消费者对某一产品的消费数量，通过对数变换建立了一个关于出口绩效与出口价格的回归方程，之后从回归方程的残差项中提取出该产品的质量信息，并对该质量信息进行标准化处理，进而得到最终所需要的质量。该种方法展示出较为严谨的推理过程。相似地，Khandelwal 等（2013）在 Khandelwal（2010）的基础上，直接用 OLS 估计产品质量，应用各行业间价格弹性来消除内生性问题。本书将采取 Khandelwal（2010）、Khandelwal 等（2013）、Fan 等（2018）的方法来估计产品质量。海关库提供的是交易层面的信息，本书首先加总交易层面的数据（HS8 位码）得到每个企业每年每种产品（HS6 位码）在出口目的地的出口数量和出口价值，其次计算每个企业每年每种产品在出口目的地的价格，并以此作为估计产品质量的基础。

假定家庭效用函数不仅包括消费品的数量，而且包括产品质量，效应函数可表示为以下形式：

$$U = \sum_p^N s_p \ln\left[\int_{\vartheta \in \phi} q(\vartheta)^{1/\sigma_p} x(\vartheta)^{(\sigma_p-1)/\sigma_p} d\vartheta\right]^{\sigma_p/(\sigma_p-1)} \quad (5-2)$$

其中，U 为效用，$q(\vartheta)$ 为同一种类中具有特征 ϑ 产品的质量，$x(\vartheta)$ 为同一种类中具有特征 ϑ 产品的数量，下标 p 表示产品，σ_p 为产品 p 的替代弹性，s_p 表示产品 p 在家庭整个消费支出中的比重。求解家庭效用最大化，可得以下表达式：

$$x(\vartheta) = s_p R P_p^{\sigma_p-1} q(\vartheta) p(\vartheta)^{-\sigma_p} \quad (5-3)$$

其中，R 为家庭总的消费支出，P 为价格指数，p 为同一种类中具有特征 ϑ 产品的价格。对上式两边取对数，可得：

$$\ln x(\vartheta) = -\sigma_p \ln p(\vartheta) + \ln q(\vartheta) + (\sigma_p-1)\ln P_p + \ln s_p + \ln R \quad (5-4)$$

本部分利用已有文献中二位码行业的替代弹性来展开估计（Broda 和 Weinstein，2006；Fan 等，2018）[①]。当考虑企业产品时，本书将企业下标 i 加到上式之中。此外，消费支出取决于出口目的地 c 的经济景气程度，该需求因素随时间 t 变化，可以用 α_{ct} 来表示。产品 p 的价格指数以及其消费支出占消费总支出的比例可以用 α_p 来表示。由此得到以下表达式：

$$\ln(x_{pict}) + \sigma_p \ln(p_{pict}) = \alpha_p + \alpha_{ct} + \varepsilon_{pict} \quad (5-5)$$

$\ln(x_{pict}) + \sigma_p \ln(p_{pict})$ 作为被解释变量，产品固定效应、出口目的地固定效应与年份固定效应交互项作为解释变量，回归所得到的残差

[①] Khandelwal 等（2013）分析中国出口产品质量时便采取该方法，他们将 δ 赋值为 4，即 Broda 等（2006）中的纺织品和服装产品替代弹性的中位数。Fan 等（2018）将 δ 赋值为 5 和 10，并且使用了各行业的需求价格弹性来估计产品质量。

项即为产品质量,又称为有效产品质量。本部分利用海关库提供的交易层面数据,按照式(5-5)来估计产品质量。

研究中的关键解释变量为企业对外直接投资的虚拟变量,将企业首次对外直接投资的年份及之后的年份设为1,否则为0。研究还选取了以下控制变量:①企业年龄,用调查当年减去开业年的差值来表示,实证使用企业年龄的对数,记为Logage。②企业年龄对数的平方,记为Logage_sq。③企业规模,用企业从业人数的对数来表示[1]。企业年龄和企业规模的组合能够很好地度量企业面临的融资约束程度,企业年龄越大,即存活时间越久,规模越大,那么企业更容易通过外部融资获取资金,Hadlock和Pierce(2010)提出企业规模、企业年龄的组合可以衡量企业面临的融资约束[2]。融资约束制约了企业的资源投入,从而对产品质量产生影响(Fan et al., 2015)。④利润率,用净利润除以总资产来表示,记为Profit,该变量可以衡量企业运营和生产的效率,运营和生产效率对出口产品质量有着积极影响(Huang and Zhang, 2017)。⑤杠杆率,用负债除以资产来表示,记为Leverage,Bernini等(2015)发现企业杠杆率会影响企业在研发方面的投入,进而影响出口产品质量。⑥国有控股情况,用企业是否为国有控股这一虚拟变量来表示,如果该变量为1,表示为国有控股。国有企业往往存在效率损失,这种效率损失不仅仅体现在自身效率低下,而且也反映在对其他企业的负面影响(刘瑞明和石磊,2010)。这种效率损失也可能反映在出口产品质量上(于海成等,2019)。本书在此将国有控股情况作为控制变量,同时也考察国有控股对出口产品质量的影响[3]。此外,本书也将控制企业—产品(HS6位码)—出

---

[1] 由于企业年龄有0值,即调查当年成立的企业,所以企业年龄的对数为企业年龄加一之后的对数。以下同。
[2] 鞠晓生等(2013)也使用了Hadlock和Pierce(2010)提出的融资约束指标来研究中国企业融资约束问题。
[3] 国有控股包括国有绝对控股和国有相对控股,国有绝对控股指的是国家资本比例大于等于50%,国有相对控股指的是国家资本比例不足50%,但高于其他经济成分所占比例,或者拥有实际控制权。

口目的地的固定效应，产品（HS6位码）—年份的固定效应①。

表5-2　　　　　　　主要变量的描述性统计

变量名	变量符号	变量定义	均值	标准差	最小值	最大值	样本量
产品质量	Quality	根据Fan等（2018）计算的产品质量	1.0362	7.8843	-25.7135	45.6140	2316116
对外直接投资	OFDI	存在对外直接投资行为的当年及此后年为1，其他为0	0.1494	0.3565	0	1	47608
企业年龄	Age	被调查年-企业开业年份	11.0705	8.3164	0	54	47608
企业规模	Employee	从业人数（千人）	0.7797	2.0209	0.0080	105.1490	47608
杠杆率	Leverage	负债/资产	0.5595	0.2453	0.0004	3.9672	47608
利润率	Profit	净利润/资产	0.0525	0.0974	-0.5245	0.5336	47608
国有控股	Soecontrol	国有控股为1，其他为0	0.0713	0.2574	0	1	47608

注：产品质量为企业—产品—出口目的地—年份层面的变量；其他均为企业—年份层面的变量。

第三节　对外直接投资对产品提质升级的影响

一　基准回归结果

本部分将采取双重差分的方法来分析对外直接投资的提质升级作用。表5-3报告了基准模型的估计结果。列（1）至列（3）中被解释变量为产品质量 Quality。列（1）仅加入了关键解释变量 OFDI、企业×产品×出口目的地固定效应以及产品×年份固定效应。考虑到企业

---

① 后文实证中，如无特别说明，产品固定效应均指HS6位码产品。

年龄是前定变量，不会产生误差项与企业年龄相关以及互为因果关系导致的内生性问题，因此列（2）在列（1）的基础上加入了企业年龄对数以及企业年龄对数的平方。列（3）在列（1）基础上加入了前述的企业层面控制变量。标准差均聚类在企业层面。

表 5-3　　　　　对外直接投资与产品提质升级：基准回归

	被解释变量：$Quality$		
	（1）	（2）	（3）
$OFDI$	0.6705**	0.6659**	0.7030**
	(0.3361)	(0.3365)	(0.3384)
$Log(Age)$		0.6469	0.3779
		(0.6723)	(0.6693)
$Log(Age)\_sq$		−0.1164	−0.0478
		(0.1632)	(0.1653)
$Log(Employee)$			0.3085*
			(0.1787)
$Leverage$			0.4199
			(0.3352)
$Profit$			3.3607***
			(1.2279)
$Soecontrol$			1.1670
			(0.8058)
企业×产品×出口目的地 FE	Yes	Yes	Yes
产品×年份 FE	Yes	Yes	Yes
样本量	2316116	2316116	2316116
R^2	0.9923	0.9923	0.9924

注：*、**、***分别表示10%、5%、1%显著性水平，括号内为标准差，聚类在企业层面。

从估计结果来看，本书所关注的关键解释变量 $OFDI$ 的估计系数均显著为正，这表明，对外直接投资能够显著提高出口产品质量。由于控制了企业×产品×出口目的地固定效应，对外直接投资的提质升级作用体现在企业出口到某地区的HS6位码产品的质量在对外直接投资之后有了提升。由于所有模型设定均加入了企业×产品×出口目的地固定效应以及产品×年份固定效应，第一个固定效应吸收了企业、产品、出口目的、企业×产品、产品×出口目的地、企业×出口目的地的固定效应，第二个固定效应吸收了年份固定效应，意味着计量模型考虑到了许多未观测到的因素，R^2均超过了0.99，模型拟合效果非常好。

从控制变量的估计结果来看，企业规模和利润率的估计系数均显著为正，这表明，企业规模越大，出口产品质量越高；企业利润率越高，出口产品质量越高。企业规模是影响企业融资约束的关键变量，规模较大企业往往面临较低融资约束程度，能够将资源更多投入到产品提质升级的企业活动中。较高的利润率也使得企业能够将更多盈余用于研发创新，提升产品质量，同时也印证了企业运营效率是影响产品质量的关键因素（Fan et al.，2018）。此外，国有控股企业的出口产品质量和非国有控股企业的出口产品质量没有显著差异。已有研究发现国有企业与非国有企业在生产效率、创新效率方面存在差异（刘瑞明和石磊，2010），这可能导致国有企业出口产品质量较低。但是，国有企业的研发创新行为与非国有企业的差异还体现在二者从事不同类型的研发创新，国有企业更多从事基础性研发创新，根据不同创新指标进行国有企业和非国有企业的比较，得到结果可能存在差异（叶静怡等，2019）。

此外，本部分根据境外投资企业（机构）名录提供的经营范围信息，将对外直接投资分为咨询服务（*Information_jyfw*）、贸易销售（*Tradesale_jyfw*）、研究开发（*Technology_jyfw*）和生产制造（*Production_jyfw*）四种类型（Huang and Zhang，2017）。其中咨询服务为企业在境外设立咨询、信息收集、调研等机构。这种类型的对外直接投资将通过国外市场资讯的获取影响母国企业，通过获取更多信息，母国企业可以获取高质量的中间投入品，从而提升最终产品质量。贸易销售为企业在境外设立销售、批发、经销处等，这种类型的对外直接投资是为了帮助母国企业出口，扩大销售规模（田巍和余淼杰，

2017)。这一类型的对外直接投资帮助了企业在母国的生产经营，企业基于已有产品便能有较大生存空间，使企业缺乏提质升级的动力。但同时，销售规模的扩大也会有助于降低成本，企业有资源投入进口高质量中间产品以及研究开发活动。此外，本部分将企业对外直接投资类型进一步分为研究开发和生产制造，具体而言，本书根据经营范围信息中的关键词来进行分类，比如经营范围信息中有"研发""开发"，本书将其划分为研究开发一类，如果有"销售""批发""贸易""经销"等，本书将其划分为贸易销售一类，如果有"咨询""信息""调研""咨询"等，本书将其划分为信息咨询，如果有"生产""制造""加工"等，本书将其划分为生产制造一类。对于未能识别出的对外直接投资类型，本书进行人工识别，将其纳入以上四个分类之中。图5-3展示分类的基本结果，在匹配的样本中，贸易销售型对外直接投资数量最多，达到了2984个，生产制造型对外直接投资数量次之，为961个，咨询服务型和研究开发型对外直接投资分别为700个和468个[①]。根据对外直接投资类型，本书设立四个变量，生产制造型对外直接投资与否的虚拟变量（$OFDI\_prod$），企业在进行生产制造型对外直接投资的当年及此后年份为1，其他为0；贸易销售型对外直接投资与否的虚拟变量（$OFDI\_trad$），企业在进行贸易销售型对外直接投资的当年及此后年份为1，其他为0；研究开发型对外直接投资与否的虚拟变量（$OFDI\_tech$），企业在进行研究开发型对外直接投资的当年及此后年份为1，其他为0；咨询服务型对外直接投资与否的虚拟变量（$OFDI\_info$），企业在进行咨询服务型对外直接投资的当年及此后年份为1，其他为0。

本部分对每一种类型的对外直接投资企业按照前述匹配规则逐年进行倾向性得分匹配，然后采取双重差分方法依次对不同类型的对外直接投资企业以及其匹配的样本进行分析。研究依然采取计量模型，即式（5-1）来进行估计。表5-4报告了估计结果。其中，列（1）

[①] 企业对外直接投资的经营范围存在多种类型的情况，本部分在此将存在多种类型的情况依次划分到相对应的OFDI类别中，比如，经营范围包括生产制造和研究开发，该企业对外直接投资类型为生产制造，同时也是研究开发。

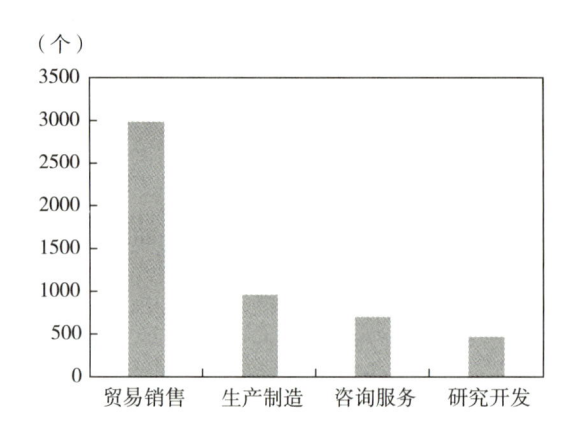

图 5-3 中国企业对外直接投资情况（分经营范围）

资料来源：笔者根据匹配的中国工业企业数据库、中国海关库和境外投资企业（机构）名录计算得来。

和列（2）关键解释变量为 $OFDI\_pro$，列（3）和列（4）关键解释变量为 $OFDI\_trad$，列（5）和列（6）关键解释变量为 $OFDI\_tech$，列（7）和列（8）关键解释变量为 $OFDI\_info$。各类型对外直接投资的考察区分了无控制变量的模型设定和包括了前述控制变量的模型设定。标准差均聚类在企业层面。从估计结果来看，对外直接投资对不同经营类别企业的影响并不完全一样。具体而言，对于生产制造类的对外直接投资而言，对外直接投资提质升级作用显著为正。对于贸易销售、研究开发和信息服务类的对外直接投资，对外直接投资提质升级作用则不显著。生产制造能够产生逆向技术溢出，即"反馈效应"，从而有助于本国企业提高出口产品质量，获得更多竞争优势。研究开发类的对外直接投资并没有显著促进出口产品质量升级，海外研究开发这一逆向技术溢出渠道并没有发挥作用，这可能与该类数据样本偏少，研究开发风险大、周期长有关系。后文将对对外直接投资的影响机制进行进一步的实证分析。

二 对外直接投资对产品提质升级的动态效应

前文研究所得到的对外直接投资的产品提质升级效应是基于双重差分的模型设定，对进行对外直接投资企业和未进行对外直接投资企

表 5-4 对外直接投资类型与产品提质升级

被解释变量：$Quality$

	生产制造		贸易销售		研究开发		咨询服务	
	(1)	(2)	(3)	(4)	(5)	(6)	(7)	(8)
OFDI_prod	2.1935** (1.0442)	2.2073** (1.0742)						
OFDI_Trad			0.5899 (0.4595)	0.5882 (0.4530)				
OFDI_Tech					-1.3548 (2.4469)	-0.9206 (2.1879)		
OFDI_Info							0.1740 (0.9335)	0.2234 (0.9257)
Log(Age)		0.2631 (1.7131)		1.3192 (0.8747)		-2.7587 (4.1867)		-2.2929 (2.4631)
Log(Age)_sq		0.1684 (0.6409)		-0.2906 (0.2331)		0.3615 (0.8695)		0.1737 (0.6378)
Log(Employee)		1.4802*** (0.4580)		-0.1598 (0.2458)		3.3342*** (1.0854)		1.2893** (0.5137)

81

续表

被解释变量：Quality

	生产制造		贸易销售		研究开发		咨询服务	
	(1)	(2)	(3)	(4)	(5)	(6)	(7)	(8)
Leverage		2.0785		0.2766		-7.5422*		-2.2875**
		(1.6312)		(0.6663)		(4.0626)		(1.1622)
Profit		-5.1393		2.1237*		3.7440		-6.1243**
		(3.7231)		(1.2242)		(8.1424)		(3.0583)
Soecontrol		-1.3589		-0.4016		0.1602		2.7163*
		(0.8904)		(0.8446)		(1.1352)		(1.5545)
企业×产品×出口目的地 FE	Yes	Yes	Yes	Yes	Yes	Yes	Yes	Yes
产品×年份 FE	Yes	Yes	Yes	Yes	Yes	Yes	Yes	Yes
样本量	782212	782212	2035429	2035429	394793	394793	763725	763725
R^2	0.9974	0.9975	0.9927	0.9927	0.9984	0.9985	0.9951	0.9952

注：*、**、***分别表示10%、5%、1%显著性水平，括号内为标准误，聚类在企业层面。

业在企业—产品—出口目的地层面上进行产品质量的比较。双重差分模型设定的合理性还取决于平行趋势条件是否满足。为了进行平行趋势假定，本部分设定以下计量模型。

$$Quality_{pict} = Constant + \beta_{-4} \times OFDI_{it}^{-4} + \beta_{-3} \times OFDI_{it}^{-3} + \beta_{-2} \times OFDI_{it}^{-2} + \beta_{-1} \times OFDI_{it}^{-1} + \beta_1 \times OFDI_{it}^{+1} + \beta_2 \times OFDI_{it}^{+2} + \beta_3 \times OFDI_{it}^{+3} + \beta_4 \times OFDI_{it}^{+4} + \beta_5 \times OFDI_{it}^{+5} + X_{it}\gamma + \delta_{pic} + \tau_{pt} + \varepsilon_{pict} \quad (5-6)$$

其中，$OFDI^{-1}$ 为进行对外直接投资前一年，$OFDI^{-2}$ 为进行对外直接投资前两年，$OFDI^{-3}$ 为进行对外直接投资前三年，$OFDI^{-4}$ 为进行对外直接投资前四年及此前年份，相对应的，$OFDI^{+1}$ 为进行对外直接投资后一年，$OFDI^{+2}$ 为进行对外直接投资后两年。$OFDI^{+3}$ 为进行对外直接投资后三年，$OFDI^{+4}$ 为进行对外直接投资后四年，$OFDI^{+5}$ 为进行对外直接投资后五年及此后年份。基准年为进行对外直接投资的当年，即估计系数均是与对外直接投资当年相比。图5-4展示了关键变量的估计结果，横轴括号中的负数，表示对外直接投资之前的年，正数表示对外直接投资之后的年，0 表示对外直接投资当年。从图5-4中可以看出，第一，在对外直接投资之前，估计系数在 0 值附

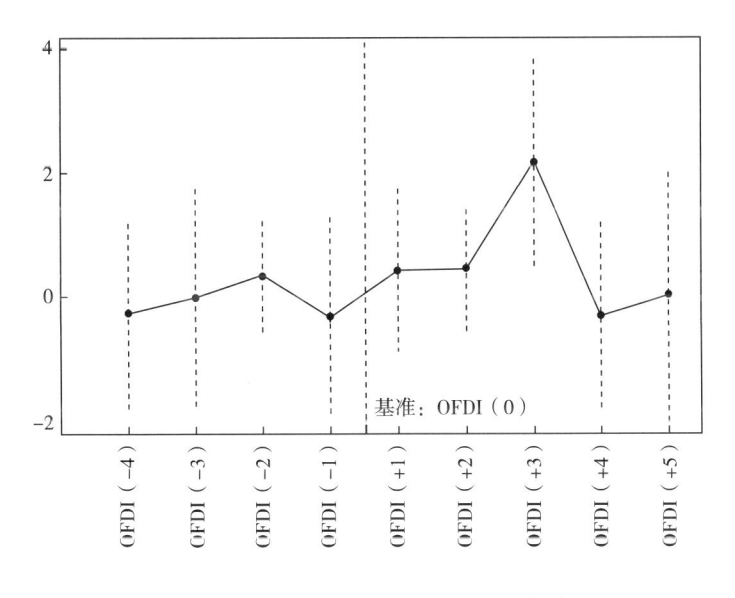

图 5-4 平行趋势检验及动态效应估计

近，这表明对外直接投资企业与未进行对外直接投资企业的产品质量差异非常小，并不显著。双重差分的平行趋势得以验证。第二，对外直接投资的提质升级作用在对外直接投资后的第三年最为显著，随后提质升级的作用下降，并趋于0。对外直接投资提质升级作用存在明显的动态特征，不同时段的效果并不一样。

第四节 对外直接投资产品提质升级效应的扩展分析

一 企业—年份和企业—产品层面的聚类标准误

由于本书被解释变量产品质量为企业—产品—出口目的地—年份层面变量，作为关键解释变量的对外直接投资为企业—年份层面变量，如果不对聚类问题进行处理，那么标准误会被低估，从而导致估计系数显著。存在聚类情况，标准差会扩大数倍，扩大倍数与聚类层面误差项相关性、聚类层面解释变量相关性以及聚类层面样本数量正相关。如果聚类层面误差相关性越高、聚类层面解释变量相关性越高、聚类层面样本数量越大，那么标准差扩大的倍数就越大（Cameron 和 Miller，2015）。前文的标准误是聚类在企业层面，所得估计系数均支持了前文所提假说，验证了对外直接投资的提质升级作用。与Li 等（2020）相似，为了进一步检验文章结论的稳健性，本书还考虑了标准误双向聚类（Two Way Cluster）的情况，包括聚类在企业—年份层面、聚类在企业—产品（2位码）层面，前者假设是误差项在企业—年份为存在相关，后者的假设是误差项在企业—产品（2位码）存在相关，考虑到产品质量是六位码产品上的度量，以上两种相关性可能都存在。本部分依然采取计量模型，即式（5-1）来展开估计，表5-5报告了估计结果。其中列（1）至列（3）中，标准误聚类在企业—年份层面；列（4）至列（6）中，标准误聚类在企业—产品（2位码）层面。关键解释变量OFDI的估计结果均显著为正，即考虑了标准误双向聚类情况后，前文所得结论依然成立，对外直接投资存在提质升级的效应。

表5-5　　对外直接投资与产品提质升级：Two Way Cluster

	被解释变量：*Quality*					
	（1）	（2）	（3）	（4）	（5）	（6）
OFDI	0.6705**	0.6659**	0.7030**	0.6705*	0.6659*	0.7030**
	(0.3064)	(0.3078)	(0.3025)	(0.3603)	(0.3591)	(0.3430)
Log（Age）		0.6469	0.3779		0.6469	0.3779
		(0.6806)	(0.7246)		(0.4162)	(0.4460)
Log（Age）_sq		-0.1164	-0.0478		-0.1164	-0.0478
		(0.1635)	(0.1744)		(0.1225)	(0.1335)
Log（Employee）			0.3085			0.3085*
			(0.1974)			(0.1829)
Leverage			0.4199			0.4199
			(0.3312)			(0.2626)
Profit			3.3607**			3.3607***
			(1.1900)			(1.0072)
Soecontrol			1.1670			1.1670
			(0.7634)			(1.1172)
企业×产品×出口目的地 FE	Yes	Yes	Yes	Yes	Yes	Yes
产品×年份 FE	Yes	Yes	Yes	Yes	Yes	Yes
聚类标准误	Cluster at 企业年份			Cluster at 企业—产品（HS2）		
样本量	2316116	2316116	2316116	2316116	2316116	2316116
R^2	0.9923	0.9923	0.9924	0.9923	0.9923	0.9924

注：*、**、***分别表示10%、5%、1%显著性水平，括号内为标准差，聚类在企业层面。

二　产品的进一步分类：同质性 VS. 异质性

不同类型产品受到对外直接投资的影响并不完全一样。已有研究发现，企业在同质性产品和异质性产品方面的定价存在显著差异（Rauch，1999）。同质性产品往往是标准化的产品，比如铅、铅矿石这类原材料的价格由交易所确定；聚合类化学产品价格由贸易的出版物确定。这类产品具有标准化程度高的特征，这也意味着质量升级难以体现在这类产品中。相反，异质性产品是具有差异化的产品，企业拥有更多的定价权。这类产品质量的提升将能带来更多收益，企业也有动机参与该类产品质量升级的过程。因此，对外直接投资提高产品质量的效应将更多体现在具有差异化的产品上。

表 5-6 报告了回归结果。根据 Rauch（1999）的产品分类，本书将产品分为同质性产品和异质性产品。具体而言，本书首先将产品 HS6 位编码与国际贸易标准分类（Standard International Trade Classification，SITC）进行匹配。其次，根据 SITC 中的同质性和异质性产品分类将海关数据库中的产品分为同质性和异质性产品（N），同质性产品进一步分为交易所报价（W）和贸易出版物报价（R）。列（1）和列（3）分析对象为异质性产品，列（4）和列（6）分析对象为同质性产品。列（1）和列（4）仅加入了关键解释变量 OFDI、企业—产品—出口目的地固定效应和产品—年份固定效应。列（2）和列（5）在列（1）和列（4）基础上加入了企业年龄对数和企业年龄对数平方项。列（3）和列（6）在列（2）和列（5）基础上加入了前述控制变量。从估计结果来看，关键解释变量 OFDI 的估计系数在列（1）至列（3）中都显著为正，在列（4）至列（6）中均不显著。这表明，对外直接投资的提质升级作用只在异质性产品中存在，对同质性产品而言，对外直接投资并不能显著提高其产品质量。这与预期相符，同质性产品往往是标准化产品，企业缺少定价权；相反，异质性产品企业有更多定价权，因此有激励去提高出口产品质量。

表 5-6　对外直接投资与产品提质升级：异质性 VS. 同质性

	被解释变量：*Quality*					
	异质性			同质性		
	(1)	(2)	(3)	(4)	(5)	(6)
OFDI	0.7660**	0.7661**	0.8118**	0.0859	0.0014	-0.0127
	(0.3851)	(0.3853)	(0.3872)	(0.3136)	(0.2924)	(0.2994)

续表

	被解释变量：Quality					
	异质性			同质性		
	(1)	(2)	(3)	(4)	(5)	(6)
Log（Age）		-0.2574	-0.5202		1.5321*	1.4685*
		(0.7976)	(0.7988)		(0.8258)	(0.8471)
Log（Age）_sq		0.1734	0.2385		-0.5837**	-0.5693**
		(0.2100)	(0.2152)		(0.2399)	(0.2440)
Log（Employee）			0.3508			-0.0068
			(0.2164)			(0.1271)
Leverage			0.3898			0.1951
			(0.3663)			(0.3236)
Profit			3.6680**			0.7193
			(1.5442)			(0.7755)
Soecontrol			0.5613			0.2863
			(0.9267)			(0.4106)
企业×产品×出口目的地 FE	Yes	Yes	Yes	Yes	Yes	Yes
产品×年份 FE	Yes	Yes	Yes	Yes	Yes	Yes
样本量	1841642	1841642	1841642	198856	198856	198856
R^2	0.9918	0.9918	0.9918	0.9971	0.9973	0.9973

注：*、**、***分别表示10%、5%、1%显著性水平，括号内为标准误，聚类在企业层面。

三　产品的进一步分类：一般贸易 VS. 非一般贸易

对外直接投资对于不同贸易方式的商品可能有不同的提质升级效果。本部分按贸易方式将出口产品区分为一般贸易和非一般贸易，其中一般贸易是正常的、非特殊的贸易，采用购买原材料，加工后产出出口的贸易方式。非一般贸易包括加工贸易（进料加工、来料加工等）、易货贸易、协定贸易、转口贸易等。其中进料加工贸易、来料加工贸易笔数（按产品—出口目的地）占比最大，接近90%，按出口价值占比来看，2000年的二者占比超过90%。加工贸易类的产品，主要是通过进口组装方式来进行生产，订单需求往往比较确定，该类产品对提质升级要求并不高，因此可以预计对外直接投资的产品提质升级效应主要体现在一般贸易方式的商品上。研究在此根据出口产品贸易方式进行分类，分为一般贸易和非一般贸易，对每一个分类，重新按照企业—产品—出口目的地进行加总，求得出口产品总量和出口产品价值，计算出口产品价格，然再后按照 Khandelwal（2010）、Khandelwal 等（2013）、Fan 等（2018）计算产品质量。将分类的产品质量作为被解释变量。同样地，此处研究也采取倾向性得分匹配的方法，使用 Logit 模型逐年回归得到非对外投资企业的样本，匹配规则与前文一致。最后采取计量模型，即式（5-1）进行回归。表 5-7 报告了估计结果。其中列（1）至列（3）中被解释变量为一般贸易对应的产品质量，列（4）至列（6）中被解释变量为非一般贸易对应的产品质量。列（1）和列（4）仅加入了关键解释变量 *OFDI*、企业—产品—出口目的地固定效应和产品—年份固定效应。列（2）和列（5）在列（1）和列（4）基础上加入了企业年龄对数和企业年龄对数平方项。列（3）和列（6）在列（2）和列（5）基础上加入了前述控制变量。从估计结果来看，关键解释变量 *OFDI* 的估计系数在列（1）至列（3）中都显著为正，在列（4）至列（6）中均不显著。这表明，对外直接投资的提质升级作用只在一般贸易中存在，对非一般贸易而言，对外直接投资并不能显著提高其出口产品质量。

表5-7　对外直接投资与产品提质升级：一般贸易 VS. 非一般贸易

	被解释变量：*Quality*					
	一般贸易			非一般贸易		
	(1)	(2)	(3)	(4)	(5)	(6)
OFDI	0.6616**	0.6252*	0.5356*	-0.7969	-0.7671	-0.8293
	(0.3210)	(0.3196)	(0.3075)	(0.6964)	(0.6888)	(0.6110)
Log（*Age*）		1.3222	1.1709		0.6578	0.4574
		(0.8128)	(0.8074)		(1.0985)	(1.1468)

续表

	被解释变量：$Quality$					
	一般贸易			非一般贸易		
	（1）	（2）	（3）	（4）	（5）	（6）
$Log(Age)\_sq$		-0.0919	-0.0605		0.0084	0.0281
		(0.1828)	(0.1818)		(0.3194)	(0.3231)
$Log(Employee)$			0.3337			0.5627
			(0.2606)			(0.5098)
$Leverage$			-1.4416***			-0.7746
			(0.5544)			(0.6182)
$Profit$			-2.9287**			-0.9273
			(1.2120)			(1.9530)
$Soecontrol$			-0.7833**			-0.1632
			(0.3945)			(0.4439)
企业×产品×出口目的地 FE	Yes	Yes	Yes	Yes	Yes	Yes
产品×年份 FE	Yes	Yes	Yes	Yes	Yes	Yes
样本量	1576526	1576526	1576526	766884	766884	766884
R^2	0.9917	0.9918	0.9918	0.9928	0.9928	0.9928

注：*、**、***分别表示10%、5%、1%显著性水平，括号内为标准误，聚类在企业层面。

四 产品质量测度的替换

前文分析中产品质量测度依赖于效用函数的假定。基于 Fan 等（2018）的产品质量需要经过替代弹性的调整，可得基于 Khandelwal 等（2013）的产品质量。在分析样本中，经过替代弹性调整后的产品质量与原产品质量的相关系数为 0.8156，在1%显著性水平显著。为了进行稳健性检验，本部分采取了经过替代弹性调整后的产品质量（$Quality\_r$），计量模型设定依然为式（5-1）。表5-8 中列（1）至列（3）报告了估计结果。关键解释变量估计结果在所有模型设定中均显著为正，这也表明前文结论依然成立。

此外，考虑到企业对外直接投资会转移本国相关生产活动，从而影响企业出口行为。因此，本部分在式（5-5）中加入解释变量 OFDI，并将企业对外直接投资目的地和出口目的地进行匹配，得到式（5-7）。估计所得残差项为产品质量，记为（Quality_ofdi）。加入 OFDI 重新计算的产品质量与原产品质量的相关系数为 0.9990，同样在 1% 显著性水平显著。此处研究将 Quality_ofdi 作为被解释变量，采取计量模型设定，即式（5-1）展开估计。表 5-8 中列（4）至列（6）报告了估计结果。关键解释变量 OFDI 估计系数在所有模型设定中均显著为正，再次验证前文结论成立。

$$\ln(x_{pict}) + \sigma_p \ln(p_{pict}) = \alpha_p + \alpha_{ct} + \rho \times OFDI_{ict} + \varepsilon_{pict} \quad (5-7)$$

表 5-8 对外直接投资与产品提质升级：产品质量测度的替换（一）

被解释变量	Quality_r			Quality_ofdi		
	（1）	（2）	（3）	（4）	（5）	（6）
OFDI	2.8858*	2.8753*	2.8169*	0.6042*	0.5999*	0.6313*
	(1.5444)	(1.5419)	(1.5672)	(0.3399)	(0.3404)	(0.3427)
控制变量	No	Log(Age) Log(Age)_sq	Yes	No	Log(Age) Log(Age)_sq	Yes
企业×产品×出口目的地 FE	Yes	Yes	Yes	Yes	Yes	Yes
产品×年份 FE	Yes	Yes	Yes	Yes	Yes	Yes
样本量	2316116	2316116	2316116	2316116	2316116	2316116
R^2	0.9935	0.9938	0.9938	0.9923	0.9923	0.9923

注：*、**、*** 分别表示 10%、5%、1% 显著性水平，括号内为标准误，聚类在企业层面。

$$\ln(x_{pict}) + \sigma_p \ln(p_{pict}) = \alpha_p + \alpha_{ct} + \rho_1 \times OFDI\_prod_{ict} + \rho_2 \times OFDI\_sale_{ict} + \rho_3 \times OFDI\_tech_{ict} + \rho_4 \times OFDI\_info_{ict} + \rho_5 \times Trade\_ord_{pict} + \rho_6 \times OFDI\_mix_{pict} + \varepsilon_{pict} \quad (5-8)$$

不同类型的对外直接投资对产品出口和产品质量的影响存在差

异。本部分还将对外直接投资类型作为解释变量加入式（5-7）中，并以无对外直接投资企业作为基准组，得到式（5-8）。此外，本部分还区分了贸易方式，设立一般贸易的虚拟变量 $Trade\_ord$，如果贸易属于一般贸易，那么该变量为1，否则为0；混合贸易的虚拟变量 $Trade\_mix$，如果贸易属于混合贸易，那么该变量为1，否则为0[①]。通过该式，本部分重新估计产品质量（$Quality\_type$），并重新分析对外直接投资的提质升级效应，以及不同类型对外直接投资在提质升级方面的差异。表5-9的Panel a 报告了估计结果。OFDI估计系数均显著为正，依然支持了对外直接投资存在提质升级作用的假说。同样，对于不同类型的对外直接投资企业，本部分首先采取逐年进行倾向性得分匹配的方法获取与其比较的控制组，再展开分析。表5-9的Panel b 报告了估计结果，生产制造类的对外直接投资存在明显的提质升级作用，与表5-4结论一致。此外，本部分还利用重新估计的产品质量，分析了不同产品类型、不同贸易方式下对外直接投资的提质升级作用。表5-9的Panel c 和Panel d 报告了估计结果，关键解释变量的估计结果均支持了前文结论。

表5-9 对外直接投资与产品提质升级：产品质量测度的替换（二）

Panel a	被解释变量：$Quality\_type$	
	（1）	（2）
OFDI	0.6703**	0.6914**
	(0.3294)	(0.3318)
控制变量	No	Yes
企业×产品×出口目的地 FE	Yes	Yes
产品×年份 FE	Yes	Yes
样本量	2316116	2316116

---

① 企业—产品—出口目的地层面可能同时存在一般贸易和非一般贸易，这种情况称为混合贸易。前文分析中是按照一般贸易和非一般贸易分类加总产品总量和产品价值，因此不用区分混合贸易。

续表

Panel a	被解释变量：Quality_type	
	（1）	（2）
R^2	0.9915	0.9915

Panel b	（1）	（2）	（3）	（4）	（5）	（6）	（7）	（8）
OFDI_prod	2.3172**	2.0813**						
	(1.1463)	(1.0274)						
OFDI_Trad			0.2336	0.2259				
			(0.5096)	(0.5044)				
OFDI_Tech					-1.1185	-0.7151		
					(2.4465)	(2.1334)		
OFDI_Info							0.1689	0.2487
							(0.9538)	(0.9471)
控制变量	No	Yes	No	Yes	No	Yes	No	Yes
企业×产品×出口目的地 FE	Yes	Yes	Yes	Yes	Yes	Yes	Yes	Yes
产品×年份 FE	Yes	Yes	Yes	Yes	Yes	Yes	Yes	Yes
样本量	782212	782212	2035429	2035429	394793	394793	763725	763725
R^2	0.9974	0.9974	0.9917	0.9917	0.9983	0.9984	0.9948	0.9949

Panel c	异质性		同质性	
	（1）	（2）	（3）	（4）
OFDI	0.7355*	0.7687**	-0.1684	-0.2450
	(0.3761)	(0.3784)	(0.3700)	(0.3536)
控制变量	No	Yes	No	Yes
企业×产品×出口目的地 FE	Yes	Yes	Yes	Yes
产品×年份 FE	Yes	Yes	Yes	Yes
样本量	1841642	1841642	198856	198856
R^2	0.9908	0.9908	0.9963	0.9974

Panel d	一般贸易		非一般贸易	
	（1）	（2）	（3）	（4）
OFDI	0.5962*	0.5170*	-0.7404	-0.7746
	(0.3176)	(0.2915)	(0.7025)	(0.6961)

续表

Panel a	被解释变量：Quality_type			
	（1）		（2）	
控制变量	No	Yes	No	Yes
企业×产品× 出口目的地 FE	Yes	Yes	Yes	Yes
产品×年份 FE	Yes	Yes	Yes	Yes
样本量	1576526	1576526	766884	766884
R²	0.9918	0.9918	0.9928	0.9928

注：*、**、***分别表示10%、5%、1%显著性水平，括号内为标准差，聚类在企业层面。

五　样本选择问题的考察

企业出口产品的品种可能会由于对外直接投资或其他原因发生变化，导致出现在产品品种上的样本选择问题。本部分采取了两种方法来应对这一问题。首先，本部分采用在企业—产品—出口目的地这个维度上，有至少三次出口行为的样本来展开研究，将短暂出口即退出的样本排除在分析样本之外。本部分依然采取式（5-1）进行分析。表5-10报告了实证结果。关键解释变量 OFDI 估计结果在列（1）至列（3）中均显著为正，这也表明在考虑样本选择问题后，前文结论依然成立。

其次，本部分还在企业—出口目的地—年份维度计算了产品品种数量（Variety），即某企业在某年出口到某目的地的产品种类数量。本部分将该变量作为被解释变量，OFDI 作为关键解释变量，基于计量模型，即式（5-1）考察对外直接投资对出口产品品种数量的影响。与式（5-1）不同的是，此处考虑企业×出口目的地固定效应和年份固定效应。分析的前提假定是由于订单事先确定，企业对外直接投资并不会立即改变之前订单确定的出口品种，如果对外直接投资会使企业改变出口产品品种，那么出口产品品种数量会发生变化[①]。表

---

① 订单的时滞性是国际经济学中 J 曲线效应所隐含的假设，J 曲线和 Marshall-Lerner 条件相关，也与考察的时间期限相关（Artus 和 Knight，1984；钟伟等，2001）。由于旧订单不会立即退出，如果企业对外直接投资没有改变产品品种，那么企业产品品种并不会改变（由旧订单决定）；相反，如果企业对外直接投资改变了产品品种，那么这种改变会体现在新订单产品品种变化上。

5-10中列（4）和列（5）报告了估计结果，列（4）中关键解释变量为 OFDI 当期值，列（5）中关键解释变量为滞后一期的 OFDI。在两个模型设定中，关键解释变量估计系数均为正，但不显著，这表明企业对外直接投资并没有显著改变出口产品品种。

表 5-10 对外直接投资与产品提质升级：样本选择问题的考察

被解释变量	Quality			Variety	
	（1）	（2）	（3）	（4）	（5）
OFDI	0.4706*	0.4676*	0.5208**	0.6872	
	(0.2646)	(0.2639)	(0.2575)	(0.4234)	
$OFDI_{-1}$					0.4919
					(0.6476)
控制变量	No	Log（Age）Log（Age_sq）	Yes	Yes	Yes
企业×产品×出口目的地 FE	Yes	Yes	Yes	No	No
产品×年份 FE	Yes	Yes	Yes	No	No
企业×出口目的地 FE	No	No	No	Yes	Yes
年份 FE	No	No	No	Yes	Yes
样本量	1498322	1498322	1498322	32902	24240
R^2	0.9769	0.9769	0.9770	0.8062	0.8112

注：*、**、***分别表示10%、5%、1%显著性水平，括号内为标准差，聚类在企业层面。

六 对外直接投资类型的再考察

前文区分了对外直接投资类型，根据境外投资企业（机构）名录提供的经营范围信息，将对外直接投资分为咨询服务、贸易销售、研究开发和生产制造四种类型，并对每一种类型的对外直接投资企业进行倾向性得分匹配，以此展开分析。本部分在这里对仅根据对外直接投资企业（不区分类型）进行倾向性得分匹配后的样本进行分析。本部分根据对外直接投资类型设立四个虚拟变量，它们依次是 Type_

第五章 对外直接投资与产品提质升级

$prod$，如果对外直接投资类型是生产制造，那么该变量为 1，否则为 0；$Type\_trad$，如果对外直接投资类型是贸易销售，那么该变量为 1，否则为 0；$Type\_info$，如果对外直接投资类型是咨询服务，那么该变量为 1，否则为 0；$Type\_tech$，如果对外直接投资类型是研究开发，那么该变量为 1，否则为 0。本部分将新设立的虚拟变量与 $OFDI$ 的交互项作为关键解释变量，以研究开发类型对外直接投资为基准组。表 5-11 报告了估计结果。$OFDI$ 与 $Type\_prod$ 交互项，以及 $OFDI$ 与 $Type\_info$ 交互项估计系数均显著为正，这表明，相较于研究开发型对外直接投资，生产制造类型以及咨询服务类型的对外直接投资提质升级作用更显著。需要注意的是，此处回归与表 5-4 回归有两点显著的不同。第一，回归样本并不相同，此处是基于对外直接投资企业倾向性得分匹配后样本，表 5-4 是基于每一类型对外直接投资倾向性得分匹配后的样本。第二，此处回归加入交互项，并以研究开发类型对外直接投资作为基准组，所以交互项估计系数反映的是该类型对外直接投资与研究开发类型对外直接投资的比较，表 5-4 中关键解释变量估计系数反映的直接是该类型对外直接投资的提质升级作用。

表 5-11 对外直接投资与产品提质升级：对外直接投资类型的再考察

	被解释变量：$Quality$		
	（1）	（2）	（3）
$OFDI \times Type\_prod$	1.5138*	1.5585*	1.4653*
	(0.8330)	(0.8417)	(0.8279)
$OFDI \times Type\_trad$	-0.3199	-0.3233	-0.1988
	(0.4618)	(0.4630)	(0.4645)
$OFDI \times Type\_info$	1.8802*	1.8600*	1.9018*
	(0.9961)	(0.9932)	(0.9909)
$OFDI$		0.0034	-0.0467
		(0.4139)	(0.4132)

续表

	被解释变量：*Quality*		
	（1）	（2）	（3）
控制变量	No	$Log(Age)$ $Log(Age)\_sq$	Yes
企业×产品× 出口目的地 FE	Yes	Yes	Yes
产品×年份 FE	Yes	Yes	Yes
样本量	2316116	2316116	2316116
R^2	0.9924	0.9924	0.9924

注：*、**、***分别表示10%、5%、1%显著性水平，括号内为标准误，聚类在企业层面。

第五节　影响机制探讨

一　进口中间投入品质量

前文研究表明，对外直接投资具有提质升级的作用，那么其中的作用机制有哪些呢？理论上说，产品质量提升的原因可以概括为，第一，中间投入品质量出现提升，由于最终产品质量依赖于期间投入的中间投入品的质量，因此，如果能够得到高质量的中间投入品，那么最终产品质量也会因此得到提升；第二，生产技艺的复杂度提高，具有较高复杂度的技艺的产品，其产品质量也会较高；第三，企业创新能力增强，企业创新能力影响企业生产工艺，以及企业产品的品质。从对外直接投资的角度来看，逆向技术外溢效应将会提高企业生产技艺，包括提高生产技艺复杂度以及创新能力，进而提高产品质量。企业进行对外直接投资将会获取更多海外资讯。信息的获取能够帮助企业找寻生产更高质量中间投入品的生产商，从而有助于提高企业生产过程中使用的中间投入品质量。

表 5-12　　　　影响机制分析：进口中间投入品质量

被解释变量	Quality_imp			Logprice_imp		
	（1）	（2）	（3）	（4）	（5）	（6）
OFDI	0.0849	0.0829	0.1272	-0.0342	-0.0339	-0.0322
	(0.1598)	(0.1597)	(0.1565)	(0.0208)	(0.0208)	(0.0212)
Log（Age）		0.3568	-0.1002		-0.0126	-0.0171
		(0.3224)	(0.2940)		(0.0525)	(0.0530)
Log（Age）_sq		-0.0799	-0.0043		0.0104	0.0111
		(0.0690)	(0.0637)		(0.0114)	(0.0115)
Log（Employee）			0.6057***			0.0082
			(0.0750)			(0.0086)
Leverage			0.1862			0.0023
			(0.1551)			(0.0273)
Profit			1.0078***			-0.0106
			(0.3069)			(0.0606)
Soecontrol			-0.1102			-0.0487**
			(0.1307)			(0.0236)
企业×产品×进口来源地 FE	Yes	Yes	Yes	Yes	Yes	Yes
产品×年份 FE	Yes	Yes	Yes	Yes	Yes	Yes
样本量	975387	975387	975387	975387	975387	975387
R²	0.7410	0.7410	0.7400	0.9248	0.9249	0.9249

注：*、**、***分别表示10%、5%、1%显著性水平，括号内为标准误，聚类在企业层面。

本部分将依次对这三个影响渠道进行分析。研究参照施炳展和曾祥菲（2015）、祝树金和汤超（2020），采取 Khandelwal 等（2013）的方法计算进口产品质量，记为 $Quality\_imp$，同时研究也采用文献中常用的度量进口中间产品质量的变量，即进口产品价格对数，记为 $Logprice\_imp$。海关数据库并没有提供进口产品的用途，本部分根据

BEC（Broad Economic Category）分类标准对产品种类进行划分，111、121、21、22、31、322、42、53 八个类别为中间投入品，并利用 BEC-HS96、BEC-HS02、BEC-HS07 和 BEC-HS12 对照表将 BEC 中的产品代码与海关数据库中的产品编码进行匹配。海关数据库提供的是 HS 八位码，此处研究首先将 HS 八位码转为六位码，再将其与 BEC 中的中间投入品代码匹配。研究在企业—产品—进口来源地—年份层面计算进口产品质量和进口产品价格，计量模型依然为式（5-1），表 5-12 报告了估计结果[①]。其中列（1）至列（3）的被解释变量为进口产品质量，列（4）至列（6）的被解释变量为进口产品价格。列（1）和列（4）仅仅包括关键解释变量 *OFDI* 以及企业—产品—进口来源地的固定效应以及产品—年份的固定效应；列（2）和列（5）在列（1）和列（4）基础上加入了企业年龄对数和企业年龄对数平方项；列（3）和列（6）进一步加入了前文所述的控制变量。从估计结果来看，关键解释变量 *OFDI* 的估计系数在列（1）至列（3）中虽然为正，但是均不显著，在列（4）至列（6）中为负，同样不显著，这表明，对外直接投资并没有显著地促进进口中间投入品质量的提升。进口中间投入品质量提升并不是对外直接投资影响出口产品质量升级的机制。这与区分对外直接投资类别的估计结果相似，资讯服务类对外直接投资并没有发挥提高出口产品质量的作用。导致对外直接投资具有提质升级作用的原因可能在于生产技术复杂度以及企业创新能力的提高。

二 生产技术复杂度

企业制造最终产品过程中能够组装多少种类中间投入品的能力会影响最终产品质量。高质量的最终产品往往具有较复杂的工艺，这种生产工艺体现了组装多少种类中间投入品。理论上说，对外直接投资的逆向技术溢出效应使得企业掌握更复杂的生产技艺，从而有助于提高产品质量。已有文献使用进口中间投入品种类来衡量生产技术复杂度（祝树金和汤超，2020）。此处研究同样利用 BEC-HS96、BEC-

---

[①] 由于部分出口企业没有对应的进口，因此分析的样本量有所下降。

HS02、BEC-HS07 和 BEC-HS12 对照表将 BEC 中的产品代码与海关数据库中的产品编码进行匹配，获得中间投入品信息，在企业—产品—进口来源地维度计算进口中间投入品种类，记为 $Import\_num$。计量模型中使用 $Import\_num$ 的对数，记为 $Logimport\_num$。

本书借鉴温忠麟等（2004）、VanderWeele（2016）建立以下中介效应模型。其中，式（5-9）分析了对外直接投资对出口产品质量的影响。如果对外直接投资能够通过生产技术复杂度渠道影响产品质量，那么首先对外直接投资应对生产技术复杂度产生影响，其次当控制住生产技术复杂度渠道后，对外直接投资对出口产品质量的解释力度将下降。式（5-10）和式（5-11）分别进行了以上两个步骤的考察。式（5-10）分析了对外直接投资对生产技术复杂度的影响；式（5-11）则同时将 $OFDI$ 和生产技术复杂度代理变量作为解释变量，分析其对出口产品质量的影响。如果对外直接投资通过生产技术复杂度渠道影响了产品质量，那么对外直接投资会显著影响生产技术复杂度，即式（5-10）中 $OFDI$ 估计系数将显著；当生产技术复杂度代理变量加入到出口产品质量回归模型中后，$OFDI$ 估计系数将会出现下降，其对出口产品质量的解释将部分被生产技术复杂度代理变量吸收。如果 $OFDI$ 估计系数变得不显著，那么说明对外直接投资只通过生产技术复杂度渠道影响产品质量。表 5-13 报告了估计结果。列（1）至列（3）分别对应式（5-9）至式（5-11）。列（1）中，$OFDI$ 估计系数显著为正，说明对外直接投资具有提质升级的作用。那么这个作用的渠道是不是由于对外直接投资的逆向技术溢出效应呢？通过分析列（2）和列（3）的回归结果，可以发现，对外直接投资并没有显著地提高进口中间投入品的种类，$OFDI$ 在列（2）中的估计系数并不显著。此外，当生产复杂度代理变量纳入出口产品质量作为被解释变量的模型中时，其估计系数并不显著，这表明对外直接投资并没有通过提高生产复杂度这个渠道影响到出口产品质量提质升级。

$$Quality_{pict} = Con_{m1} + \beta_{m1} \times OFDI_{it} + X_{it}\gamma_{m1} + \delta_{m1,pic} + \tau_{m1,pt} + \varepsilon_{m1,pict} \quad (5-9)$$

$$Logimport\_num_{it} = Con_{m2} + \beta_{m2} \times OFDI_{it} + X_{it}\gamma_{m2} + \delta_{m2,pic} + \tau_{m2,pt} + \varepsilon_{m2,pict}$$
$$(5-10)$$

$$Quality_{pict} = Con_{m3} + \beta_{m3} \times OFDI_{it} + \pi_m \times Logimport\_num_{it} + X_{it}\gamma_{m3} + \delta_{m3,pic} +$$
$$\tau_{m3,pt} + \varepsilon_{m3,pict} \qquad (5-11)$$

表 5-13　　　　　　　影响机制分析：生产技术复杂度

被解释变量	Quality （1）	Logimport_num （2）	Quality （3）
OFDI	1.0291** （0.5209）	0.0069 （0.0079）	1.0273** （0.5209）
Logimport_num			0.2663 （0.4310）
Logage	-0.5155 （1.2696）	0.2117* （0.1117）	-0.5719 （1.2684）
Logage_sq	0.2391 （0.3065）	-0.0996* （0.0561）	0.2656 （0.3094）
Logemployee	0.3419 （0.3296）	0.0268** （0.0108）	0.3347 （0.3293）
Leverage	1.1991** （0.5985）	0.0025 （0.0205）	1.1985** （0.5982）
Profit	0.1675 （2.2018）	0.0517 （0.0518）	0.1537 （2.2016）
Soecontrol	1.8645 （1.4640）	-0.0376 （0.02468）	1.8745 （1.4636）
企业×产品×出口目的地 FE	Yes	Yes	Yes
产品×年份 FE	Yes	Yes	Yes
样本量	1851886	1851886	1851886
R^2	0.9954	0.9987	0.9954

注：*、**、***分别表示10%、5%、1%显著性水平，括号内为标准误，聚类在企业层面。

三　企业创新能力

对外直接投资的逆向技术溢出不仅可以使得企业掌握更复杂的生

产技艺，而且也有助于提高企业创新能力。创新能力的提高有助于产品提质升级。与王文春和荣昭（2014）一样，本部分研究将新产品产值占销售额的比例作为企业创新能力的代理变量。同样，本部分研究借鉴温忠麟等（2004）、VanderWeele（2016），建立以下中介效应模型（5-12）至模型（5-14）。

$$Quality_{pict} = Con_{r1} + \beta_{r1} \times OFDI_{it} + X_{it}\gamma_{r1} + \delta_{r1,pic} + \tau_{r1,pt} + \varepsilon_{r1,ifct} \quad (5-12)$$

$$Newprod_{it} = Con_{r2} + \beta_{r2} \times OFDI_{it} + X_{it}\gamma_{r2} + \delta_{r2,pic} + \tau_{r2,pt} + \varepsilon_{r2,pict} \quad (5-13)$$

$$Quality_{pict} = Con_{r3} + \beta_{r3} \times OFDI_{it} + \pi_r \times Newprod_{it} + X_{it}\gamma_{r3} + \delta_{r3,pic} + \tau_{r3,pt} + \varepsilon_{r3,pict} \quad (5-14)$$

表 5-14　　　　　　　　影响机制分析：创新能力

被解释变量	Quality (1)	Newprod (2)	Quality (3)
OFDI	0.7030**	0.0792***	0.6541*
	(0.3384)	(0.0289)	(0.3363)
Newprod			0.6179*
			(0.3850)
Logage	0.3779	0.0481	0.3482
	(0.6693)	(0.0491)	(0.6696)
Logage_sq	-0.0478	-0.0230	-0.0336
	(0.1653)	(0.0140)	(0.1658)
Logemployee	0.3085*	0.0179*	0.2974*
	(0.1787)	(0.0105)	(0.1782)
Leverage	0.4199	-0.0483	0.4498
	(0.3352)	(0.0306)	(0.3383)
Profit	3.3607***	-0.0899*	3.4162***
	(1.2279)	(0.0518)	(1.2329)
Soecontrol	1.1670	0.0152	1.1576
	(0.8058)	(0.0466)	(0.8047)

续表

被解释变量	Quality (1)	Newprod (2)	Quality (3)
企业×产品×出口目的地 FE	Yes	No	Yes
产品×年份 FE	Yes	No	Yes
样本量	2316116	2316116	2316116
R^2	0.9874	0.9924	0.9924

注：*、**、***分别表示10%、5%、1%显著性水平，括号内为标准误，聚类在企业层面。

其中式（5-12）分析了对外直接投资对出口产品质量的影响。如果对外直接投资能够通过企业创新能力渠道影响出口产品质量，那么对外直接投资应对企业创新能力的代理变量产生影响，并且当控制住企业创新能力渠道后，对外直接投资对出口产品质量的解释力度将下降。式（5-13）和式（5-14）分别考察了对外直接投资对企业创新能力的影响以及对外直接投资和企业创新能力对出口产品质量的影响。表5-14报告了估计结果。列（1）至列（3）分别对应式（5-12）至式（5-14）。列（1）中，OFDI估计系数显著为正，说明对外直接投资具有提质升级的作用，与前文结论一致。这个作用的渠道是不是由于对外直接投资的逆向技术溢出效应呢？具体而言，是不是由于企业创新能力得到了提高呢？通过分析列（2）和列（3）的回归结果，可以发现，OFDI在列（2）中显著为正，这表明对外直接投资显著提高了企业创新能力。进一步而言，对外直接投资有助于提高企业创新能力，这种提高是否会影响出口产品质量？企业创新能力代理变量在列（3）中显著为正，这表明企业创新能力助推出口产品质量升级，同时OFDI估计系数较列（1）出现了明显的下降，从0.7030下降到0.6541，这说明对外直接投资通过企业创新能力这个渠道对产品提质升级产生影响。中介效应模型的估计结果验证了企业创新能力这一作用机制。这一结果也表明，对外直接投资的提质升级的作用渠道主要是基于已有生产技术复杂度上的创新能力提升，而非提高生产技术复杂度。

第五章　对外直接投资与产品提质升级

第六节　主要结论

自"一带一路"倡议提出以来，中国对外直接投资规模出现了快速提升，并在 2014 年首次超过实际利用外资的规模。对外直接投资对本国经济产生了怎样的影响呢？本书将中国工业企业数据库、海关数据库、境外投资企业（机构）名录三个数据库进行合并，从产品提质升级的视角研究了对外直接投资对本国经济的影响。一方面，对外直接投资可以获取更多有关海外资讯，从而有助于本国企业获取海外高质量的中间投入品，进而有助于提升最终产品质量；另一方面，对外直接投资还产生逆向技术溢出，影响到本国企业创新活动、生产技艺的提高，这表现为对外直接投资企业能够通过海外生产活动增加企业自身使用复杂技术的能力，以及创新能力，这都有助于最终产品质量的提升。

研究发现，首先，对外直接投资能够显著提升出口产品质量，在采取了一系列稳健性检验后，这一结论依然成立。其次，对外直接投资提质升级的作用在差异化产品、一般贸易商品中更为突出。再次，从不同类型经营范围的对外直接投资来看，生产制造型对外直接投资能够显著提高产品质量，咨询服务型对外直接投资并不能够产生提质升级的作用，这也表明，对外直接投资对产品质量升级的作用渠道主要是逆向技术溢出，而非资讯获取带来的中间投入品质量的改进。最后，对外直接投资的提质升级的作用渠道主要是集约边际上的逆向技术溢出。对外直接投资并没有增加进口中间产品种类，从而可以推断对外直接投资并没有提高企业使用技术的复杂度，生产技术复杂性并不是对外直接投资提质升级的作用渠道。其中原因在于本国企业可以利用已有生产技术复杂度，充分利用已有进口中间投入品，通过研发创新来提高出口产品质量。

中国经济增速自 2012 年以来已经连续 9 年低于 8%，连续 5 年低于 7%，过去依赖要素投入、忽视效率、环境保护的要素驱动型经济增长模式亟待向效率驱动型，甚至是创新驱动型经济增长模式转型。这也意味着中国企业不能仅依赖于廉价要素投入来维系低价竞争模式并立足于国际市场，而需要紧抓提高质量这个关键来提高中国产品在全球价值链分工中的竞争优势。中国经济增速下行阶段中，中国对外直接投资规模不断增大。2002年，中国对外直接投资（流量）规模为27亿美元，居全球第26位，到了2016年，中国对外直接投资（流量）规模达到了1961.5亿美元，居全球第2位，是前10位中唯一一个发展中国家，并且，2014年中国对外直接投资（流量）规模首次超过了实际利用外资的规模。从中国对外直接投资（存量）来看，2002年存量金额为299亿美元，居全球第25位，2016年存量金额跃升到了13573.9亿美元，列全球第6位，2002—2013年存量金额的年均增速都在10%以上。本书发现，可以在这两个现象间建立起联系，由于对外直接投资能够通过逆向技术溢出带来产品质量提升，从而有助于实现新旧动能转换，推高中国在全球价值链中的地位，从重"量"的经济增长方式转变为重"质"的经济增长方式。因此，中国应当进一步鼓励企业"走出去"，特别是对能够带来显著知识、技术外溢的领域进行投资，使更多企业从"走出去"战略，特别是"一带一路"倡议中获益。

第六章

绿地投资、跨境并购与产品提质升级

第一节 研究设计

一 研究情境说明

本章研究情境与第五章相同,同样是利用中国渐进的资本项目开放策略来识别对外直接投资的提质升级效应。由于中国对外开放政策在时间维度上具有差异,因此,本部分研究可以利用这一时间维度上的差异来展开。与第五章研究不同的是,本部分研究在此区分了对外直接投资类型。对外直接投资可以分为绿地投资和跨境并购。绿地投资又称为新建投资,它是指企业(机构)在东道国境内设置的部分或全部资产所有权归外国投资者所有的企业(机构)。跨境并购是跨境兼并和跨境收购的总称,是指境内企业收购境外企业的股权,并不是设立新企业,中国跨境并购在 2000 年之后步入了快速发展阶段,并购规模不断增大。

绿地投资和跨境并购驱动因素不完全相同,其逆向溢出效应可能存在差异。这两类对外直接投资是否都对企业产品提质升级带来影响呢?这一影响是否存在异质性呢?这是本部分重点探讨的问题。由于境外投资企业(机构)目录只提供了对外直接投资整体的相关数据,没有区分绿地投资、跨境并购的类型，因此，中国工业企业数据库与境外投资企业（机构）目录的匹配并不能开展绿地投资与跨境并购各自产品提质升级效应的研究。鉴于此，本部分将利用上市企业的并购数据库，通过CSMAR上市企业数据库、海关数据库、境外投资企业（机构）目录来展开绿地投资、跨境并购与产品提质升级效应问题的研究。

二 倾向性得分匹配法

考虑到没有进行对外直接投资的企业的数量相对进行了对外直接投资的企业而言较多，这可能导致回归分析中高维度匹配的问题，本部分在此依然采取了倾向性得分匹配的方法来筛选出外资直接投资倾向相似的企业，这里面既包括实际对外直接投资的企业，也包括实际未对外直接投资的企业。

本部分采取Logit模型进行倾向性得分匹配，被解释变量为企业是否进行了对外直接投资这一虚拟变量，解释变量包括前文所述控制变量。此外，本部分研究也控制了行业固定效应。得到倾向性得分后，研究设定校准半径采取一对多的方式进行匹配。通过倾向性得分匹配，本书总共获取企业样本6459家，其中10.5%的样本企业进行过对外绿地投资，39.0%的样本企业进行过跨境并购。

表6-1报告了匹配结果。OFDI和Non OFDI依次为有对外直接投资的企业和没有对外直接投资的企业，本书分别比较了这两类企业的相关特征在匹配前和匹配后的差异。从匹配的事后检验来看，匹配前后的企业杠杆率在两类企业中差距均不显著。企业年龄对数、企业规模对数、利润率和国有控股情况差异都出现了显著减小，Bias的绝对值均较匹配前有所下降，并且除了企业年龄对数、企业杠杆率之外，其他企业特征的Bias绝对值都下降到5%以内。企业年龄对数、企业规模对数、利润率、国有控股情况在匹配前的差异都显著，匹配之后，这些差异均变为不显著[1]。

---

[1] 变量符合和定义详见表6-2。

表 6-1　　　　　　　　　平衡性检验的部分结果

		均值 OFDI	均值 Non OFDI	Bias（%）	p>|t|
Log（Age）	匹配前	2.507	2.443	14.9	0.000
	匹配后	2.515	2.539	-5.7	0.301
Log（Asset）	匹配前	22.210	21.461	60.6	0.000
	匹配后	22.011	21.995	1.3	0.801
Profit	匹配前	0.044	0.028	12.8	0.013
	匹配后	0.044	0.045	-0.7	0.777
Leverage	匹配前	3.244	3.258	-0.4	0.926
	匹配后	3.351	3.129	6.1	0.235
Soecontrol	匹配前	0.374	0.522	-29.9	0.000
	匹配后	0.364	0.351	2.6	0.640

三　双重差分法

本书采取双重差分的方法对匹配的样本进行分析，识别对外直接投资对产品质量的影响。处置组为进行了对外直接投资的企业，控制组为从未进行过对外直接投资的企业。从对外直接投资的管制程度指标来看，进入 21 世纪以来一系列放松对外直接投资管制的政策措施相继出台，中国对外直接投资的规模也不断增加，每一个时期都会有企业选择对外直接投资。计量模型设定如式（6-1）和式（6-2）所示。

$$Quality_{pict} = Constant + \beta \times OFDI\_green_{it} + X_{it}\gamma + \delta_p + \pi_i + \tau_{ct} + \varepsilon_{pict} \quad (6-1)$$

$$Quality_{pict} = Constant + \beta \times OFDI\_ma_{it} + X_{it}\gamma + \delta_p + \pi_i + \tau_{ct} + \varepsilon_{pict} \quad (6-2)$$

其中，下标 i、p、c 和 t 分别表示企业、产品、出口目的地和年份。Quality 为根据 Khandelwal 等（2013）的方法计算的产品质量，Constant 为常数项，OFDI_green 为关键解释变量，即企业是否进行绿地投资的虚拟变量，如果企业进行了绿地投资，那么该变量为 1，否则为 0。OFDI_ma 同样为关键解释变量，即企业是否进行跨境并购的虚拟变量，如果企业进行了跨境并购，那么该变量为 1，否则为 0。X 为一组控制变量包括企业年龄的对数、企业年龄对数的平方、企业规模、杠杆率、利润率、是否国有控股的虚拟变量。本部分还在计量模型中加入了产品固定效应（δ）、企业固定效应（π）、出口目的地—年份的固定效应（τ）。ε 为误差项，γ 为待估参数向量，β 为研究所关注的待估参数。如果 β 显著为正，那么企业对外直接投资有助于产品提质升级，如果 β 显著为负，那么企业对外直接投资不利于产品提质升级。参照 Moulton（1990）的建议，此处将标准误聚类在企业层面。

第二节 数据说明与变量构建

一 数据说明

本部分使用了三个数据库。第一个是 CSMAR 上市企业数据库。CSMAR 数据库是中国目前规模大、信息精准、数据全面的经济金融研究型数据库。CSMAR 上市企业数据库提供了企业并购数据、财务数据等。第二个是中国海关数据库。研究产品质量需要用到产品价格、数量的信息，中国海关数据库提供这一类的信息。第三个是境外投资企业（机构）名录，包括在商务部备案的对外直接投资境内企业信息。本部分的分析聚焦在企业是否进行了对外直接投资这一行为上。具体而言，本部分将研究企业绿地投资、跨境并购是否对企业产品提质升级产生影响，以及这一影响是否存在异质性。本部分还将从匹配的中国上市企业数据库和中国海关库中识别出不同类型对外直接投资的企业，因此，本部分将企业名称作为识别信息将匹配好的中国上市企业数据库和中国海关库与对境外投资企业（机构）目录进行再次匹配。

二 变量构建

Hummels 和 Skiba（2004）、Fan 等（2015）将为产品价格作为衡量产品质量的变量，背后逻辑是消费者愿意为质量高的产品支付高的价格。但是，产品价格不仅包含产品质量的信息，而且也包括需求和供给的因素，用价格来衡量质量有可能存在测量误差。这一产品质量的衡量方法需要控制产品供需因素,在控制供需因素后的价格才能更好反映产品质量。与前文研究相同,此处研究依然采用 Khandelwal（2010）、Khandelwal 等（2013）、Fan 等（2018）的方法,从产品需求回归反推产品质量。本部分首先加总交易层面的数据得到每个企业每年每种产品在出口目的地的出口数量和出口价值,然后计算每个企业每年每种产品在出口目的地的价格,以此作为估算产品质量的基础。控制产品供需因素后,产品价格可以衡量产品质量,原因在于同一类产品的价格越高,那么这意味着该产品的质量越高。此处的关键解释变量为企业进行绿地投资与否的虚拟变量（$OFDI\_green$）以及企业进行跨境并购与否的虚拟变量（$OFDI\_ma$）。在企业首次进行绿地投资的年份及之后的年份,$OFDI\_green$ 为 1,否则为 0;在企业首次进行跨境并购的年份及之后的年份,$OFDI\_ma$ 为 1,否则为 0。

本书还选取了以下控制变量：企业年龄的对数,记为 $Log(Age)$;企业规模,将企业总资产进行对数处理,并以 1998 年为基期进行了价格平减,记为 $Log(Asset)$;企业年龄的平方,记为 $Log(Age)\_sq$;企业规模的平方,记为 $Log(Asset)\_sq$;杠杆率,用总资产除以总负债来表示,记为 $Leverage$;利润率,用净利润除以总资产来表示,记为 $Profit$;国有控股情况,用企业是否为国有控股这一虚拟变量来表示,如果企业为国有控股企业,那么该变量为 1,否则为 0。此外,本书也将控制时间维度的固定效应、企业层面的固定效应以及产品层面的固定效应。表 6-2 为主要变量的描述性统计。

表 6-2   主要变量的描述性统计

变量名	变量符号	变量定义	均值	标准差	最小值	最大值	样本量
绿地投资	$OFDI\_green$	绿地投资的当年及此后年为 1,否则为 0	0.105	0.307	0	1	6459
跨境并购	$OFDI\_ma$	跨境并购行为的当年及此后年为 1,否则为 0	0.390	0.488	0	1	6459
企业年龄对数	$Log(Age)$	Log（被调查年－企业开业年份+1）	2.450	0.425	0.693	3.850	6459

续表

变量名	变量符号	变量定义	均值	标准差	最小值	最大值	样本量
企业规模	Log（Asset）	Log（总资产）	21.541	1.103	17.122	27.385	6459
杠杆率	Leverage	总资产/总负债	3.255	3.688	0.080	67.645	
利润率	Profit	净利润/资产	0.030	0.158	−8.753	1.309	6459
国有控股	Soecontrol	国有控股为1，其他为0	0.507	0.499	0	1	6459

第三节 绿地投资的产品提质升级效应研究

一 基准回归结果

表 6-3 报告了基准模型的估计结果。列（1）至列（3）中被解释变量为产品质量。列（1）中关键解释变量的系数估计值显著为正，表明企业绿地投资与产品质量之间存在显著的正相关关系。列（2）和列（3）均为双重差分的模型设定，均控制了企业层面的固定效应，这也控制了不随时间变化的行业特征，目的是分析对外直接投资企业与非对外直接投资企业在一个大类产品质量上面的差异。此处研究在列（2）和列（3）中加入了产品的固定效应、出口目的地—年份固定效应，这有助于在更微观的层面进行产品质量的比较。从估计结果来看，关键解释变量的估计系数均显著为正，这表明企业绿地投资能够显著提高企业产品质量。

表 6-3　　　　　　　　企业绿地投资与产品提质升级

	被解释变量：$Quality$		
	（1）	（2）	（3）
$OFDI\_green$	0.605*** (0.042)	0.174*** (0.065)	0.210*** (0.070)
控制变量	No	No	Yes
企业 FE	No	Yes	Yes

续表

	被解释变量：Quality		
	(1)	(2)	(3)
产品 FE	No	Yes	Yes
出口目的地×年份 FE	No	Yes	Yes
样本量	164864	164864	164864
R^2	0.001	0.287	0.287

注：*、**、***分别表示10%、5%、1%显著性水平，括号内为标准误，聚类在企业层面。

二 绿地投资对产品提质升级的动态效应

前文采取倾向性得分匹配以及双重差分的方法分析企业绿地投资对产品质量升级的影响。倾向性得分匹配是为了解决数据在配对过程中出现的高维度问题，以及可能存在的样本选择问题。基于匹配后样本，此处研究使用双重差分法进行分析。然而双重差分法使用的前提是在处置之前，控制组和处置组产品质量差异没有系统的变化趋势，此处研究设立变量 $OFDI\_green$（0）、$OFDI\_green$（+1）、$OFDI\_green$（+2）、$OFDI\_green$（+3）以及 $OFDI\_green$（-2）、$OFDI\_green$（-3）、$OFDI\_green$（-4）、$OFDI\_green$（-5），将其加入在前文的计量模型中来对此进行考察。变量括号内数字0表示企业进行绿地投资的当年，如果是绿地投资当年，该变量为1，否则为0。+1、+2表示企业进行绿地投资之后1年和2年，如果是绿地投资之后1年，$OFDI\_green$（+1）为1，否则为0；如果是绿地投资之后2年，$OFDI\_green$（+2）为1，否则为0。如果是绿地投资之后年限大于等于3年，$OFDI\_green$（+3）为1，否则为0。-2、-3和-4依次表示企业进行绿地投资之前2年、3年、4年。$OFDI\_green$（-2）、$OFDI\_green$（-3）、$OFDI\_green$（-4）的定义与前述类似。如果是绿地投资之前5年及以上，那么 $OFDI\_green$（-5）为1，否则为0。企业绿地投资前一年作为基准组。本部分研究依然控制前文所述的控制变量，计量模型设定为式（6-3），其中被解释变量为 $Logquality$。表6-4报告了估计结果，从估计结果来看，$OFDI\_green$（0）、$OFDI\_green$（1）和

$OFDI\_green$（2）的估计系数均显著为正，这表明，企业绿地投资仍然促进了出口产品质量升级，并且效果持续到两期。相反，$OFDI\_green$（-2）、$OFDI\_green$（-3）、$OFDI\_green$（-4）和 $OFDI\_green$（-5）的估计系数均不显著，这说明与基期相比，控制组和处置组样本在处置前的差异并没有系统性的变化，平行趋势假设得以验证。

$$Quality_{fict} = Constant + \beta_{-5} \times OFDI\_green_{ft}^{-5} + \beta_{-4} \times OFDI\_green_{ft}^{-4} + \beta_{-3} \times OFDI\_green_{ft}^{-3} + \beta_{-2} \times OFDI\_green_{ft}^{-2} + \beta_{0} \times OFDI\_green_{ft}^{0} + \beta_{1} \times OFDI\_green_{ft}^{+1} + \beta_{2} \times OFDI\_green_{ft}^{+2} + \beta_{3} \times OFDI\_green_{ft}^{+3} + X_{ft}\gamma + \delta_{fic} + \tau_{it} + \varepsilon_{ifct} \tag{6-3}$$

表 6-4　　　　　绿地投资对产品提质升级的动态效应

	被解释变量：$Quality$
$OFDI\_green$（-5）	0.4313
	(0.4254)
$OFDI\_green$（-4）	-0.4512
	(0.4903)
$OFDI\_green$（-3）	-0.7323
	(0.4521)
$OFDI\_\_green$（-2）	0.2611
	(0.2601)
$OFDI\_\_green$（0）	0.3892*
	(0.2183)
$OFDI\_\_green$（+1）	0.3752**
	(0.1494)
$OFDI\_\_green$（+2）	0.3071**
	(0.1322)
$OFDI\_\_green$（+3）	-0.1012
	(0.1201)
控制变量	Yes

续表

	被解释变量：$Quality$
企业 FE	Yes
年份 FE	Yes
产品×年份 FE	Yes
样本量	164864
R^2	0.2884

注：*、**、***分别表示10%、5%、1%显著性水平，括号内为标准误，聚类在企业层面。

三 学习机制

企业对外直接投资可以通过学习机制、国外市场资讯的获取、规模经济效应来提高出口产品质量，前文分析只是通过文献来梳理这方面的理论，并没有从数据上加以验证。由于机制验证需要对外直接投资的类型，企业并购数据缺少这一信息，因此，本部分在此将对外直接投资视为绿地投资，分析绿地投资影响出口产品质量的机制。

从学习机制方面而言，企业从对外直接投资中的获益取决于企业在本土对技术知识等的吸收能力（Absorptive Capacity），吸收能力更强的企业将从对外直接投资中获益更多。Huang 和 Zhang（2017）发现吸收能力越强的企业，对外直接投资对其生产率的影响就越大。本书在此将企业研究开发费占营业收入比重（$Rdsale$）作为企业对外直接投资中的吸收能力，企业研发投入强度越高，意味着企业处于技术知识更前沿的区域，从而能够更好地运用对外直接投资中所获取的知识、技术、生产资源等。本书将 $Rdsale$ 与 $OFDI\_green$ 的交互项作为关键解释变量加入前文所设定的计量模型之中。表6-5报告了估计结果。列（1）和列（2）的被解释变量为产品价格对数（$Logprice$），列（3）和列（4）的被解释变量为产品质量。交互项估计系数在所有模型设定中均显著为正，这表明，如果企业的吸收能力更强，那么企业从绿地投资中的获益就更多，这表现在产品价格和产品质量均出现了更大幅度的提升。

表 6-5　对外直接投资对产品提质升级的影响机制：学习机制

	Logprice		Quality	
	(1)	(2)	(3)	(4)
OFDI_green	0.014	0.028	0.239**	0.244**
	(0.018)	(0.019)	(0.106)	(0.111)
OFDI_green×Rdsale	10.107**	7.968**	30.528*	37.833*
	(3.970)	(3.976)	(17.078)	(20.117)
Rdsale	-11.752***	-9.373**	-24.023	-33.904
	(3.948)	(3.956)	(22.948)	(22.996)
控制变量	No	Yes	No	Yes
企业 FE	Yes	Yes	Yes	Yes
产品 FE	Yes	Yes	Yes	Yes
出口目的地×年份 FE	Yes	Yes	Yes	Yes
样本量	164864	164864	164864	164864
R^2	0.841	0.841	0.287	0.287

注：*、**、***分别表示10%、5%、1%显著性水平，括号内为标准误，聚类在企业层面。

四　国外市场资讯的获取和规模经济效应

前文分析已经发现对外直接投资对企业产品质量有显著的提升作用，并且学习机制在其中扮演了重要角色。对外直接投资对国外资讯的获取以及产生的规模经济是否也对出口产品质量产生了作用？本部分在此根据境外投资企业（机构）名录提供经营范围信息将企业对外直接投资分为咨询服务（Information_jyfw）、贸易销售（Tradesale_jyfw）、研究开发（Technology_jyfw）和生产制造（Production_jyfw）四种类型。其中咨询服务为企业在境外设立咨询、信息收集、调研等机构，这种类型的对外直接投资将通过国外市场资讯的获取影响本国企业，这类对外直接投资的分析能够帮助本书识别国外市场资讯获取这一影响渠道。贸易销售为企业在境外设立销售、批发、经销处等，田巍和余淼杰（2017）发现这种类型的对外直接投资是为了帮助本国企业出口，二者呈现正相关的关系。因此，考察贸易销售型的对外直接投资有助于本书识别规模经济的影响渠道。

表6-6 绿地投资对产品提质升级的影响机制：国外市场资讯获取和规模经济

Panel a	被解释变量：Logprice			
	信息咨询	研究开发	生产制造	贸易销售
	（1）	（2）	（3）	（4）
OFDI_green	0.0863*	0.1431***	0.0723	0.0833***
	（0.0522）	（0.0531）	（0.0523）	（0.0245）
控制变量	Yes	Yes	Yes	Yes
企业 FE	Yes	Yes	Yes	Yes
产品 FE	Yes	Yes	Yes	Yes
出口目的地—年份 FE	Yes	Yes	Yes	Yes
样本量	62088	63234	66067	101789
R^2	0.8336	0.8395	0.8404	0.8313
Panel b	被解释变量：Quality			
	信息咨询	研究开发	生产制造	贸易销售
	（5）	（6）	（7）	（8）
OFDI_green	0.1905*	0.0914***	0.0163	0.0232**
	（0.1143）	（0.0395）	（0.0326）	（0.0131）
控制变量	Yes	Yes	Yes	Yes
企业 FE	Yes	Yes	Yes	Yes
产品 FE	Yes	Yes	Yes	Yes
出口目的地—年份 FE	Yes	Yes	Yes	Yes
样本量	62088	63234	66067	101789
R^2	0.3414	0.3415	0.3366	0.3312

注：*、**、***分别表示10%、5%、1%显著性水平，括号内为标准误，聚类在企业层面。

具体而言，本部分根据经营范围信息中的关键词来进行分类。比如，经营范围信息中有"研发""开发"，研究将其划分为研究开发一类；如果有"销售""批发""贸易""经销"等，研究将其划分为贸易销售一类；如果有"咨询""信息""调研""咨询"等，研究将其划分为信息咨询；如果有"生产""制造""加工"等，研究将其划分为生产制造一类。对于未能识别出的企业对外直接投资类型，则进行人工识别，将其纳入以上四个分类之中。

本部分对每一种经营范围的对外直接投资企业均进行倾向性得分匹配，匹配步骤如前所述；然后采取双重差分的分析依次对四种不同经营范围的对外直接投资企业以及其匹配的样本进行回归。表6-6报告了估计结果，表6-6中的模型设定考察了不同经营范围的企业受到绿地投资的影响，被解释变量为根据二位码行业需求价格弹性测算的产品质量，列（1）至列（4）中被解释变量为 *Logprice*，列（5）至列（8）中被解释变量为 *Quality*。从估计结果来看，绿地投资对于不同经营类别企业的影响并不完全一样。对于信息咨询、贸易销售两种类型的对外直接投资企业，绿地投资有助于产品提质升级，这说明国外市场资讯获取以及规模经济两个影响渠道都发挥了显著作用。此外，对于研究开发类型的对外直接投资企业，绿地投资也有助于产品提质升级。对于生产制造类型的对外直接投资企业，绿地投资的产品提质升级效应并不明显。其中原因可能在于，对于生产制造类对外直接投资企业而言，吸收能力对产品质量的升级十分重要。

第四节　跨境并购的产品提质升级效应研究

一　基准回归结果

前文分析是基于商务部提供的境外企业（机构）投资名录来展开的。根据中国相关政策规定，凡是在国外进行绿地投资的企业都在商务部进行登记备案，而涉及股权交易，如跨国并购等投资方式的企业都必须得到中国发展改革委员会审核通过。中国商务部统计备案的企业对外直接投资可被视为绿地投资（蒋冠宏和蒋殿春，2017）。因此，前文聚焦于绿地投资的产品提质升级效应。

相较于绿地投资，跨境并购同样能够影响产品提质升级。已有研究发现跨境并购能够通过资源再配置显著提升资源配置效率。母国企业通过对并购企业技术、生产工艺等的学习吸收，可以显著提高母国企业的创新能力和生产效率。创新能力和生产效率提升又有助于提高产品质量。因此，跨境并购同样能够产生提升产品质量的作用，并且学习吸收能力对于产品提质升级效应更为突出。

表 6-7　　　　　跨境并购与产品提质升级：基准回归

	被解释变量：Quality	
	(1)	(2)
OFDI_green		0.1693*
		(0.0942)
OFDI_ma	0.1706*	0.2315**
	(0.0942)	(0.1113)
控制变量	Yes	Yes
企业 FE	Yes	Yes
产品 FE	Yes	Yes
出口目的地×年份 FE	Yes	Yes
样本量	164864	164864
R^2	0.2874	0.2876

注：*、**、*** 分别表示 10%、5%、1% 显著性水平，括号内为聚类到企业层面标准差。

本部分利用 CSMAR 提供的上市企业并购数据，并结合海关库提供的产品层面数据来研究跨境并购对产品质量的影响。模型设定如式（6-2）所示，被解释变量为产品质量，控制变量如前所述，包括企业年龄的对数、企业年龄的对数的平方、企业规模、企业规模的平方、杠杆率、利润率、是否国有控股的虚拟变量，以及企业固定效应、产品固定效应、出口目的地—年份固定效应。关键解释变量为跨境并购虚拟变量（OFDI_ma）。表 6-7 的列（1）报告了估计结果，关键解释变量估计系数显著为正，这表明，跨境并购能够显著提高产品质量。此处可能存在这样的情况，即企业同时进行了绿地投资和跨境并购，跨境并购的产品提质升级效应反映了绿地投资带来的效果。为了区分绿地投资和跨国并购的产品提质升级效应，此处研究同时将 OFDI_green 和 OFDI_ma 加入计量模型，两个变量均为关键解释变量，表6-7的列（2）报告了估计结果。可以发现，两个关键变量的估计系数均显著为正，不论是绿地投资，还是跨境并购，均对产品质量产生了显著的促进作用。

二 横向并购与纵向并购

理论上，横向并购可以提高市场份额，提升企业议价能力，在这种情况下，企业进行产品提质升级的激励往往不足；相反，纵向并购可以在产业链上优化资源配置，有助于资源、劳动力等内部流通，提高企业经营效率。因此，相较于横向并购，纵向并购的产品提质升级效应更明显。本书在此设立横向并购虚拟变量，记为 $OFDI\_ma\_hx$，如果是企业进行横向并购的当年及此后年份，该变量为1，否则为0。本部分按照同样的规则设立纵向并购虚拟变量，记为 $OFDI\_ma\_zx$。此处研究将 $OFDI\_ma\_hx$ 和 $OFDI\_ma\_zx$ 同时放入计量模型，作为关键解释变量。表6-8报告了估计结果，$OFDI\_ma\_hx$ 的估计系数不显著，$OFDI\_ma\_zx$ 估计系数显著为正，这与预期相符，即纵向并购能够产生显著的产品提质升级作用。

表6-8　　跨境并购与产品提质升级：横向并购与纵向并购

	被解释变量：$Quality$
$OFDI\_green$	0.2513**
	(0.1122)
$OFDI\_ma\_zx$	0.2655**
	(0.1413)
$OFDI\_ma\_hx$	-0.1056
	(0.2246)
控制变量	Yes
企业 FE	Yes
产品 FE	Yes
出口目的地×年份 FE	Yes
样本量	164864
R^2	0.2873

注：*、**、***分别表示10%、5%、1%显著性水平，括号内为标准误，聚类在企业层面。

第六章 绿地投资、跨境并购与产品提质升级

第五节 主要结论

中国对外直接投资和对外贸易都进入了迅速发展阶段，本部分在前一章的基础上细分了对外直接投资的类型，分析了绿地投资和跨境并购对企业产品质量的影响。本部分研究同样运用了倾向性得分匹配和双重差分方法。研究发现如下：首先，企业对外直接投资能够显著提升出口产品质量，绿地投资和跨境并购都能够显著地促进出口产品质量的提升。

其次，基于理论分析和相关研究结论，本书识别了对外直接投资的三种途径，分别为学习机制、国外市场资讯获取和规模经济效应。实证研究结果表明，学习机制下如果企业的吸收能力更强，那么企业从对外直接投资中的获益就更多，这表现在产品质量出现了更大幅度的提升。此外，对外直接投资对国外资讯的获取以及产生的规模经济也对产品质量产生了积极作用。

最后，不同类型的对外直接投资对企业产品质量的影响具有异质性。对于信息咨询、贸易销售两种经营范围的对外直接投资企业，对外直接投资有助于产品提质升级，国外市场资讯获取和规模经济两个渠道同样发挥了作用。此外，跨境并购同样能够产生产品提质升级效应，其中发挥主要作用的是纵向并购。原因在于，横向并购可以提高市场份额，提升企业议价能力，在这种情况下，企业进行产品提质升级的激励可能不足。而纵向并购可以在产业链上优化资源配置，有助于资源、劳动力等内部流通，从而提高企业经营效率，这有助于提升产品质量。

第七章

对外直接投资的驱动因素分析：基于银行业竞争的视角

第一节 研究设计

一 研究情境说明

前面章节分析表明，对外直接投资能够显著地提高出口产品质量，能够发挥提质升级的效应。坚持高质量的投资双向开放有助于实现经济高质量发展，那么驱动对外直接投资的主要因素是什么？事实上，对外直接投资面临较高的投资成本和投资风险，融资约束是制约对外直接投资的重要因素（Todo，2011；Buch et al.，2014；Yan et al.，2018）；我国是以间接融资为主的金融结构，银行信贷是企业融资的主要来源，提高银行业竞争程度有助于提高银行业服务实体经济的水平和质量，能够起到缓解企业融资约束的作用。本书将从银行业竞争的视角来分析对外直接投资的驱动因素。

最优金融结构理论表明，金融结构在不同经济发展阶段对经济的贡献有所差异，当经济发展程度较低时，以银行为中介的间接融资对经济的贡献更大；随着经济发展程度的提高，直接融资的重要性开始凸显（Demirgüç-Kunt et al.，2013）。从微观角度来看，企业的发展初期往往需要更多银行信贷的支持，银行业竞争程度的提高对成立初

第七章　对外直接投资的驱动因素分析：基于银行业竞争的视角

期以及中小规模企业而言极为重要（Carbó-Valverde et al.，2006；林毅夫和孙希芳，2008；Shen et al.，2009；方芳和蔡卫星，2016；蔡竞和董艳，2016）。但也有经验证据表明，银行业竞争程度的提高不利于企业信贷的获取（Jackson 和 Thomas，1995；Petersen 和 Rajan，1995；Fungáčová et al.，2017）。"市场势力假说"（Market Power Hypothesis）与"信息假说"（Information Hypothesis）相互对立，前者认为银行业竞争加剧能够从信贷供给方面解决企业面临的融资约束问题，有助于资源实现更有效率的配置；后者认为信息不对称问题是企业融资约束的根源，银行垄断力量能够解决搜索私人信息的"搭便车"问题，从而使得银行更有激励去收集企业信息，形成更加良好的银企关系，因此银行业竞争加剧反而不利于企业获取信贷。Fungáčová 等（2017）利用发达国家的企业数据对两个假说进行了验证，发现"信息假说"成立。

21 世纪初，"走出去"战略提升到国家战略层面；2013 年 9 月"新丝绸之路经济带"和"21 世纪海上丝绸之路经济带"战略构想提出；2015 年 3 月，"一带一路"愿景与行动文件发布；党的十九大中习近平总书记明确指出"要以'一带一路'建设为重点，坚持引进来和走出去并重，遵循共商共建共享原则，加强创新能力开放合作，形成陆海内外联动、东西双向互济的开放格局"。对外开放，鼓励企业"走出去"是中国经济发展中不可或缺的部分。如果"市场势力假说"成立，那么银行业竞争加剧能够缓解企业融资约束程度，而企业的融资约束是影响企业"走出去"的重要因素（Todo，2011；Buch et al.，2014；Yan et al.，2018），因此，银行业竞争能够起到促进企业"走出去"的作用。相反，如果"信息假说"成立，那么银行业竞争加剧会不利于银企关系的形成，从而加大企业融资难度，这又不利于企业"走出去"。事实上，2012 年 6 月 29 日《鼓励和引导民营企业积极开展境外投资的实施意见》便提出要鼓励国内银行为民营企业境外投资提供流动资金贷款、银团贷款、出口信贷、并购贷款等多种方式信贷支持，积极探索以境外股权、资产等为抵（质）押提供项目融资。

本书尝试从企业"走出去"行为的视角，利用匹配的中国工业企业数据库、境外投资企业（机构）名录以及城市层面商业银行分支机构的金融许可证信息来检验在中国情境下银行业"松绑"的"市场势力假说"和"信息假说"。本书中银行业"松绑"指的是监管当局对银行业设立分支机构管制的放松，主要措施分别在2004年、2006年和2009年出台，这种针对银行业结构的改革所带来的竞争能否促进企业"走出去"[①]？中国现有的银行体系能否有效支持企业层面对外直接投资？针对这些问题的探讨和研究，不仅能够为政策的实施提供直接有效的经验证据，更能为今后金融改革提供明确的方向。

在中国情境下展开该研究有以下两点优势。首先，中国采取渐进式的银行业改革，政策变化具有一定的连续性，这使本书可以利用银行业竞争程度的时序变化来展开分析。中国银行业在金融体系中扮演着举足轻重的角色，银行业的发展一直是金融发展的重要部分。自1998年银行体系市场化改革以来，中国逐步建立起多层次的金融体系，以国有大银行占主导地位的金融体系发生了深刻变化。21世纪以来，银行分支机构准入管制不断放松，对五大银行的垄断地位造成了显著的外部冲击，五大银行市场份额和垄断程度不断下降。允许城商行和外资银行开设分支机构的政策举措提高了地区银行业竞争程度，跨区域经营成为城商行的发展趋势。2001年出台的《商业银行中间业务暂行规定》使商业银行得以跨业经营，加大了银行业的内部竞争。同年中国正式加入世界贸易组织，银行业被列为率先开放的领域之一，根据入世承诺，中国在银行业开放方面进展迅速，主要体现在市场准入、机构设置、经营地域、业务对象、业务范围、外资入股中资银行等方面。2003年，中国正式启动了新一轮银行业改革，成立银监会以加强对银行的监管，并启动国有大型商业银行股份制改造，推进中小银行的发展，鼓励外资银行与国内银行之间相互竞争，以及推动国内银行引入外国战略投资者等。2004年，证监会颁布了《城市商业银行监管与发展纲要》，核心改革点是"鼓励商业银行在综合处置不良资产基础上进行重组改造和重组联合"，"支持经营状况好、管

---

① 银行业"松绑"意味着银行业竞争程度的提高；后文将详细说明中国银行业改革历程。

第七章 对外直接投资的驱动因素分析：基于银行业竞争的视角

理能力较高、创新能力较强的城市商业银行实现跨区域发展"，"支持城市商业银行按照市场化原则收购、兼并周边地区城市信用社以及国有商业银行撤并的机构和网点"。2006 年银监会发布了《城市商业银行异地分支机构管理办法》，"根据发展状况允许城市商业银行设立异地（区分为省内设立和跨省设立）分支机构"，"引导辖内城市商业银行以联合、重组为前提，在充分整合金融资源和化解金融风险的基础上，严格掌握标准审慎设立异地分支机构，避免盲目扩张机构"。2009 年中国银行业监督管理委员会发布《关于中小商业银行分支机构市场准入政策的调整意见（试行）》的通知，核心改革点是"已在省会（首府）城市设有分行的股份制商业银行，在该城市所在省（自治区）内的其他城市再申请设立分行和支行，不再受数量指标控制。城市商业银行在法人住所所在省（自治区、直辖市）内设立分支机构，不再受数量指标控制。股份制商业银行和城市商业银行在同城设立支行，不受数量指标控制"。

其次，自"走出去"战略提升到国家战略层面以来，中国对外直接投资规模不断扩大，2002 年，中国对外直接投资（流量）规模为 27 亿美元，居全球第 26 位，到了 2016 年，中国对外直接投资（流量）规模达到了 1961.5 亿美元，居全球第 2 位，是前 10 位中唯一一个发展中国家，并且，2014 年中国对外直接投资（流量）规模首次超过了外商直接投资（流量）规模。从中国对外直接投资（存量）来看，2002 年存量金额为 299 亿美元，居全球第 25 位，2016 年存量金额跃升到了 13573.9 亿美元，列全球第 6 位，2002—2013 年存量金额的年均增速都在 10% 以上[①]。银行业改革的推进和中国企业大规模"走出去"是同时出现的现象，这便于开展银行业竞争对企业对外直接投资影响的研究。

本书的创新表现在以下三个方面。第一，本书提供了关于"市场势力假说"和"信息假说"的中国案例，补充了有关发展中国家银行业竞争所产生经济效应的经验证据。已有大量文献从发达国家的视

---

① 此处数据来自《中国对外直接投资统计公报》。

角来展开研究,其中又以美国情境下的研究为主,主要原因在于美国20世纪70年代开始的允许银行跨州开设分支机构的改革措施提供了导致银行业竞争程度变化的外生政策冲击。Beck 等（2010）利用美国允许银行跨州经营这一外生冲击研究了银行业竞争加剧对不同群体收入的影响,低技能劳动力从银行业竞争中获益更多,其工作时间和工资都有所增加,这导致收入差距缩小。Chava 等（2013）使用美国企业数据和专利数据研究了银行业竞争对企业创新行为的影响,允许银行在州内开设分支机构和允许银行跨州开设分支机构对企业创新影响并不一样,前者不利于企业创新,而后者促进了企业创新。Jiang 等（2016）同样利用美国银行业改革的外生冲击分析了银行业竞争与流动性创造之间的关系,研究结果发现银行业竞争加剧降低了流动性创造,这也支持了银行业的"信息假说"。Goetz 等（2013,2016）还研究美国银行跨州经营对银行估值以及银行承担风险行为的影响。此外,还有研究利用跨国数据来展开分析,Casu 和 Girardone（2009）使用了欧盟的跨国数据展开研究,银行业竞争与效率之间存在正的格兰杰因果关系。Fungáčová 等（2014）利用欧元区国家的数据实证分析银行业竞争对银行信贷渠道（Bank Lending Channel）的影响。

与以上研究不同,本书利用中国工业企业数据以及中国银行业渐进式改革引致的竞争环境变化来检验"市场势力假说"和"信息假说",根据最优金融结构理论,不同发展阶段,银行业结构的经济影响并不完全相同,因此对中国案例的分析和研究不仅有助于去评估中国银行业改革的经济影响,也有助于去理解发展中国家银行业结构的变化。

第二,本书从发展中国家的视角来研究银行业竞争对企业对外直接投资影响。根据最优金融结构理论,发展中国家往往更加依赖于间接融资,"市场势力假说"所产生的效应往往占据主导。但是,发展中国家又是资本稀缺的国家,这些国家需要资本流入,所以对外直接投资规模往往较小。已有研究更多是研究银行业竞争对企业生产效率、企业创新等行为的影响。比如,Chong 等（2013）研究了中国银行业竞争对中小企业融资约束的影响,银行业竞争加剧有助于缓解中小企业融资约束，"市场势力假说"引致的效应占据主导作用。马君潞等（2013）分析了银行业竞争对企业借款期限结构的影响，对中国上市企业数据的分析表明，在法律制度比较完备、政府干预较少的地区，银行业竞争加剧能够延长上市企业的借款期限。方芳和蔡卫星（2016）研究了银行业竞争对企业成长的影响，银行业竞争程度提高能显著促进企业成长，这种促进作用在小型企业、非国有企业以及无政府补贴企业中更为显著。唐清泉和巫岑（2015）分析了银行业竞争对企业研发支出方面的融资约束的影响。银行业竞争加剧有助于改善企业在研发支出方面面临的融资约束，并且这一效应在民营企业、高科技企业以及小型企业中表现更为突出。蔡竞和董艳（2016）研究了银行业竞争对企业研发创新行为的影响。银行业竞争加剧对企业创新行为产生了积极作用，并且，股份制银行的发展更能促进企业研发创新。张杰等（2017）研究了银行业竞争与企业创新的关系，银行业竞争对企业创新行为的影响呈现"U"形特征，即存在银行业竞争对企业创新活动影响的临界值，只有越过了临界值，银行业竞争才能够促进企业创新。蔡卫星（2019）分析了银行业竞争对企业生产率的影响，银行业竞争程度的提高对融资约束程度更高企业的生产率提升作用更为显著。

在这些文献基础上，本书进一步分析了银行业竞争对企业"走出去"的影响，"走出去"对融资条件有着重要的依赖，本书基于银行业竞争影响融资约束，融资约束影响企业"走出去"这一逻辑线条，用最大发展中国家的微观数据来验证银行业竞争的"市场势力假说"和"信息假说"。本书将采取倾向性得分匹配以及工具变量方法来展开银行业竞争对企业"走出去"影响的研究。

第三，本书从银行业竞争的视角对企业对外直接投资影响因素的文献进行了补充。企业自身特征会影响其对外直接投资。王自峰和白玥明（2017）基于中国工业企业数据库和境外投资企业（机构）名录，考察了中国制造业产能利用率对对外直接投资的影响，发现对外直接投资的驱动力量之一为产能过剩。企业面临的融资约束也会影响对外直接投资。政治优序融资（Political Pecking Order）在中国较为普遍，非国有企业融资约束往往较国有企业严重。已有更多的研究将融资约束与企业出口行为联系在一起，融资约束使得企业没有能力募集足够大的资金涵盖出口的固定成本，因此，融资约束会阻碍企业出口（Feenstra et al.，2014）。对外直接投资同样具有较高固定成本的特点，因此，融资约束也会阻碍企业进行对外直接投资（Todo，2011；Buch et al.，2014）。并且，这种影响在不同生产率的企业、不同所有制类型的企业中具有异质性（Yan et al.，2018）。东道国的相关特征也会影响企业对外直接投资。Mourao（2018）研究中国对非洲国家的对外直接投资，过去中国对非洲国家的对外直接投资更多受政治动机的驱动，现在影响中国对非洲国家的对外直接投资还包括经济因素，非洲国家的社会、政治稳定性也会影响中国对外直接投资目的地的选择。刘莉亚等（2016）基于中国近十年的宏观层面的并购数据，发现生产率的提高对国内并购和跨境并购都具有重要的促进作用，同时东道国劳动力成本、市场规模以及中国与东道国文化差异也影响跨境并购。刘青等（2017）采取 Heckman 模型发展而来的二阶段引力模型分析了对外直接投资中企业跨国并购的动因，中国企业的海外并购具有市场寻求特征，战略资产在跨国并购的区位选择中发挥了重要作用，海外并购的模式符合经济发展所处阶段的需求。中国企业海外并购在区位选择时重视交易成本，更青睐腐败程度较低的国家。汇率因素也会影响企业对外直接投资。田巍和余淼杰（2017）讨论了汇率变化如何影响中国企业对外直接投资，汇率变化会影响出口，出口又需要在目的地国家设立贸易服务部门，当本币升值导致出口下降，那么企业对外直接投资中的贸易服务型投资会下降。由于贸易服务型对外直接投资占制造业对外直接投资比重达到了45%，因此汇率变动影响贸易服务型投资这一影响渠道对中国对外直接投资会产生不可忽视的影响。Chen 等（2019）基于匹配的中国工业企业数据库与境外投资企业（机构）名录揭示了中国企业对外直接投资的典型事实，并构建模型来进行解释，国内要素市场扭曲是中国企业对外直接投资的重要影响因素。

与以上研究不同，本书尝试在中国银行业管制放松的制度背景下，基于匹配的中国工业企业数据库与境外投资企业（机构）名录来分析银行业竞争对中国企业对外直接投资的影响，提供中国企业对外

第七章 对外直接投资的驱动因素分析:基于银行业竞争的视角

直接投资驱动因素的新证据,对企业对外直接投资影响因素的文献进行补充。

研究结果表明,首先,银行业竞争有助于企业"走出去"。其次,采取倾向性得分匹配方法应对样本选择问题,并用工具变量方法应对内生性问题后,这一结论依然成立。最后,银行业竞争引起的融资成本下降是银行业竞争影响企业"走出去"的重要渠道,企业"走出去"的分析结果也支持了在中国情境下银行业竞争的"市场势力假说"。如果银行业 Herfindahl-Hirschman 指数下降 10%,即银行业竞争程度提高 10%,那么企业"走出去"的可能性将会提高 0.57 个百分点。如果 Herfindahl-Hirschman 指数的对数下降一个标准差,那么企业对外直接投资的可能性将会提高 1.05 个百分点,以利息支出占总负债比重衡量的企业融资成本将会下降 0.11 个百分点,以财务费用占总负债比重来衡量的企业融资成本将下降 0.28 个百分点,并且银行业竞争对企业"走出去"的促进效应对融资约束更为严重的企业更为显著。本书提供了发展中国家银行业改革与企业对外直接投资的关系的重要证据,并验证了中国情境下,银行业竞争的"市场势力假说"和"信息假说",有助于更加深刻的理解和评估中国银行业改革的经济效应。

二 研究的具体方法

本书主要采取固定效应模型来分析银行业竞争对企业"走出去"的影响。主要原因在于本书的关键解释变量为宏观层面变量,被解释变量为微观层面变量,关键解释变量滞后了一期,由微观层面变量向宏观层面变量传导的途径因此被排除。此外,本书加入了企业层面固定效应,这就控制了企业不随时间变化的因素以及行业层面、地区层面不随时间变化的因素;并且本书还加入城市人均实际 GDP 增速,控制住可能影响企业对外直接投资,又可能影响银行开设分支机构的需求面因素。计量模型设定如下所示:

$$OFDI\_d_{ict} = b_0 + b_1 \times Loghhi_{ct-1} + b_2 \times Gdpper\_gr_{ct-1} + X'_{ict}\vartheta + \gamma_i + \gamma_t + \varepsilon_{ict}$$

(7-1)

其中,下标 i 表示企业,c 表示城市,t 表示年份,被解释变量为

$OFDI\_d$，关键解释变量为 $Loghhi$，X 代表前文所述的一系列控制变量，包括企业年龄对数、企业年龄对数平方、企业规模、所有制性质、杠杆率、利润率以及出口与否的虚拟变量[①]。$Gdpper\_gr$ 为城市人均实际 GDP 增速，γ_i 为企业固定效应，该固定效应也可以控制不随时间变化的城市固定效应，γ_t 为年份固定效应，ε_{ict} 为误差项。b 为待估系数，θ 为待估系数向量，本书所关注的估计系数为 b_1。如果该估计系数显著小于 0，则说明银行业竞争能够对企业"走出去"起到促进作用；如果该估计系数显著大于 0，则说明银行业竞争对企业"走出去"起到了抑制作用。

此外，作为稳健性分析，本书还将分别采取普通最小二乘法、Probit 模型、面板 Probit 模型来分析银行业竞争与企业"走出去"的关系。最后，本书也将采取工具变量的方法进一步分析银行业竞争对企业"走出去"的影响。本书参照已有文献（Chong et al.，2013；蔡竞和董艳，2016；张杰等，2017）的处理方式，将某一城市所在地区的其他城市银行业竞争程度指标的均值作为该城市银行业竞争程度指标的工具变量，对于北京、上海、天津和重庆 4 个直辖市而言，其银行业竞争程度指标的工具变量为除去该直辖市后其他 3 个直辖市银行业竞争程度指标的均值，工具变量记为 $Loghhi\_iv$。

第二节 数据说明与变量构建

一 数据说明

（一）中国工业企业数据库

本书所使用的工业企业数据来自中国工业企业数据库，该数据库

[①] 本书在此并未对企业层面变量取滞后项，其原因有以下几点：第一，当期企业层面变量对当期企业"走出去"影响更直接。第二，本书分析样本为非平衡面板数据，企业层面变量取滞后项会导致更多样本损失。考虑到企业层面变量可能引起的内生性问题，本书在后文采取工具变量方法回归时，仅保留了企业年龄对数、企业年龄对数平方两个企业层面的控制变量。

提供了资产负债表、利润表、现金流量表包含的企业信息，被国内外学者广泛使用（Brandt et al.，2012；Song et al.，2011；聂辉华等，2012；张杰等，2017）。本书使用1998—2013年工业库数据，并将样本分为1998—2008年，以及2009—2013年两段样本区间来处理。1998—2008年的数据为参照Brandt等（2012）、聂辉华等（2012）整理好的数据；2009—2013年的数据通过企业名称、法人代码、地址、电话号码、开业年份这些企业信息将企业与1998—2008年样本进行匹配，未能匹配上的企业视为新进入企业并设立新的企业识别代码。首先，本书根据法人代码进行匹配，如果2008年之后的样本企业拥有与之前时间段样本企业同样的法人代码，两个企业即视为同一企业。其次，如果法人代码无法匹配上，本书根据企业名称进行匹配，如果两个时间段中的样本企业拥有同一企业名称，两个企业即视为同一企业。最后，如果前两轮匹配均未匹配上，本书再根据地区代码后六位、电话号码后七位以及开业年份进行匹配，同样地，如果两个时间段中的样本企业拥有同一地区代码、同一电话号码以及同一开业年份，两个企业即视为同一企业。本书剔除了研究所使用变量有所缺失的样本，包括总资产、总负债、从业人数、利润额、出口交货额、国有控股信息、利息支出、财务费用。

（二）银行业竞争程度的数据

本书按地级市收集了中国银行保险监督管理委员会网站公布的全国金融许可证信息，以此为基础来计算城市层面银行业竞争程度来反映银行业"松绑"程度。金融许可证信息包含了各商业银行及其分支机构的隶属、机构地址以及批准成立年、月等信息。本书利用各商业银行在地级市层面分支机构的数量信息，并根据地区代码与中国工业企业数据库进行匹配。此外，为了处理影响银行开设分支机构需求面的因素，本书还参照蔡竞和董艳（2016）、张杰等（2017）和蔡卫星（2019），将人均实际GDP增速（2000年为基期）作为后文计量模型的控制变量，该数据来自《中国城市统计年鉴》。

（三）境外投资企业（机构）名录

境外投资企业（机构）名录来自中国商务部，包括了1980年以来的在商务部备案的对外直接投资境内企业信息，比如，境内投资主体、境外投资企业（机构）名称、投资国家或地区、经营范围、核准日期等。该套数据没有提供具体的对外直接投资额的数据，并且名录中对外直接投资的境外机构只在成立年份出现，不包含此后撤销或追加投资的信息，因此，本书的分析聚焦在企业是否进行了对外直接投资这一行为上。本书将企业名称作为识别信息将中国工业企业数据库与境外投资企业（机构）名录进行匹配。

企业"走出去"研究中存在匹配数量相对中国工业企业数据库而言较小的问题，但由于中国工业企业数据库样本量较大，本书总计匹配到5589个进行了对外直接投资的样本（企业层面），其中2000年之前未匹配到样本，有超过40%的匹配样本出现在2012年和2013年[①]。由于本书的关键解释变量为城市层面的银行业竞争程度，这里面可能存在这样的问题，即对外直接投资企业集中在北京、上海，导致实证分析中银行业竞争程度之间变化只反映了少数地区之间的变化，该指标在大部分地区没有变化，分析结果也就不具有普遍性。为了回答这一问题，本书对匹配上的对外直接投资企业样本进行分析，结果表明，在匹配样本中，对外直接投资企业的地区分布较为广泛，对外直接投资出现在4个直辖市以及253个地级市中，其中，宁波市出现了485次企业对外直接投资，绍兴市有268次企业对外直接投资，深圳市有245次企业对外直接投资，苏州市有238次企业对外直接投资，北京市有179次企业对外直接投资，超过100次企业对外直

[①] 中国工业企业数据与境外投资企业（机构）名录合并后样本是分析企业对外直接投资影响因素的常用样本，比如，田巍与余淼杰（2017）使用匹配的中国工业企业数据库与境外投资企业（机构）名录分析了汇率变化对企业对外直接投资的影响，其样本中对外直接投资样本占比为0.43%（345/80121）。王自锋和白玥明（2017）使用匹配的中国工业企业数据库与境外投资企业（机构）名录展开产能过剩对企业"走出去"影响的研究，其样本中对外直接投资样本占比为0.32%（351/109230）。Yan等（2018）使用了江苏省工业企业数据库与境外投资企业（机构）名录进行匹配，利用匹配后的样本书生产率、融资约束对企业对外直接投资的影响。Chen等（2019）使用匹配的中国工业企业数据与境外投资企业（机构）名录的样本（2000—2008年）来分析不同类型企业对外直接投资的情况，以此作为中国企业对外直接投资的典型事实，其中对外直接投资的企业样本量也较小，而总样本量超过了100万个。

接投资的地区有 14 个。

二 变量构建

2000—2013 年，在匹配成功的中国工业企业数据库与境外投资企业（机构）名录的样本中，如果企业在该样本中出现至少一次，那么就将该企业定义为有过对外直接投资的企业。本书的被解释变量为企业对外直接投资的虚拟变量（OFDI_d），将企业首次对外直接投资的年份及之后的年份设为 1，否则为 0。从图 7-1 中可以看到对外直接投资企业数量有两个明显的跳跃点：第一个跳跃点是 2005 年，对外直接投资企业数量由 2004 年的 49 个上升到 2005 年的 287 个，增幅高达 485.71%。第二个跳跃点是 2012 年，对外直接投资企业数量由 2011 年的 580 个跃升至 2012 年的 1055 个，增幅为 81.90%[①]。

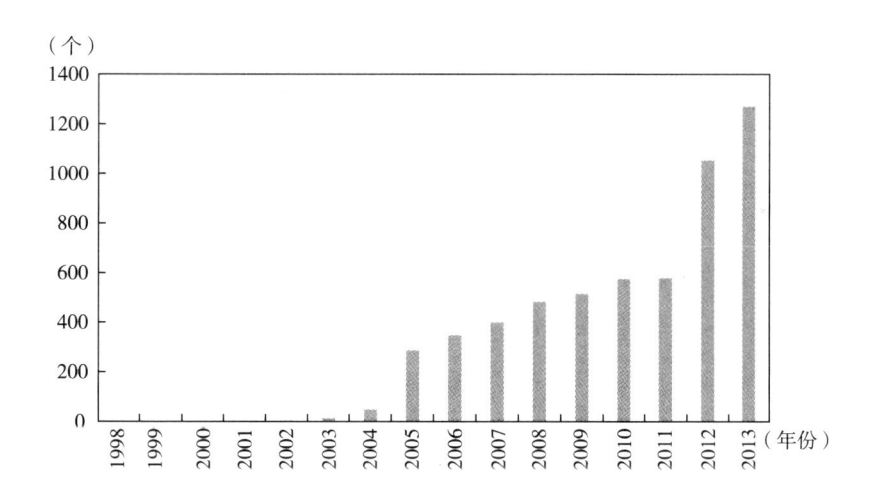

图 7-1 中国工业企业对外直接投资次数的变化趋势

资料来源：中国工业企业数据库；境外投资企业（机构）名录。

图 7-2 展示了银行业竞争程度的变化趋势，Loghhi_ave 是每一年

---

① 这可能与 2004 年出台的"支持经营状况好、管理能力较高、创新能力较强的城市商业银行实现跨区域发展"，"支持城市商业银行按照市场化原则收购、兼并周边地区城市信用社以及国有商业银行撤并的机构和网点"为核心的《城市商业银行监管与发展纲要》以及 2012 年出台的旨在鼓励国内银行为民营企业境外投资提供多种方式信贷支持的《鼓励和引导民营企业积极开展境外投资的实施意见》相关。

城市层面 $Loghhi$ 的均值。$Loghhi$ 是本书的关键解释变量,用各商业银行在地级市层面的分支机构数计算的 Herfindahl-Hirschman 指数的对数表示,该指标越大,表明银行业垄断程度越大,该指标越小,表明银行业竞争程度越大。Chong 等(2013)、蔡竞和董艳(2016)以及张杰等(2017)均采取了该指标衡量银行业竞争程度,具体计算方法如下所示。

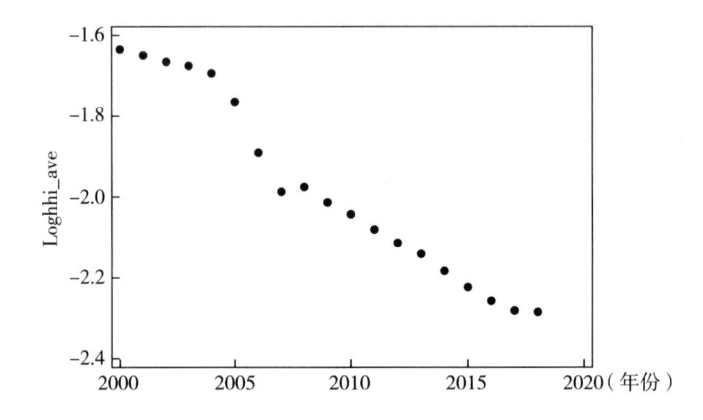

图 7-2 银行业竞争程度的变化趋势

资料来源:笔者根据金融许可证信息计算得来。

$$HHI_m = \sum_{n=1}^{N_m} (Branch_{nm} / \sum_{n=1}^{N_m} Branch_{nm})^2 \qquad (7-2)$$

其中,HHI 表示根据银行分支机构数计算的 Herfindahl-Hirschman 指数,m 表示城市,n 表示银行,N_m 表示 m 城市中全部商业银行的数量,$Branch_{nm}$ 表示 m 城市 n 商业银行的分支机构数量。从银行业竞争程度的变化趋势来看,自 1992 年以来,银行业竞争性程度不断加大,2004 年之后下降幅度出现了明显的提升,银行业改革进程在加速推进。2003 年 $Loghhi\_ave$ 为-1.635,2005 年下降到-1.765,下降幅度达到了 7.95%,到了 2013 年,$Loghhi\_ave$ 进一步下降到-2.141,较 2003 年下降了 30.95%。

图 7-3 展示了银行业竞争与企业对外直接投资的关系。图 7-3

第七章 对外直接投资的驱动因素分析：基于银行业竞争的视角

（a）的横轴为银行业竞争程度的指标（Loghhi），纵轴是对外直接投资企业占全部企业的比重（Ofdi_ratio）。图7-3（b）的横轴和纵轴分别表示加总到省级层面的银行业竞争程度指标以及对外直接投资企业占全部企业的比重。从图7-3中可以看出，无论是地级市还是省级区域，银行业竞争程度和对外直接投资企业占比呈现明显的正相关关系，即银行业竞争程度更激烈（Loghhi越小）的地区，对外直接投资企业占比就更高。后文的实证分析中，本书还选择了以下企业层面变量作为控制变量，包括企业年龄对数（Logage）、企业年龄对数的平方（Logage_sq），企业年龄用企业存活年数来表示；企业规模（Logemployee），用从业人数的对数来表示。企业存活时间和企业规模是影响企业对外直接投资的重要因素（Yan et al.，2018）。此外，本书还控制了企业所有制性质（Soecontrol），如果企业为国有控股企业，包括国有绝对控股和相对控股，那么Soecontrol为1，否则为0，企业所有制性质可能是影响企业对外直接投资的因素，一方面，政府补贴的获取体现了所有制特征，政府补贴也能够影响企业对外直接投资（冀相豹和王大莉，2017）；另一方面，国内要素市场扭曲会驱使更多私营企业进行对外直接投资，对外直接投资体现出所有制特征（Chen et al.，2019）；企业杠杆率（Leverage），用资产负债比率表示，企业对外直接投资需要支付沉没成本，过高杠杆率将影响企业进一步融资；企业利润率（Profit），用企业税后利润占销售收入之比表示，已有文献发现企业经营效率是影响企业对外直接投资的因素（Yan et al.，2018）。由于2008年之后中国工业企业数据库没有提供工业增加值的信息，无法计算全要素生产率，因此本书用企业利润率作为企业经营效率的代理变量；企业是否出口这一虚拟变量（Export），如果企业出口交货值大于0，那么该变量为1，否则为0。企业出口行为能够影响企业对外直接投资，一方面，从事出口企业会掌握其他国家地区更为充分的信息，从而有利于企业做出对外直接投资的决策，同样地，对外直接投资也会促进企业出口（蒋冠宏和蒋殿春，2014）。另一方面，出口企业可能会为了规避贸易壁垒，采取直接投资生产产品来替代出口产品。本书加入了城市人均实际GDP的增速（Gdpper_gr）

以控制银行开设分支机构的需求面因素,即经济发展较好的城市对资金需求往往越大,这会吸引银行在该地区开设分支机构。所有企业层面控制变量均在1%水平上进行了Winsorize处理,城市层面变量取了滞后一期。

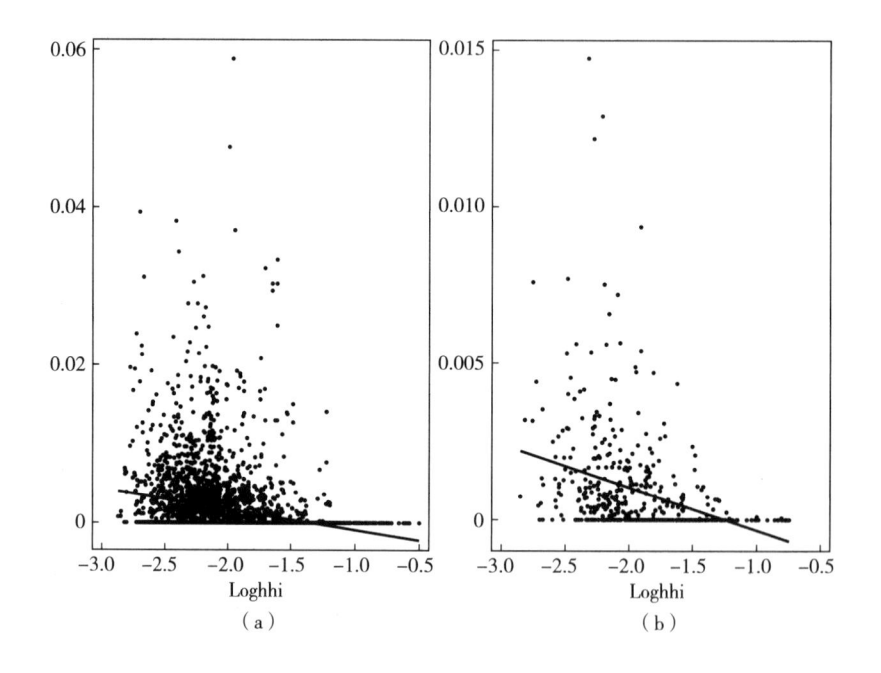

图7-3 银行业竞争与OFDI企业占比

资料来源:笔者根据中国工业企业数据库、境外投资企业(机构)名录、金融许可证信息计算得来。

本书将样本分为 $OFDI\_d$ 为1的企业($OFDI$ 企业)和 $OFDI\_d$ 为0的企业($Non-OFDI$ 企业),并对两种类型企业的主要特征进行分析,表1为变量的描述性统计分析。$OFDI$ 企业和 $Non-OFDI$ 企业在一些变量上存在显著的差异,比如 $OFDI$ 企业的存活时间(企业年龄)较 $Non-OFDI$ 企业更长,平均要多存活3.303年。$OFDI$ 企业的规模也较大,$OFDI$ 企业从业人数平均为1.621(千人),但是 $Non-OFDI$ 企业从业人数平均只为0.275(千人),二者差异在1%显著性水平下显著。在 $Non-OFDI$ 企业中,国有控股企业占比为14%,高出

第七章　对外直接投资的驱动因素分析：基于银行业竞争的视角

$OFDI$ 企业 2.9 个百分点。从数量上看，国有控股企业并不是 $OFDI$ 的最为重要的主体。$OFDI$ 企业利润率也要高于 Non-$OFDI$ 企业。此外，$OFDI$ 企业中从事出口的企业占比高达 71%，远高于 Non-$OFDI$ 企业的 24%①。这些特征上的显著差异也意味着后文计量模型中需要对这些特征进行控制。为了研究银行业竞争对企业"走出去"影响的渠道，验证"市场势力假说"和"信息假说"，本书还将考察银行业竞争对企业融资成本的影响，即考察银行业竞争是否改善了企业的融资条件，其中融资成本用两个变量来表示，第一是利息支出占总负债的比例（FC_1），第二是财务费用占总负债的比例（FC_2）。余静文（2012）和余明桂等（2019）使用利息支出占总负债的比例抑或财务费用占总负债的比例来衡量信贷成本。

表 7-1　主要变量的描述性统计

变量名	变量符号	定义	均值 OFDI	均值 Non-OFDI	差值	p 值
企业年龄	Age	企业年龄（年）	13.309	10.006	3.303	0.000
从业人数	Employee	企业从业人数（千人）	1.621	0.275	1.346	0.000
企业年龄对数	Logage	Log（企业年龄+1）	2.513	2.080	0.433	0.000
企业规模	Logemployee	Log（从业人数）	-0.830	-2.110	1.280	0.000
是否国有控股	Soecontrol	如果企业为国有绝对控股或者相对控股，该变量为 1，否则为 0	0.111	0.140	-0.029	0.000
资产负债率	Leverage	负债/资产	0.569	0.567	0.002	0.642
利润率	Profit	税后利润/销售收入	0.061	0.041	0.020	0.000
是否出口	Export	如果企业有出口行为，该变量为 1，否则为 0	0.710	0.238	0.472	0.000
融资成本$_1$	FC_1	利息支出/总负债	0.026	0.022	0.004	0.000
融资成本$_2$	FC_2	财务费用/总负债	0.032	0.031	0.001	0.074
样本量			10524	3868050		

① 后面实证结果报告中，杠杆率以及利润率单位均取万分之　。

第三节 银行业竞争与对外直接投资

一 基准回归结果

表7-2报告了银行业竞争对企业对外直接投资影响的初步实证结果。其中，列（1）和列（2）为普通最小二乘法的估计结果，列（1）包括了关键解释变量和年份固定效应，列（2）在列（1）的基础上纳入了城市人均实际GDP增速，这是为了控制影响银行业竞争的需求面因素①。由于本书中的被解释变量为虚拟变量，因此本书还采取了Probit模型，列（3）和列（4）为Probit模型的估计结果，列（3）仅包括了关键解释变量、年份固定效应以及城市人均GDP增速，列（4）还包括了企业固定效应，采取面板Probit的随机效应模型。列（5）至列（7）为面板固定效应的估计结果，列（5）包括了关键解释变量、年份固定效应、企业固定效应以及城市人均GDP增速，列（6）加入了更多能够影响企业对外直接投资的企业层面变量，包括企业年龄对数、企业年龄对数平方、企业规模、所有制性质、杠杆率、利润率以及出口与否这一虚拟变量，列（7）在列（6）基础上进一步控制了城市层面的人均实际GDP增速。关键解释变量在所有列的估计系数均显著为负，这说明银行业"松绑"程度越高，即银行业竞争程度越激烈，企业对外直接投资的可能性就越大。

从控制变量的估计结果来看，企业存活时间与 $OFDI\_d$ 呈现"U"形关系，只有当企业存活时间超出临界值，企业存活时间越长，企业对外直接投资的可能性越大。国有控股企业对外直接投资的可能性较非国有控股企业而言更低，其中原因可能在于非国有企业面临更严重的融资约束问题，通过对外直接投资可以规避国内要素市场中的扭曲。Chen等（2019）通过理论模型说明了中国企业对外直接投资的动机之一便是国内要素市场扭曲。此外，利润率越大的企业对外直接

---

① 关键解释变量在所有列中均作了除以100处理，表7-3下同。

第七章 对外直接投资的驱动因素分析：基于银行业竞争的视角

表7-2 银行业竞争与企业对外直接投资：基准回归的结果

被解释变量：$OFDI\_d$

	OLS			Probit		FE	
	(1)	(2)	(3)	(4)	(5)	(6)	(7)
$Loghhi/100$	-0.271***	-0.141***	-22.426***	-53.845***	-0.199***	-0.138***	-0.142***
	(0.007)	(3.007)	(1.553)	(7.191)	(0.033)	(0.035)	(0.035)
$Logage$						-0.004***	-0.004***
						(2.51e-4)	(2.52e-4)
$Logage\_sq$						0.001***	0.001***
						(7.11e-5)	(7.12e-5)
$Logemployee$						4.42e-6	9.70e-6
						(1.03e-4)	(1.03e-4)
$Soecontrol$						-0.001***	-0.001***
						(2.52e-4)	(2.53e-4)
$Leverage$						0.005	0.004
						(0.005)	(0.005)
$Profit$						-0.334***	-0.338***
						(0.029)	(0.029)

续表

	OLS			Probit		FE	
被解释变量：$OFDI\_d$	(1)	(2)	(3)	(4)	(5)	(6)	(7)
$Export$		0.003***	0.172***				0.003***
		(3.02e−4)	(0.034)				(2.25e−4)
$Gdpper\_gr$				0.483***	0.001***	0.003***	0.003**
				(0.098)	(2.46e−4)	(2.25e−4)	(2.56e−4)
年份 FE	Yes	Yes	Yes	Yes	Yes	Yes	Yes
企业 FE	No	No	No	Yes	Yes	Yes	Yes
Pseudo R²			0.109				
Loglikelihood			−63760.551	−28471.870			
样本量	3878574	3878574	3878574	3878574	3878574	3878574	3878574
R²	0.004	0.005			0.003	0.008	0.008

注：*、**、***分别表示10%、5%和1%显著性水平，括号内为标准误，聚类在城市层面。

投资的可能性越低,其中原因可能在于中国要素市场存在扭曲,效率低的私有企业会寻求对外直接投资的方式绕开要素市场上的歧视,Chen 等(2019)发现中国私有非跨国公司的生产率要高于国有非跨国公司,但是私有跨国公司的生产效率要低于非跨国公司。有过出口行为的企业对外直接投资可能性越高,这说明出口企业往往掌握更多国外市场资讯,这有助于企业进行对外直接投资。根据列(7)中的估计系数,如果银行业 Herfindahl-Hirschman 指数下降 10%(银行业竞争程度提高 10%),那么企业对外直接投资的可能性将会提高 0.014 个百分点;如果 Loghhi 下降一个标准差(0.185),那么企业对外直接投资的可能性将会提高 0.026 个百分点。

二 次贷危机之前样本的考察

2007 年美国爆发的次贷危机席卷全球,次贷危机不仅对金融业造成负面冲击,而且也对企业经营造成影响。次贷危机有可能降低银行业开设分支机构或者异地扩张的激励,同时也有可能影响企业对外直接投资的决策。企业经营面临困境会减少对外直接投资,但是另一方面由于大减价出售资产(Fire Sale)的存在,企业跨境并购也可能增加,此时的对外直接投资决策与银行业竞争并无直接关系。因此,本书在这里仅考虑次贷危机爆发之前的样本,将次贷危机的影响因素进行剔除,表 7-3 报告了估计结果。各列的模型设定与表 7-2 相同,所有列中,关键解释变量的估计系数均显著为负,并且估计系数绝对值要小于表 7-2 中相同模型设定中估计系数绝对值。银行业竞争加剧有助于提高企业进行对外直接投资的可能性。

三 样本选择偏误和聚类标准误

由于全样本中有大量企业没有进行对外直接投资,由于生产效率、规模、企业运行目标等约束条件,无论银行业竞争程度如何变化,企业也不会进行对外直接投资,企业生产效率、规模是可以通过控制变量加以控制,企业经营战略目标可以通过企业固定效应来进行控制,但对于可调整的经营战略目标,企业固定效应无法控制,该变量作为遗漏变量与企业层面财务信息相关,同时也影响企业对外直接投资决策,由此导致内生性问题。为此,本书采取了倾向性得分匹配

表 7-3　银行业竞争与企业对外直接投资：2008 年之前样本的考察

被解释变量：$OFDI\_d$

	OLS		Probit			FE	
	(1)	(2)	(3)	(4)	(5)	(6)	(7)
$Loghhi/100$	-0.075***	-0.041***	-13.451***	-28.754***	-0.129***	-0.125***	-0.129***
	(0.005)	(0.005)	(2.640)	(10.146)	(0.024)	(0.023)	(0.024)
$Logage$						-0.001***	-0.001***
						(1.49e-4)	(1.49e-4)
$Logage\_sq$						2.52e-4***	2.52e-4***
						(4.15e-5)	(4.17e-5)
$Logemployee$						0.001***	0.001***
						(7.49e-5)	(7.44e-5)
$Soecontrol$						-0.001***	-0.001***
						(1.54e-4)	(1.54e-4)
$Leverage$						0.013***	0.013***
						(0.005)	(0.005)
$Profit$						-0.081***	-0.081***
						(0.024)	(0.024)

第七章 对外直接投资的驱动因素分析：基于银行业竞争的视角

续表

被解释变量：$OFDI\_d$

	OLS		Probit		FE		
	(1)	(2)	(3)	(4)	(5)	(6)	(7)
Export		0.001***	-0.413***	-0.642**	0.001***	0.001***	0.001***
		(1.47e-4)	(0.097)	(0.266)	(1.31e-4)	(1.27e-4)	(1.27e-4)
Gdpper_gr					0.001***		0.001***
					(1.31e-4)		(1.31e-4)
年份 FE	Yes	Yes	Yes	Yes	Yes	Yes	Yes
企业 FE	No	No	No	No	No	Yes	Yes
Pseudo R^2			0.107				
Loglikelihood			-12794.289	-7818.685			
样本量	2037599	2037599	2037599	2037599	2037599	2037599	2037599
R^2	0.001	0.002			0.003	0.003	0.004

注：*、**、*** 分别表示10%、5%和1%显著性水平，括号内为标准误，聚类在城市层面。

141

的方法，将不太可能采取对外直接投资的企业排除在样本分析范围之内，分析的样本即为将对外直接投资作为企业经营战略中一个组成部分的企业。

具体而言，首先，本书设立新的年份变量（$Year\_new$），将2005年及以前的年份均设为2005，这是因为2005年以前年份对外直接投资的企业数量较小。其次，本书将$OFDI\_d$作为被解释变量，将企业年龄对数、企业年龄对数平方、企业规模、企业杠杆率、企业利润率、所有制性质以及出口与否的虚拟变量作为解释变量，采取Logit模型按照新设立的年份变量逐年进行估计。再次，本书将每一年倾向性得分处于99%分位数以下的样本予以剔除，所剔除样本的倾向性得分均在10%以下，其中2010年前样本的倾向性得分均在5%以下，2005年及以前年份中样本的倾向性得分则在1%以下。这些企业对外直接投资的可能性比较低，银行业竞争程度的变化可能并不会对这些企业对外直接投资行为产生影响。最后，本书采取1对1匹配，校对半径设为百分之一，保留匹配上的样本，最终分析的样本即为匹配上的企业与每一年倾向性得分匹配大于等于99%分位数的企业，样本总量为44417个，样本分布于254个城市，其中$OFDI\_d$为1的样本（企业—年份层面）为9549个。相对而言，该样本中的企业均有对外发展的需求，有较大可能进行对外直接投资。

采取倾向性得分匹配的方法除可以应对样本选择问题之外，同时也可以用来应对大样本中聚类标准误的问题。由于本书被解释变量为企业层面变量，关键解释变量为城市层面变量，如果不对聚类问题进行处理，那么标准误会被低估，从而导致估计系数显著。存在聚类情况，标准差会扩大数倍，扩大倍数与聚类层面误差项相关性、聚类层面解释变量相关性以及聚类层面样本数量正相关。如果聚类层面误差相关性越高、聚类层面解释变量相关性越高、聚类层面样本数量越大，那么标准差扩大的倍数就越大（Cameron and Miller，2015）。本书分析是聚类到城市层面，整体样本量近400万，因此聚类层面样本数据量平均而言超过1万个，这会显著扩大关键估计系数的标准差。采取倾向性得分匹配的方法还可以降低聚类层面的样本量。表7-4报

第七章 对外直接投资的驱动因素分析：基于银行业竞争的视角

表7-4 银行业竞争对企业对外直接投资的影响：进一步分析

被解释变量：$OFDI\_d$

	OLS (1)	FE (2)	FE (3)	FE (2008年之前样本) (4)	FE (2008年之前样本) (5)	FE (剔除TOP15%企业) (6)	FE (剔除TOP15%企业) (7)
$Loghhi$	-0.254*** (0.047)	-0.028** (0.012)	-0.028** (0.011)	-0.033*** (0.010)	-0.032*** (0.010)	-0.027* (0.016)	-0.028* (0.014)
$Logage$			-0.027 (0.019)		-0.024 (0.020)		-0.043 (0.031)
$Logage\_sq$			0.005 (0.004)		0.004 (0.004)		0.008 (0.007)
$Logemployee$			-0.048*** (0.006)		-0.020*** (0.007)		-0.059*** (0.007)
$Sxecontrol$			0.010* (0.005)		-0.004 (0.006)		0.011 (0.007)
$Leverage$			0.078 (0.330)		0.008 (0.493)		-0.009 (0.450)
$Profit$			-7.541*** (2.178)		-7.976 (5.614)		-7.954*** (2.318)

续表

被解释变量：$OFDI\_d$

	OLS (1)	FE (2)	FE (3)	FE (2008年之前样本) (4)	FE (2008年之前样本) (5)	FE (剔除TOP15%企业) (6)	FE (剔除TOP15%企业) (7)
$Export$	0.044 (0.037)		-0.161*** (0.021)		-0.129*** (0.036)		-0.124*** (0.019)
$Gdpper\_gr$		0.003 (0.007)	0.002 (0.006)	-0.002 (0.006)	-0.003 (0.006)	0.003 (0.009)	0.001 (0.008)
年份 FE	No	Yes	Yes	Yes	Yes	Yes	Yes
企业 FE	No	Yes	Yes	Yes	Yes	Yes	Yes
样本量	44417	44417	44417	22594	22594	34301	34301
R^2	0.069	0.001	0.050	0.003	0.022	0.001	0.048

注：*、**、*** 分别表示10%、5%和1%显著性水平，括号内为标准误，聚类在城市层面。

第七章 对外直接投资的驱动因素分析：基于银行业竞争的视角

告了估计结果。从处理后的样本数量来看，企业样本数量从之前近400万个下降到4万多个。所有列均为倾向性得分匹配后的样本，列（1）为 OLS 估计，考察了 Loghhi 与 OFDI_d 的相关性，二者呈现明显负相关。列（2）至列（7）为固定效应模型估计，列（2）和列（3）为全样本，列（4）和列（5）为次贷危机爆发前的样本，列（6）和列（7）为按城市—年份维度剔除企业规模排名前15%的样本。所有标准误均聚类在城市层面。在所有模型设定中，关键解释变量 Loghhi 的估计系数均显著为负，与前文分析结论一致，银行业竞争能够起到助力企业"走出去"的作用。

需要注意的是，地区的银行业竞争并不一定会导致本地区企业"走出去"，可能存在本地区企业从其他地区银行贷款的情况。但由于信贷市场分割情况的存在，本地区企业与本地区金融机构联系更为紧密。根据 Aghion 等（2006）的研究，资本地区间的流动因为信息不对称受到一定的阻碍。信息不对称是经济中的一种常态，这使得当地资本（Local Capital）对经济发展更为重要，因为当地资本的持有者对当地企业、经济更为了解、更为熟悉，由此缓解了信息不对称导致的逆向选择和道德风险问题。事实上，信贷市场规模分割不仅出现在中国，而且也出现在发达国家，比如美国，Chava 等（2013）、Cornaggia 等（2015）均基于信贷市场分割的前提条件研究了美国各州银行业管制放松对企业创新的影响。Chong 等（2013）、蔡竞和董艳（2016）、蔡卫星（2019）等也都基于信贷市场分割的前提研究了中国银行业管制放松对企业诸多行为的影响。此外，信贷市场分割还存在于中国城乡（中国人民银行赣州市中心支行课题组，2006）。此外，如果放松本书的前提，即市场分割假设，假定存在企业从其他地区获得贷款的情况，那么由于信息不对称问题的存在，这类企业往往会是规模较大的、较为知名的企业。因此，本书按照城市—年份两个维度剔除掉每个城市在每一年企业规模位于85%分位数以上的企业样本，利用新的样本重新检验，从表7-4列（6）和列（7）报告的回归结果来看，Loghhi 的估计系数显著为负，银行业竞争加剧使得企业"走出去"的可能性有所提高①。

四 地区和行业层面因素的考察

以上实证分析仅仅纳入了除关键解释变量以外的一个地区层面的变量，即人均实际GDP的增速。根据已有文献，人均实际GDP增速或人均实际GDP是同时影响银行开设分支机构以及企业行为的重要因素（蔡竞和董艳，2016；张杰等，2017；蔡卫星，2019）。其他同时影响银行开设分支机构以及企业行为的因素，比如地区经营环境、开放程度等都能体现在这些变量上②。因此，本书只加入了人均实际GDP增速这一城市层面的变量。此外，更多地区层面变量纳入计量模型也会引起由于控制变量与误差项相关所产生的内生性问题。

为了进一步考察地区和行业层面因素，本书在原计量模型的基础上依次加入市场化指数、出口占比以及经济发展程度，前两个指标衡量地区经营环境以及经济开放程度。市场化指数（$Marketindex$）为省级层面的数据，来自樊纲等（2011）以及王小鲁等（2017），其中樊纲等（2011）中的市场化指数只有1997—2009年的数据，王小鲁等（2017）中的市场化指数从2008—2014年。由于两个市场化指数的基础指标存在差异，因此两个市场化指数不能够直接衔接起来使用，本书使用了与白俊红和刘宇英（2018）相似的方法，首先设立年份变量（$Dummy\_2008$），如果年份大于2008年，那么年份变量为1，否则为2；其次将该年份变量与樊纲等（2011）以及王小鲁等（2017）的市场化总指数进行交互得到变量$Marketindex\#i.Dummy\_2008$，再将$Marketindex\#i.Dummy\_2008$放入原计量模型之中③。表7-5列（1）和列（2）报告了估计结果，可以发现，当考虑市场化程度后，$Loghhi$的估计系数依然显著为负，银行业竞争有助于企业"走出去"的结论依然成立。

---

① 剔除掉90%分位数以上的企业样本，重新回归的结果依然支持银行业"松绑"有助于企业"走出去"的结论。

② Chong等（2013）在研究城市银行业竞争时还使用了省级层面固定效应来控制省级层面因素的影响。

③ 白俊红和刘宇英（2018）采取了Marketindex和Dummy_2008的交互项。

第七章　对外直接投资的驱动因素分析：基于银行业竞争的视角

表7-5　银行业竞争与企业对外直接投资：地区和行业层面因素的考察（一）

被解释变量：OFDI_d

	市场化指数		出口占比		经济发展水平		
	(1)	(2)	(3)	(4)	(5)	(6)	(7)
$Loghhi$	-0.028**	-0.028**	-0.027**	-0.027**	-0.028**	-0.027**	-0.027**
	(0.012)	(0.011)	(0.012)	(0.011)	(0.011)	(0.012)	(0.011)
$Loguge$		-0.028		-0.028	-0.027		-0.030
		(0.019)		(0.020)	(0.019)		(0.020)
$Loguge\_sq$		0.005		0.005	0.005		0.005
		(0.004)		(0.004)	(0.004)		(0.004)
$Logemployee$		-0.049***		-0.049***	-0.048***		-0.049***
		(0.006)		(0.006)	(0.006)		(0.006)
$Soecontrol$		0.010*		0.011*	0.010*		0.010*
		(0.005)		(0.005)	(0.005)		(0.006)
$Leverage$		0.088		0.072	0.074		0.086
		(0.339)		(0.326)	(0.331)		(0.337)
$Profit$		-7.541***		-7.530***	-7.539***		-7.530***
		(2.178)		(2.162)	(2.177)		(2.161)

147

续表

被解释变量：$OFDI\_d$

	市场化指数		出口占比		经济发展水平		
	(1)	(2)	(3)	(4)	(5)	(6)	(7)
Export		−0.161***		−0.160***	−0.161***		−0.161***
		(0.021)		(0.021)	(0.021)		(0.021)
Gdpper_gr	0.003	0.002	0.002	0.001	−0.005	−0.004	−0.002
	(0.007)	(0.006)	(0.008)	(0.007)	(0.009)	(0.010)	(0.009)
Exportgdp			0.026*	0.029**		0.025	0.030**
			(0.014)	(0.012)		(0.015)	(0.013)
Loggdpper				0.008**	0.006	0.006	0.003
				(0.004)	(0.004)	(0.005)	(0.004)
Marketindex× i.Dummy2008	Yes	Yes	No	No	No	Yes	Yes
年份固定效应	Yes	Yes	Yes	Yes	Yes	Yes	Yes
企业固定效应	Yes	Yes	Yes	Yes	Yes	Yes	Yes
样本量	44417	44417	44417	44417	44417	44417	44417
R²	0.001	0.050	0.002	0.051	0.050	0.002	0.051

注：*，**，*** 分别表示10%，5%和1%显著性水平，括号内为标准误，聚类在城市层面。

第七章 对外直接投资的驱动因素分析：基于银行业竞争的视角

出口占比为出口占 GDP 比重（*Exportgdp*），本书参照陈斌开等（2015）的处理，利用中国工业企业数据库中的企业层面在城市层面加总后的变量作为该城市的控制变量，具体而言，本书将城市层面的中国工业企业出口交货值占该城市 GDP 的比重定义为出口占比。表 7-5 中列（3）和列（4）报告了估计结果，同样地，在考虑了经济开放程度之后，*Loghhi* 的估计系数依然显著为负，银行业竞争有助于企业"走出去"的结论依然成立。经济发展水平用人均实际 GDP 的对数（*Loggdpper*）来衡量，表 7-5 中列（5）和列（6）报告了估计结果，在考虑经济发展水平之后，*Loghhi* 的估计系数依然显著为负。表 7-5 中列（7）和列（8）同时加入了市场化指数、出口占比以及经济发展程度，即同时考虑了市场化程度、经济开放度以及经济发展水平之后，*Loghhi* 的估计系数显著为负，银行业竞争有助于企业"走出去"的结论依然成立。

表 7-6　银行业竞争与企业对外直接投资：地区和行业层面因素的考察（二）

	被解释变量：*OFDI_d*				
	市场化指数	出口占比	经济发展程度	全样本	剔除直辖市
	（1）	（2）	（3）	（4）	（5）
Loghhi	-0.026**	-0.028**	-0.026**	-0.026**	-0.025**
	(0.011)	(0.011)	(0.011)	(0.011)	(0.012)
Logage	-0.027	-0.026	-0.025	-0.028	0.033*
	(0.018)	(0.018)	(0.018)	(0.018)	(0.019)
Logage_sq	0.005	0.005	0.005	0.005	0.007*
	(0.004)	(0.004)	(0.004)	(0.004)	(0.004)
Logemployee	-0.049***	-0.049***	-0.049***	-0.049***	-0.048***
	(0.006)	(0.006)	(0.006)	(0.006)	(0.006)
Soecontrol	0.012**	0.012**	0.012**	0.012**	0.010*
	(0.006)	(0.006)	(0.006)	(0.006)	(0.006)
Leverage	0.082	0.064	0.062	0.084	0.134
	(0.256)	(0.246)	(0.247)	(0.256)	(0.281)

续表

	被解释变量：$OFDI\_d$				
	市场化指数	出口占比	经济发展程度	全样本	剔除直辖市
	（1）	（2）	（3）	（4）	（5）
$Profit$	-7.037***	-7.038***	-7.035***	-7.039***	-6.358***
	(2.186)	(2.188)	(2.189)	(2.182)	(2.409)
$Export$	-0.157***	-0.161***	-0.157***	-0.157***	-0.149***
	(0.021)	(0.021)	(0.021)	(0.021)	(0.021)
$Gdpper\_gr$	0.003	0.003	0.002	0.002	0.002
	(0.007)	(0.007)	(0.009)	(0.009)	(0.009)
$Exportgdp$		0.011		0.014	0.015
		(0.011)		(0.013)	(0.013)
$Loggdpper$			0.001	0.001	-0.001
			(0.004)	(0.005)	(0.004)
$Marketindex \times i.Dummy2008$	Yes	No	No	Yes	Yes
年份固定效应	Yes	Yes	Yes	Yes	Yes
企业固定效应	Yes	Yes	Yes	Yes	Yes
行业×年份固定效应	Yes	Yes	Yes	Yes	Yes
样本量	44417	44417	44417	44417	40291
R^2	0.049	0.049	0.049	0.049	0.045

注：*、**、***分别表示10%、5%和1%显著性水平，括号内为标准误，聚类在城市层面。

本书在分析银行业竞争对企业对外直接投资影响时，控制了企业层面的固定效应，也就控制了行业间不随时间变化的差异。但是，本书并未控制行业层面随时间变化的因素，为了进一步考察行业层面因素的影响，本书在原计量模型中加入了二位码行业固定效应与年份固定效应的交互项。表7-6报告了估计结果，其中列（1）至列（3）依次加入了市场化指数、出口占比以及经济发展水平，列（4）同时加入了市场化指数、出口占比以及经济发展水平，$Loghhi$的估计系数显著为负。此外，直辖市由于经济规模较一般城市更大，地位更特殊，并且主要的金融中心和大型国企央企集中在北京、上海，这里面可能存在除经济面以外的因素同时影响银行开设分支机构以及企业对外直接投资，由此导致估计结果不一致。为此，本书将北京、上海、天津和重庆四个直辖市的样本排除在分析样本之外，并同时加入市场化指数、出口占比以及经济发展水平，控制随时间变化的行业层面因素，重新对模型进行估计，表7-6列（6）报告了估计结果，$Loghhi$的估计系数显著为负，银行业竞争有助于企业"走出去"的结论依然成立。值得注意的是，当控制了以上城市层面、行业层面因素之后，前文所得结论依然成立，并且$Loghhi$的估计系数（0.025—0.028）与表7-4中列（2）和列（3）中$Loghhi$的估计系数（0.028）并没有明显差异。因此，后文分析并未将以上城市层面、行业层面因素纳入分析。

第四节 扩展性分析

一 影响机制的分析

前面的分析表明，银行业竞争有助于企业对外直接投资，其中的影响机制是否是融资约束的缓解呢？"市场势力假说"和"信息假说"中，占据主导作用的是哪一个呢？本书在此进一步分析银行业竞争对企业对外直接投资的影响机制。本书对影响机制的分析借鉴了Dell（2010），将机制的代理变量作为被解释变量来回归，从理论上建立银行业竞争、融资约束以及企业"走出去"之间的关联，同时也借鉴了潘越等（2019），将所关注的解释变量（$Loghhi$）与影响机制变量的交互项作为关键解释变量。本书先将模型设定为式（7-3）。其中，下标i表示企业，c表示城市，t表示年份，被解释变量为FC_1或者FC_2，关键解释变量为$Loghhi$，X为一系列控制变量，包括企业年龄对数、企业年龄对数平方、企业规模、所有制性质、杠杆率、利润率以及出口与否的虚拟变量。$Gdpper\_gr$为城市人均实际GDP增速，γ_i为企业固定效应，γ_t为年份固定效应，ε_{ict}为误差项。c为待估系数，θ_1 为待估系数向量，本书所关注的估计系数为 c_1。如果该估计系数显著大于 0，则说明银行业竞争能够有效降低企业融资成本；如果该估计系数显著小于 0，则说明银行业竞争提升了企业融资成本。

$$FC_{1,it}/FC_{2,it}=c_0+c_1\times Loghhi_{ct-1}+c_2\times Gdpper\_gr_{ct-1}+X'_{it}\vartheta_1+\gamma_i+\gamma_t+\varepsilon_{ict}$$

(7-3)

表 7-7 报告了式（7-3）的回归结果，标准差聚类在城市层面。列（1）和列（2）的被解释变量为 FC_1，列（3）和列（4）的被解释变量为 FC_2。列（1）和列（3）未包括企业层面的控制变量，列（2）和列（4）加入了前文中企业层面的控制变量。关键解释变量取滞后一期以避免由于互为因果关系引起的内生性问题。关键解释变量在所有模型设定中均显著为正，由于 $Loghhi$ 越大，银行业垄断程度越大，$Loghhi$ 越小，银行业竞争程度越大，即"松绑"程度越大，该估计结果表明银行业"松绑"引起了企业融资成本的下降。根据列（2）和列（4）的估计结果，如果银行业 Herfindahl-Hirschman 指数下降 10%（银行业竞争程度提高 10%），那么企业利息支出占总负债比例会下降 0.04 个百分点，企业财务费用占总负债比例会下降 0.09 个百分点。

表 7-7　　银行业竞争对企业对外直接投资的影响机制

	被解释变量：FC_1		被解释变量：FC_2	
	(1)	(2)	(3)	(4)
$Loghhi$	0.003**	0.004***	0.009**	0.009**
	(0.002)	(0.002)	(0.004)	(0.004)
$Logage$		0.007**		0.010**
		(0.003)		(0.005)
$Logage\_sq$		-0.001***		-0.002**
		(0.001)		(0.001)
$Logemployee$		-1.25e-4		-0.002
		(0.001)		(0.002)

续表

	被解释变量：FC_1		被解释变量：FC_2	
	（1）	（2）	（3）	（4）
Soecontrol		3.43e-4		3.92e-4
		(0.001)		(0.002)
Leverage		-0.759		-2.198
		(0.586)		(1.427)
Profit		-1.098***		-1.608**
		(0.414)		(0.684)
Export		-0.001		-0.004
		(0.003)		(0.004)
Gdpper_gr	-0.004**	-0.004**	2.82e-4	3.07e-4
	(0.002)	(0.002)	(0.003)	(0.004)
年份固定效应	Yes	Yes	Yes	Yes
企业固定效应	Yes	Yes	Yes	Yes
样本量	44417	44417	44417	44417
R^2	0.001	0.005	0.001	0.008

注：*、**、***分别表示10%、5%和1%显著性水平，括号内为标准误，聚类在城市层面。

为了进一步验证影响机制，本书加入了衡量企业融资成本的变量与 Loghhi 的交互项，分析交互项的估计系数。如果"市场势力假说"中缓解融资约束效应占据主导，那么应该看到交互项的估计系数应显著为负，即融资成本较高的企业受到银行业竞争的影响会更大。对于"走出去"的企业，本书取这类企业在对外直接投资之前的融资成本的均值，对于未进行对外直接投资企业，本书取样本期间融资成本的均值，设立变量 FCM_1 和 FCM_2，前者为利息支出占总债务比例的均值，后者为财务费用占总债务的均值。关键解释变量为这两个变量与 Loghhi 的交互项。模型设定如式（7-4）所示。其中，下标 i 表示企业，c 表示城市，t 表示年份，下标 n 等于1或者2，被解释变量为 $OFDI\_d$，关键解释变量为 Loghhi 与 FCM 的交互项，X 为一系列控制变量，包括企业年龄对数、企业年龄对数平方、企业规模、所有制性质、杠杆率、利润率以及出口与否的虚拟变量。$Gdpper\_gr$ 为城市人均实际 GDP 增速，γ_i 为企业固定效应，γ_t 为年份固定效应，ε_{ict} 为误差项。d 为待估系数，θ_2 为待估系数向量，本书所关注的估计系数为 d_1。如果该估计系数显著小于 0，则说明对于融资成本更大的企业，银行业竞争对企业"走出去"的促进作用更大。

$$OFDI\_d_{it} = d_0 + d_1 \times Loghhi_{ct-1} \times FCM_{n,i} + d_2 \times Loghhi_{ct-1} + d_3 \times Gdppe$$
$$r\_gr_{ct-1} + X'_{it}\vartheta_2 + \gamma_i + \gamma_t + \varepsilon_{ict} \quad (7-4)$$

表 7-8 银行业竞争对企业对外直接投资的影响机制：进一步考察

	被解释变量：$OFDI\_d$			
	（1）	（2）	（3）	（4）
$Loghhi \times FCM_1$	-2.490**	-2.119**		
	(1.025)	(0.946)		
$Loghhi \times FCM_2$			-1.801**	-1.545*
			(0.864)	(0.797)
$Loghhi$	0.030	0.020	0.019	0.011
	(0.023)	(0.021)	(0.022)	(0.020)
$Logage$		-0.018		-0.019
		(0.020)		(0.020)
$Logage\_sq$		0.004		0.004
		(0.004)		(0.004)
$Logemployee$		-0.059***		-0.059***
		(0.007)		(0.007)
$Soecontrol$		0.012**		0.011**
		(0.006)		(0.006)
$Leverage$		0.036		0.047
		(0.301)		(0.313)
$Profit$		-12.622***		-12.612***
		(3.445)		(3.452)
$Export$		-0.344***		-0.345***
		(0.035)		(0.035)

续表

	被解释变量：OFDI_d			
	（1）	（2）	（3）	（4）
$Gdpper\_gr$	0.004	0.004	0.004	0.004
	（0.008）	（0.007）	（0.008）	（0.007）
年份固定效应	Yes	Yes	Yes	Yes
企业固定效应	Yes	Yes	Yes	Yes
样本量	44417	44417	44417	44417
R^2	0.004	0.086	0.003	0.086

注：*、**、*** 分别表示 10%、5% 和 1% 显著性水平，括号内为标准误，聚类在城市层面。

表 7-8 报告了估计结果。列（1）至列（4）中被解释变量为 OFDI_d，列（1）和列（2）中关键解释变量为 $Loghhi$ 与 FCM_1 的交互项，列（3）和列（4）中关键解释变量为 $Loghhi$ 与 FCM_2 的交互项。所有模型设定中，关键解释变量的估计系数均显著为负，这表明银行业竞争对融资约束程度更高的企业的影响更大，这进一步验证了融资约束得到缓解的影响渠道，支持了"市场势力假说"。

二 工具变量估计结果的分析

前文的实证分析中并没有对内生性问题进行过多的探讨，这有四点原因。第一，本书的关键解释变量均为宏观层面的变量，这些宏观层面变量的驱动受制于相关政策的颁布出台，本书的被解释变量为企业层面的变量，微观层面难以对宏观政策产生冲击，微观层面变量对宏观层面单向影响被隔离开来，这就避免了互为因果关系引起内生性问题。第二，本书的关键解释变量均滞后一期，这也能够避免同期变量相互影响引起的内生性问题。第三，本书对估计结果的解释均基于固定效应模型，固定效应模型可以控制住企业层面不随时间变化的因素，能够避免由于这些因素导致的内生性问题。第四，本书还在模型中加入了城市层面的人均实际 GDP 增速来控制影响银行开设分支机构的需求面因素。事实上，Chong 等（2013）研究此类问题时，也是采取滞后期变量和固定效应模型来展开估计。

表7-9 银行业竞争对企业对外直接投资的影响：工具变量的估计结果

	\multicolumn{5}{c	}{被解释变量：$OFDI\_d$}
	Second	First	Second	First	Second
	(1)	(2)	(3)	(4)	(5)
$Loghhi$	-0.059*		-0.065**		-0.121**
	(0.033)		(0.032)		(0.050)
$Loghhi\_iv$		0.399***		0.399***	
		(0.090)		(0.090)	
$Logage$			-0.028	-0.024	-0.044**
			(0.017)	(0.038)	(0.022)
$Logage\_sq$			0.005	0.006	0.009**
			(0.004)	(0.007)	(0.005)
$Logemployee$			-0.046***	3.74e-5	-0.046***
			(0.005)	(0.004)	(0.006)
$Soecontrol$			0.010**	0.010	0.022***
			(0.006)	(0.013)	(0.007)
$Leverage$			-0.053	0.048	-0.096
			(0.281)	(0.368)	(0.217)
$Profit$			-7.397***	2.119**	-8.949***
			(1.977)	(1.638)	(1.669)
$Export$			-0.164***	0.001	-0.136***
			(0.019)	(0.010)	(0.019)
$Gdpper\_gr$	0.003	0.001	0.002	0.001	0.007
	(0.007)	(0.022)	(0.006)	(0.022)	(0.010)
年份固定效应	Yes	Yes	Yes	Yes	Yes
企业固定效应	Yes	Yes	Yes	Yes	Yes
F Test		186.34		19.84	11.84
Hansan J (p value)					0.892
样本量	44417	44417	44417	44417	35021
R^2	0.044		0.089		0.070

注：*、**、***分别表示10%、5%和1%显著性水平，括号内为标准误，聚类在城市层面。

第七章 对外直接投资的驱动因素分析：基于银行业竞争的视角

这里可能还存在一些不可观测因素同时影响企业对外直接投资决策以及银行分支机构设立的决策。为了进一步对内生性问题进行探讨，本书将采取工具变量的方法。在银行业竞争这一领域的研究中，其他地区银行业竞争程度往往被用作一个地区银行业竞争程度的工具变量。这一工具变量的逻辑在于以下两点：第一，中国各个城市的信贷市场具有分割的特征，当地银行往往与当地企业形成信贷关系，其他地区银行业竞争程度变化不会直接影响当地企业进行对外直接投资的决策，即工具变量排他性条件满足。第二，银行在分支机构选址的决策，会考虑到相邻地区或经济特征相似地区银行业竞争程度，比如，如果一个地区银行业竞争程度较高，那么银行可能会处于追求高利润的动机选取周边竞争程度相对较低的地区作为分支机构的开设地址，即工具变量的相关性条件满足。Chong 等（2013）、蔡竞和董艳（2016）、张杰等（2017）均采取了该工具变量来分析中国银行业竞争的经济效应。本书也参照这些文献的做法，将某一城市所在省份的其他城市银行业竞争程度指标的均值作为该城市银行业竞争程度指标的工具变量，对于北京、上海、天津和重庆四个直辖市而言，其银行业竞争程度指标的工具变量为除去该直辖市后其他三个直辖市银行业竞争程度指标的均值。表7-9报告了工具变量的估计结果，其中列（1）和列（3）为工具变量第二阶段（Second）的估计结果，列（2）和列（4）为工具变量第一阶段（First）的估计结果。列（1）未包括企业层面的控制变量，列（3）包括企业层面的控制变量。从第一阶段估计结果来看，工具变量与银行业竞争程度指标显著正相关，估计系数均在1%显著性水平下显著，列（2）中F值为186.34，在1%水平拒绝弱工具变量的原假设，Anderson-Rubin Wald 检验为123.48，同样在1%水平拒绝弱工具变量的原假设。列（4）中F值为19.84，在1%水平拒绝弱工具变量的原假设，Anderson-Rubin Wald 检验为4.05，在5%水平拒绝弱工具变量的原假设。这说明工具变量与银行业竞争程度指标高度相关，相关性条件成立，不存在弱工具变量的问题。

表 7-10　　　　　　　工具变量估计结果的进一步考察

被解释变量	FC_1	FC_2	$OFDI\_d$		
	(1)	(2)	(3)	(4)	(5)
$Loghhi \times FCM_1$				-1.209**	
				(0.603)	
$Loghhi \times FCM_2$					-0.866*
					(0.520)
$Loghhi$	0.006*	0.015*	-0.057*	0.007	-0.003
	(0.004)	(0.008)	(0.030)	(0.024)	(0.024)
$Logage$	0.007***	0.010**	-0.036**	-0.002	-0.003
	(0.003)	(0.004)	(0.019)	(0.014)	(0.014)
$Logage\_sq$	-0.001***	-0.002**	0.006	$-2.24e-4$	$-1.72e-4$
	$(4.67e-4)$	(0.001)	(0.004)	(0.003)	(0.003)
$Gdpper\_gr$	-0.004**	$3.43e-4$	0.003	-0.010*	-0.010*
	(0.002)	(0.003)	(0.007)	(0.005)	(0.005)
年份固定效应	是	是	是	是	是
企业固定效应	是	是	是	是	是
样本量	44417	44417	44417	44417	44417
R^2	0.013	0.007	0.045	0.009	0.009

注：*、**、***分别表示10%、5%和1%显著性水平，括号内为标准误，聚类在城市层面。

从第二阶段的估计结果来看，关键解释变量的估计系数均显著为负，银行业竞争程度加剧能够提高企业"走出去"的可能性，银行业竞争的"市场势力假说"依然成立，并且估计系数都较固定效应模型的小。根据列（3）的估计结果，如果 Herfindahl-Hirschman 指数下降10%（银行业竞争程度提高10%），那么企业进行对外直接投资的可能性将会提高 0.65 个百分点；如果 $Loghhi$ 下降一个标准差（0.185），那么企业对外直接投资的可能性将会提高 1.20 个百分点。

工具变量的相关性条件可以通过第一阶段回归来检验，但是，其他城市的银行业竞争程度是否还通过其他渠道影响一个城市企业对外直接投资决策是本书的一个难点，即工具变量排他性条件是否满足依

第七章 对外直接投资的驱动因素分析：基于银行业竞争的视角

然难以被检验。有鉴于此，本书放松了工具变量严格外生性的假设，在似外生性（Plausibly Exogenous）的条件下采取 Conley 等（2012）的方法重新进行分析。Conley 等（2012）方法的关键在于获取工具变量在第二阶段回归方程中估计参数的先验分布，本书采取 Kippersluis 和 Rietveld（2018）建议的方法，从一个子样本中获取工具变量在第二阶段回归方程中估计参数，这个子样本需要满足工具变量对处置变量没有影响这一条件。本书考察的是 *Loghhi* 在5%分位数以下的样本，如果一个城市银行业竞争程度较高，那么该城市银行业竞争程度在银行业"松绑"政策后变化会较小；相反，如果一个城市银行业竞争程度较低，那么该城市银行业竞争程度的变化会较高[①]。*Loghhi* 在5%分位数以下，*Loghhi* 变化的均值为-0.014；相反，*Loghhi* 在5%分位数到75%分位数之间，*Loghhi* 变化的均值为-0.034。因此，在这个子样本中，*Loghhi* 的变化较小，那么工具变量对 *Loghhi* 的影响会较小。工具变量在第二阶段回归方程中估计系数为-0.032，并不显著，本书将-0.032作为 Conley 等（2012）方法中关键参数的下限，0作为上限，得到 *Loghhi* 估计系数95%的置信区间是 [-0.601，-0.135]。这也进一步验证了工具变量估计结果的有效性。

本书还使用蔡卫星（2019）提出的工具变量来进行分析。蔡卫星（2019）将一个地区 IPO 募集资金与银行贷款余额之比作为银行业竞争程度的工具变量。该工具变量的构建思想来自 Jayaraman 和 Kothari（2016），跨境融资便利性的提高会加剧境内银行业竞争程度，同样的逻辑，地区层面其他筹资渠道的拓宽也还会对银行业竞争产生影响，但对企业层面的对外直接投资决策可能没影响，因此，工具变量的相关性和排他性条件满足。本书在此也将地区层面 IPO 募集资金与银行贷款余额之比（*Ipo_loan*）作为该地区银行业竞争程度的工具变量，其中 IPO 募集资金数据来自巨潮资讯，银行贷款余额数据来自《中国城市统计年鉴》，由于《中国城市统计年鉴》只提供了2004年之后的

[①] Nunn 和 Wantchekon（2011）、Cokon（2011）以及 Coşar 和 Demir（2016）采取了相似的估计策略。

银行贷款余额数据,此处分析样本也限制在2004年之后。表7-9列(5)报告了第二阶段的估计结果,其中F值为第一阶段的F值,该F值超过10,可以排除弱工具变量的情况,Hansan J也表明不存在过度识别问题。列(5)中 $Loghhi$ 的估计系数显著为负,在5%显著性水平下显著,这也进一步支持了前文分析的结论。

考虑到企业层面的控制变量也可能引起内生性问题,本书在此将除企业年龄对数、企业年龄对数平方以外的其他企业层面控制变量排除在计量模型以外,重新利用工具变量的方法分析银行业竞争对企业"走出去"的影响以及其影响机制。FCM_1 与 $Loghhi$ 的交互项的工具变量为 FCM_1 与 $Loghhi\_iv$ 的交互项,FCM_2 与 $Loghhi$ 的交互项的工具变量为 FCM_2 与 $Loghhi\_iv$ 的交互项。表7-10报告了工具变量第二阶段的估计结果,列(1)的被解释变量为 FC_1,列(2)的被解释变量为 FC_2,列(3)至列(5)的被解释变量为 $OFDI\_d$。列(1)至列(3)的关键解释变量为 $Loghhi$,列(4)和列(5)的关键解释变量分别为 $Loghhi$ 和 FCM_1 的交互项以及 $Loghhi$ 和 FCM_2 的交互项。从列(3)中 $Loghhi$ 估计结果显著为负,并且与表7-7列(1)和列(3)中 $Loghhi$ 估计系数差别不大,银行业竞争能够有效促进企业"走出去",如果银行业Herfindahl-Hirschman指数下降10%,即银行业竞争程度提高10%,那么企业"走出去"的可能性将会提高0.57个百分点。如果 $Loghhi$ 下降一个标准差(0.185),那么企业对外直接投资的可能性将会提高1.05个百分点。列(1)和列(2)中 $Loghhi$ 估计系数显著为正,这表明银行业竞争会带来企业融资成本的下降,企业融资约束得到缓解,"市场势力假说"的缓解融资约束效应占据主导。如果银行业Herfindahl-Hirschman指数下降10%,那么以利息支出占总负债比重来衡量的企业融资成本将会下降0.06个百分点,以财务费用占总负债比重来衡量的企业融资成本将会下降0.15个百分点。如果 $Loghhi$ 下降一个标准差(0.185),那么以利息支出占总负债比重衡量的企业融资成本将会下降0.11个百分点,相较于利息支出占总负债比重的均值(0.021)而言,下降幅度为5.24%;以财务费用占总负债比重来衡量的企业融资成本将下降0.28个百分点,相较于

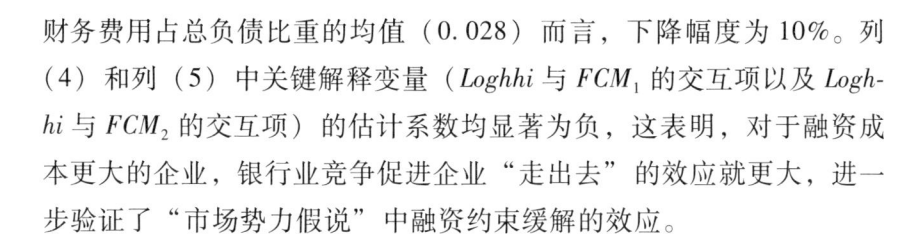

财务费用占总负债比重的均值（0.028）而言，下降幅度为10%。列（4）和列（5）中关键解释变量（$Loghhi$ 与 FCM_1 的交互项以及 $Loghhi$ 与 FCM_2 的交互项）的估计系数均显著为负，这表明，对于融资成本更大的企业，银行业竞争促进企业"走出去"的效应就更大，进一步验证了"市场势力假说"中融资约束缓解的效应。

第五节 主要结论

中国目前面临着潜在经济增速下滑的问题，实际 GDP 增速从 2015 年开始已经连续多年低于 7%，在人口老龄化带来的要素资源绝对数量下降以及资源环境约束不断加强的背景下，要素驱动型的经济增长模式亟待转型。党的十九大报告提出"推动形成全面开放新格局"，全面开放新格局离不开企业"走出去"，"一带一路"倡议更是为企业"走出去"勾勒出了蓝图。伴随着"走出去"战略的逐步实施，对外直接投资已经成为推动中国企业走向海外市场，提高中国对外开放水平的重要战略。如何正确支持和鼓励中国企业"走出去"？这不仅是经济学领域的前沿问题，更是以中国为代表的发展中国家所面临的重大改革问题。在诸多举措中，最为引发关注的是近年来中国以银行业为主体的金融体系改革究竟能否支持企业"走出去"。本书根据中小商业银行跨区域发展以及异地设立分支机构的政策冲击实证研究了这种银行业"松绑"引致的银行业竞争对企业"走出去"的影响，并检验了银行业竞争的"市场势力假说"和"信息假说"。本书发现，首先，银行业竞争能够有效地促进企业"走出去"；其次，银行业竞争能够有效降低企业融资成本，并且银行业竞争对企业"走出去"的促进效应对融资约束更为严重的企业更为显著，这表明"市场势力假说"中缓解融资约束的效应占据主导，由此也支持了中国情境下"市场势力假说"的成立。

此外，最优金融结构理论提出，随着经济发展水平的提高，更多产业处于技术前沿，直接融资对经济发展的促进作用越发突出。本书还表明，在中国当前经济发展阶段，鼓励资本市场发展促进研发创新的同时，中国还需要鼓励中小银行的发展。银行信贷作为企业外部融资的重要来源在满足企业融资需求方面发挥了重要作用，通过降低区域准入门槛提升区域银行业竞争力，发挥缓解融资约束效应的主导作用，这将更有助于促进"走出去"战略的实施，使中国能够更加充分的利用国际市场、国际资源促进国内产业结构调整，也能够更好地推动"一带一路"建设，加快培育国际经济合作，并形成竞争新优势。

第八章

银行业竞争与产品提质升级

第一节 研究设计

一 研究情境说明

前文的分析发现：第一，对外直接投资能够产生提质升级效应；第二，银行业竞争程度加大能够通过缓解融资约束的方式促进对外直接投资。本部分将考察银行业竞争对产品质量的影响。金融是国民经济的命脉，资金的顺畅流通是资源配置效率提升的关键，也是宏观经济健康运行不可缺失的条件。金融体系有两种资金融通方式，它们分别是通过金融市场直接融通资金以及通过金融中介间接融通资金，前者为直接融资，后者为间接融资。中国银行业在金融体系中扮演着举足轻重的角色，银行业的发展一直是金融发展的重要部分。大量研究表明，银行业的发展对经济发展具有重要影响（Beck and Levine, 2004; Beck et al., 2004; Beck et al., 2005; Leon, 2015; Akins et al., 2016）。

中国目前面临着潜在经济增速下滑的问题，实际 GDP 增速从 2015 年开始已经连续多年低于 7%，在人口老龄化带来的要素资源绝对数量下降以及资源环境约束不断加强的背景下，经济增长的驱动模式亟待由过去的要素驱动型向效率、创新驱动型转型。效率、创新驱动型经济增长模式离不开资源配置效率的提高。从理论上来看，金融体系中银行业的竞争将会对资源配置效率产生两方面影响（Peterson and Rajan，1995；Carbó-Valverde et al.，2006；Chong et al.，2013）。首先，银行是信息生产者，能够解决由于信息不对称问题引起的资金融通困难，竞争程度更强的情况下，银行难以内部化评估企业资信状况所得到的信息优势，从而不利于建立银行企业之间的联系，这将不利于企业融资约束的改善，导致高效率企业难以获得信贷资源。从宏观层面来看，就会出现资源配置效率较低的情况，换言之，具有垄断力的大型银行更便于建立长期稳定的银企关系，从而使得企业获取信贷更便捷，即银行业竞争对企业信贷影响的信息假说。其次，银行业竞争加剧能够缓解企业面临的融资约束，降低企业的信贷成本以及提高信贷的可获得性，资源能够流向最有效率的企业，从而改善宏观层面的资源配置效率，换言之，银行业的垄断会导致贷款数额不足和借贷利率过高等情况的发生，从而阻碍了企业的借贷行为，即银行业竞争对企业信贷影响的市场势力假说。微观层面的融资约束缓解能够使得企业加大产品创新投入，并且能够采用在过去融资条件趋紧下未能使用的高质量生产投入要素，这都将有助于提升产品质量（Khandelwal，2010；Fan et al.，2018）。因此，银行业竞争中，如果市场势力假说中降低融资约束的效应超过了信息假说中提高融资约束程度的效应，那么银行业竞争程度提高将有助于产品质量升级。本书尝试利用匹配的中国企业层面数据、高度细化的出口交易层面数据以及城市层面银行业竞争程度数据来实证分析中国银行业竞争程度提高对产品质量升级的影响。最后，银行业竞争能够促进企业对外直接投资，而企业对外直接投资又能够产生提质升级的效应。

中国银行业渐进式改革进程提供了展开银行业竞争与产品质量升级关系研究的情境和条件。进入21世纪以来，中国以国有银行为主的银行业结构出现了重大变革，中国银行业的市场化改革进入了新的阶段，这对银行业竞争格局产生了重大影响。2003年开始，中国启动了新一轮银行业改革，国有商业银行、股份制银行等面临着公开上市等股份制深入改革，城市商业银行经历着跨区域经营的扩展与市场化改革，外资银行大量进入中国，外国战略投资者被引入国内银行，外资银行与国内银行之间相互竞争，逐步形成了以国有商业银行、股份制银行为主体，政策性银行、城市/农村金融机构和外资银行为补充的多层次现代化银行体系。方芳和蔡卫星（2016）以 2003 年为截断点发现 2003 年前后银行业竞争程度出现了大幅度的变化，2003 年之前银行业竞争程度相对比较稳定，2003 年之后银行业竞争程度出现了明显的提升。银行业竞争程度变化的原因体现在以下两个方面：首先，银行治理结构得到明显改善，经营效率有了明显提升。2003 年银监会下发《境外金融机构投资入股中资金融机构管理规定》规定了入股中资银行的资格条件和持股比例，打开了境外引资大门，国有商业银行不仅采取化解不良资产、政府注资股份制深化改革，同时也大力引进战略投资者，股份制商业银行采取了补充资本金、通过财务重组、引进战略投资者改善公司治理结构。国有商业银行资产规模从 2003 年的 16 万亿元上升到 2007 年的 28 万亿元，股份制商业银行资产规模从 3 万亿元上升到 7 万亿元[①]。2007 年，中国银行、中国工商银行、中国建设银行和招商银行资本利润率分别为 19.86%、20.01%、24.43% 和 28.16%，均超过了同年汇丰控股集团的 15.86%（李志辉，2018）。

其次，银行业准入门槛发生了显著变化。城商行和外资银行允许开设分支机构的政策举措提高了地区银行业的竞争程度，跨区域经营成为城商行的发展趋势。2004 年银监会发布《城市商业银行监管与发展纲要》，明确鼓励城商行进行联合、重组、并购及跨区域发展，之后，上海银行、北京银行、徽商银行等相继跨区域开设分行。2006 年银监会发布《城市商业银行异地分支机构管理办法》（银监发〔2006〕12 号），"根据发展状况允许城市商业银行设立异地（区分为省内设立和跨省设立）分支机构"，"引导辖内城市商业银行以联合、重组为前提，在充分整合金融资源和化解金融风险的基础上，严格掌

[①] 国有商业银行包括中国工商银行、中国农业银行、中国银行、中国建设银行和交通银行；股份制商业银行包括中信银行、中国光大银行、华夏银行、广东发展银行、深圳发展银行、招商银行、上海浦东发展银行、兴业银行、中国民生银行、恒丰银行、浙商银行和渤海银行。

握标准审慎设立异地分支机构，避免盲目扩张机构"。同样是2006年，国务院及银监会分别发布《中华人民共和国外资银行管理条例》以及《中华人民共和国外资银行管理条例实施细则》。对外商独资银行、中外合资银行在中国境内设立的分行，不再规定其总行无偿拨给营运资金的最低限额。外国银行在中国境内设立营业性机构可以自主选择是否先行设立代表处。

基于这一背景，本书利用匹配的中国海关数据库、中国工业企业数据库和城市层面的银行分支机构数据，分析了城市银行业竞争程度的提升对产品质量升级的因果影响。本书发现，银行业竞争程度加强有助于降低企业融资成本，提高企业利息支出，在企业融资降低的同时，利息支出提升，这意味着企业融资规模也因此有所扩大。如果银行业竞争程度提高10%，那么融资成本会下降0.03个百分点，有效产品质量将会提升2.82%，产品价格将会提升0.48%。

本书的研究与两支文献相关。第一，银行业竞争对企业行为的影响，这一影响的主要途径是企业融资约束。金融发展，包括间接融资的发展以及直接融资的发展能够应对信息不对称导致的逆向选择和道德风险问题，使资金能够顺畅的融通，从而对经济发展产生积极影响（Greenwood和Jovanovic，1990；Levine，1997；Fung，2009；Law和Singh，2014；Samargandi等，2015；易信和刘凤良，2015）。金融自由化改革也能够对经济发展产生积极影响，减少政府对金融领域的干预，打破金融抑制格局能够改善要素资源的配置效率，提高金融服务实体经济的能力（Bussière and Fratzscher，2008；Henry and Sasson，2008；Quinn and Toyoda，2008；Kose et al.，2009；余静文，2013）。从微观层面来看，金融发展、金融自由化改革对经济发展的影响体现在其对微观主体的行为上，其中一个重要的维度便是企业融资约束。关于银行业竞争对企业融资约束的影响有信息假说和市场势力假说两个假说，如果信息假说成立，那么银行业竞争加剧会使得企业融资困难程度提高，而具有一定垄断势力的银行能够更好地内部化收集企业信息带来的收益，从而能够形成长期信贷关系，这有助于企业融资条件的改善。当竞争程度加大，由垄断势力带来的租金价值下降，削弱了银行从事关系型信贷的激励，不利于企业外部融资（Petersen and Rajan，1995）。如果市场势力假说成立，那么银行竞争加剧还会降低企业面临的融资约束程度，银行业竞争程度的提高迫使金融服务供给的数量和质量增加，有利于降低信贷成本和提高企业可获得的信贷规模（Carbó-Valverde et al.，2006；Shen et al.，2009）。中国银行业竞争程度的变化也对中国企业的诸多行为产生影响，实证分析中市场势力假说往往占据主导。马君潞等（2013）分析银行竞争对企业借款期限结构的影响，对中国上市企业数据的分析表明，在法律制度比较完备、政府干预较少的地区，银行业竞争会提高上市企业的借款期限。方芳和蔡卫星（2015）研究了银行业竞争对企业成长的影响，银行业竞争显著促进了营业收入增长率来衡量企业成长，这种促进作用在小型企业、非国有企业以及无政府补贴企业中更为显著。银行业竞争还降低了工业企业面临的融资约束，更有利于工业企业通过对外提供商业信用的形式来扩大销售。中国存在金融"所有制歧视"的现象，即不同所有制企业所面临的融资约束问题不一致（余子良和佟家栋，2016）。而银行业竞争程度的提升能够显著减轻金融所有制歧视，促进银行信贷配置效率的提高，有效改善企业的全要素生产率，并且通过信贷筛选的功能，促进经济效率的提升。唐清泉和巫岑（2015）分析了银行业竞争对企业研发支出方面的融资约束的影响。银行业竞争加剧有助于改善企业在研发支出方面面临的融资约束，并且这一效应在民营企业、高科技企业以及小型企业中表现更为突出。蔡竞和董艳（2016）研究了银行竞争对企业研发创新行为的影响。银行竞争对企业创新行为产生了积极作用，并且，股份制银行的发展更能促进企业研发创新。

第二，本书还与企业融资约束与产品质量关系的文献相关。Hall（2002）研究提出，在创新项目的研发周期中，企业必须维持资金链稳定不至于中断，否则一旦资金供应无法满足研发费用需要，项目可能会中断，企业会遭受极大损失。一般而言，企业自身资金实力难以维系高昂的研发成本，因此外部融资成为企业筹集创新研发活动费用的重要途径之一。因此大量文献研究认为融资约束会阻碍企业进行创新研发活动（Savignac，2008；解维敏和方红星，2011）。融资约束缓解引起的创新能力加强有助于提高产品质量，同时融资约束缓解使得企业能够进口更多高质量中间投入品，这也有助于产品质量升级（Zhu and Fu，2013；Bas and Strauss-Kahn，2015；Fan et al.，2015；Fan et al.，2018）。随着银行竞争程度的加大，市场势力效应发挥作用，企业能够获取更多资金，也就有激励将更多资源配置到企业创新上，从而有助于提供企业研发数量和质量（唐清泉和巫岑，2015）。

本书的学术贡献表现在以下几个方面。首先，本书建立起银行业竞争与产品质量升级之间的联系，已有关于银行业竞争的研究着重于银行业竞争对企业出口、企业成长、企业借贷期限、企业创新的影响（唐清泉和巫岑，2015；尹志超等，2015；蔡竞与董艳，2016；方芳与蔡卫星，2016；张杰等，2017）。本书是首篇讨论银行业竞争对产品质量升级影响的文章，丰富了金融发展对经济发展影响的研究文献。其次，本书通过高度细化的微观数据以及工具变量方法来识别银行业竞争对产品质量升级的因果影响，并将信贷约束这一影响机制进一步识别出来。最后，本书拓展了影响产品质量相关因素的研究，已有文献从汇率冲击、企业上游垄断、关税下降和进口竞争等视角分析了产品质量升级（许家云等，2015；王永进和施炳展，2014）。与本书相近的研究还包括张杰（2015），该研究直接分析了融资约束对企业产品质量的影响，结果发现相对于国有企业，民营企业产品质量受到融资约束的负面作用更为显著，这种现象在金融市场化进程较快的省份尤为突出。Bernini 等（2015）考察了企业杠杆率对企业产品质量的影响，结果发现相较于研发投入等长期投入，短期投入是依靠债务融资的企业的重点，因而产品质量升级缺少必要的研发投入支持，因此依赖于债务融资的企业往往产品质量更低。张杰等（2015）以及 Bernini 等（2015）均分析了企业融资条件对产品质量的影响，本书则更进一步分析了银行业竞争对产品质量的影响，并将融资条件的变化作为其中的影响机制。本书也从银行业改革的视角评估了中国金融体系改革的经济影响，为正处于经济结构转型、经济增长模式转型中的中国提出相关政策建议。

二 研究的具体方法

本书的实证分析分为三个部分。首先，本书分析银行业竞争对产品质量提升的影响。计量模型设定为以下形式：

$$y_{hijrt} = b_0 + b_1 \times Loghhi_{rt-1} + b_2 \times Age_{ijrt-1} + b_3 \times Age\_sq_{ijrt-1} + Scale_{b,ijr} \times \gamma_t + \gamma_{ht} + \gamma_{jt} + \gamma_{pt} + \varepsilon_{hijrt} \quad (8-1)$$

其中，下标 h 表示产品，i 表示企业，j 表示出口目的地，r 表示该企业所在城市，t 表示时间。y 为 $Logquality$ 或者 $Logprice$，前者为被解释变量有效产品质量，后者为出口产品价格的对数；$Loghhi$ 表示城市层面的银行竞争程度，该指标越大表示垄断程度越大，竞争程度越小；Age 为企业年龄，即调查当年减去企业开业年份，Age_sq 为企业年龄的平方；$Logpgdp$ 为经过价格调整后的城市人均 GDP（以 2000 年为基期）。$Scale_b$ 表示企业首次进入样本时期的规模，用企业从业人数的对数来表示。为了避免可能存在的内生性问题，本书仅考虑企业年龄和进入样本时的企业初始规模两个企业层面控制变量。企业年龄和企业规模是影响企业融资约束的重要变量，融资约束能够对企业创新、企业生产率以及生产要素选择等产生重要影响，这些又可能影响企业产品质量。γ_t 为年份效应，γ_{ht} 为产品效应和年份效应的交互，产品—年份效应可以控制产品随时间变化的因素，即便不考虑银行业竞争，产品质量也可能会随时间而出现改变，比如新技术、新材料出现导致产品质量出现升级。γ_{jt} 为出口目的地效应和年份效应的交互，出口目的地—年份效应可以控制出口目的地随时间变化的因素，该交互效应可以控制出口目的地对产品需求变化，比如出口目的地经济处于扩张阶段，其对进口产品需求出现上升，这可能会影响该产品的市场价格。γ_{pt} 为企业所在省份效应和年份效应的交互，企业所在省份—年份效应控制了地区随时间变化的因素，一方面，该交互效应是对产品供给层面因素的控制；另一方面，随时间变化的地区层面因素也会影响银行分支机构的开设，当一个地区经济发展较快或者受到产业政策支持的企业园区设立，该地区可能吸引更多的银行进入开设分支机构，因此，该交互效应的纳入也是出于对遗漏变量的考量。ε 为误差项。

其次，本书分析了银行业竞争对企业融资约束的影响。如前所述，银行业竞争影响产品质量升级的机制即为融资约束，那么在中国情境下，银行业竞争是否也带来了企业融资约束的缓解？本书采取以下计量模型来展开分析。

$$z_{irt} = b_0 + b_1 \times Loghhi_{rt-1} + X'_{irt-1}\delta + \gamma_t + \gamma_i + \varepsilon_{irt} \qquad (8-2)$$

其中，下标 i 表示企业，r 表示该企业所在城市，t 表示时间。z 为 $Loginterest$ 或者 $Lendingrate$，前者为被解释变量利息支出的对数，后者为利息支出占总负债的比重；$Loghhi$ 表示城市层面的银行竞争程度；X 为一组控制变量向量，包括企业年龄、企业年龄的平方、企业规模、资本密集度、全要素生产率、所有制性质、企业的市场势力，γ_t 为年份固定效应，γ_i 为企业固定效应，ε 为误差项。所有控制变量均滞后一期以避免同期相关性带来的内生性问题。

最后，本书还将采取工具变量的方法来进一步分析银行业竞争对产品质量升级的影响以及其中融资约束这一影响机制。事实上，在银行业竞争对产品质量升级影响的实证模型中，本书通过加入诸多固定效应的相互项控制了需求和供给层面能够影响产品质量以及银行业竞争的因素，由遗漏变量造成的内生问题可以得到有效解决。同时，本书也采取了两个措施来应对同期相关性的问题，首先，本书选取的关键解释变量为宏观层面变量的滞后一期，被解释变量为微观层面变量的当期项，微观变量的当期项对宏观变量的滞后项这一单向影响能够得到规避；其次，本书选取的控制变量只包括企业年龄、企业年龄的平方以及企业规模初期值与年份固定效应的交互，这些企业层面控制变量也是事前给定的。但是，为了进一步使得实证结果更具说服力，本书采取了文献中常用的关于银行竞争程度的工具变量，即该地级市所处的同一省份内其他城市银行业竞争指标的平均值作为该地级市银行竞争程度的工具变量，记为 $Loghhi\_mean$。Chong 等（2013）、蔡竞和董艳（2016）、张杰等（2017）在研究中国银行竞争相关问题时均采取了相似的银行竞争工具变量。

第二节 数据说明与变量构建

一 数据说明

(一) 中国海关数据库说明及其处理

分析银行业竞争对企业产品质量升级的影响需要产品价格信息,中国海关数据库提供了产品价格信息。中国海关数据库来源于海关总署,包含着具体到每笔交易的贸易信息。这些贸易信息非常丰富,主要涵盖每种商品(HS8位编码)的三大类信息:第一,贸易的交易变量,如进出口额、产品价格和产品单位等。第二,贸易的性质,主要包括贸易类型(一般贸易、加工贸易)、贸易的交通方式(空运、水运、陆运)以及出口国家或地区等。第三,贸易企业的基本信息,如企业名称、编码、邮编、电话号码和企业所有制信息等。本书使用的海关数据库涵盖了2000—2006年的数据,并将同一企业同一年份的同种产品的交易额按进出口类型进行加总,得到年度数据。对于年度数据,本书去除了无关变量,只保留了其中本书需要研究的变量以及匹配工业库所需要的变量,包括商品编码(HS8位编码)、企业编码、贸易国家、进出口类型、年份、贸易额、产品数量、企业名称、企业邮编和企业电话号码,并且运用贸易额和产品数量计算得到产品单价。本书将出口数据保留了下来进行研究。

(二) 中国工业企业数据库说明及其处理

中国海关数据库是交易层面数据,数据量比较大,但是缺乏企业层面的财务信息,本书将海关数据库和中国工业企业数据库两个微观数据库进行匹配,运用匹配后的数据与城市层面银行业竞争程度的数据相结合来展开实证研究。中国工业企业数据库由中国国家统计局收集,主要包含三个门类的行业,样本大、时间长、指标多,被国内外学者广泛使用。但作为一个由国家部门统计的数据库,工业库也存在着样本匹配不清、数据缺失异常等缺陷。本书使用1998—2008年工业库数据,参照聂辉华(2012)的方法,对中国工业企业数据库进行了处理：第一，利用企业名称、代码、地址、电话号码等企业信息将企业进行重新匹配并建立一个新的企业 id 变量以解决相同企业不同企业代码等企业匹配不清等问题。第二，去除关键指标缺失的数据，这里的关键指标也包含回归所需要用到的指标，如缺失总资产、职工人数、工业总产值、固定资产净值和销售额的变量。第三，去除不满足规模以上企业的数据，即职工人数在 8 人以下、固定资产净值或销售额在 1000 万元以下的数据。第四，去除违背会计原则（总资产小于固定资产净值、总资产小于流动资产、累计折旧小于当期折旧）的数据。

（三）城市层面的银行业竞争程度数据

一直以来，分地区的银行业的具体数据都存在着难以获得的问题。本书运用来自中国银行保险监督管理委员会网站公布的全国金融许可证信息来计算关于地区银行竞争程度的指标。金融许可证信息来自原中国银行业监督管理委员会网站，包含了各商业银行及其分支机构的隶属、机构地址以及批准成立时间等信息。本书按地级市手工查询并下载了全部商业银行分支机构的金融许可证信息，并从中得到了各家商业银行在各个地级市分支机构的数量的信息，并根据地区代码与中国工业企业数据库进行匹配。此外，本书还将城市经济发展水平作为控制变量，该数据来自《中国城市统计年鉴》，《中国城市统计年鉴》是由中华人民共和国国家统计局社会经济调查司统计，收录了全国各级城市社会经济发展等方面数据的资料性年刊，如工业总产值、人口总数、人口密度等指标均包含在内。本书选取 2000—2006 年各地区的人均 GDP 作为控制变量，并根据地区代码与其他数据进行匹配。

二 变量构建

（一）数据匹配过程

首先，本书参照 Yu（2015）的方法，将处理过的中国海关数据库和处理过的中国工业企业数据库进行匹配。具体方法为：将两个数据库数据按照企业名称进行匹配，之后使用企业邮政编码和电话号码后七位进行匹配，若两轮匹配中有一轮匹配成功，那么两个数据库的数据即匹配成功，则该数据则可以纳入本书当中。其次，本书根据地区代码将匹配的中国海关数据库和中国工业企业数据库与城市层面银行业竞争程度数据进行匹配。

（二）数据的处理和描述性统计分析

本书的被解释变量为产品质量。产品质量作为一种无形的产品属性一直是一个重要的研究范畴。但是，质量难以直接观察，如何准确测算产品质量也就成为经济学研究的热点和难点问题。Khandelwal（2010）基于1989—2001年美国制造业产品的进口数据，建立了一个关于产品市场份额与其价格的回归方程，使用嵌套Logit模型，并且认为在价格相同的情况下，产品的销量主要取决于其质量，因而在同一时间同一地点价格一定时，产品销量越高表明其质量越高，因而上述回归方程的残差项衡量了产品的质量。这种方法相对简单易行，数据也比较容易获取，但该方法存在价格内生性的问题，因此需要对其内生性加以处理方能应用。施炳展（2013）则考虑了企业的出口产品质量的异质性，使用出口绩效来代替市场总绩效，并基于消费者效用函数，在限定消费者支出的情况下求解消费者效用最大化时消费者对某一产品的消费数量，通过对数变换建立了一个关于出口绩效与出口价格的回归方程，之后从回归方程的残差项中提取出该产品的质量信息，并对该质量信息进行标准化处理，进而得到最终所需要的质量。该种方法展示出较为严谨的推理过程。相似的，Khandelwal等（2013）则是在Khandelwal（2010）的基础上，直接用OLS估计产品质量，应用各行业间价格弹性来消除内生性问题。本书在此采取Khandelwal等（2013）、Fan等（2018）的方法来估计产品质量。

此外，本书还将产品价格作为被解释变量，产品价格可以作为产品质量的代理变量，给定需求和供给冲击的情况下，同一类产品其价格越高，产品质量也就越高（Fan et al.，2018）。中国海关数据库包含着具体到每笔交易的贸易信息，本书将具体某一企业当年对某一目的地某一产品（HS 4位编码）的出口数量和出口总价值加总继而计算得到企业该产品该年在该目的地的单价。

本书的关键解释变量为城市银行业竞争程度，本书参考方芳和蔡卫星（2016）以及蔡竞和董艳（2016）的方法，本书利用银行在各城市中的分支机构数量构建了 Herfindahl-Hirschman 指数（Hhindex）。与蔡竞和董艳（2016）的方法相类似，在计算 Herfindahl-Hirschman 指数时，本书隐含了所有银行的分支行具有同样效率的假设。$Hhindex_m$ 是通过加总城市 m 内各银行分支行数量份额的平方得到的。$Hhindex_m$ 取值在 0—1；$Hhindex_m$ 越接近 1，代表 m 市的商业银行结构越集中，竞争程度越低，$Hhindex_m$ 越接近 0，代表 m 市的商业银行结构越分散，竞争程度越高。

在后文的分析中，本书还将利用中国工业企业数据库和城市银行业竞争程度数据进行匹配，来分析银行业竞争影响产品质量升级的机制，即考虑银行业竞争程度提高是否改善了企业的融资条件？具体而言，本书考察了银行业竞争对信贷数量以及信贷成本的影响。信贷数量用利息支出的对数来表示，信贷成本用利息支出占总负债比重来表示，分别记为 *Loginterest* 和 *Lendingrate*。控制变量包括企业年龄（*Age*）、企业年龄的平方（*Age_sq*）、企业规模（*Logemployee*），资本密集度（*Capintensity*）、全要素生产率（*Logtfp*）、所有制性质（*Soecontrol*）、企业的市场势力（*Loghhi_ms*）。其中企业年龄为调查当年减去企业开业年份，即企业存活时间；企业规模为企业从业人数的对数；资本密集度为人均资本；全要素生产率按照 *Olley-Pakes* 方法计算得来。*Soecontrol* 设为 1，如果企业属于国有控股企业，*Soecontrol* 设为 0，如果企业属于非国有控股企业；*Loghhi_ms* 为按企业工业销售值计算得来 *Herfindahl-Hirschman* 指数，并且取了对数。表 8-1 为主要变量的描述性统计。

表 8-1　　　　　　　　　主要变量的描述性统计

符号	定义	均值	标准差	最小值	最大值	样本量
Loginterest	利息支出的对数	3.8463	2.9577	0	15.4951	1253780
Lendingrate	利息支出/总负债×100	3.3924	9.4371	0	100.8658	1253780
Loghhi	*Herfindahl-Hirschman* 指数的对数（以银行分支机构数计算得来）	-1.8549	0.3819	-2.8733	-0.5011	1253780

续表

符号	定义	均值	标准差	最小值	最大值	样本量
Age	调查当年-企业开业时间	12.5026	12.2333	0	58	1253780
Logemployee	从业人数的对数	4.9076	1.1168	2.1972	12.5774	1253780
Logtfp	根据Olley-Pakes方法计算的全要素生产率的对数	2.6180	1.2885	-3.7319	6.5408	1253780
Soecontrol	如果为国有控股企业，该变量为1，否则为0	0.1698	0.3755	0	1	1253780
Logcapintensity	人均资本的对数	3.8181	1.2370	-0.1078	7.4389	1253780
Loghhi_ms	Herfindahl-Hirschman指数的对数（按企业工业销售值计算得来）	-5.1873	0.9830	-6.9408	0	1253780

第三节 银行业竞争与产品提质升级

一 基准回归结果

表8-2报告了估计结果，列（1）仅仅加入关键解释变量，列（2）在列（1）的基础上加入了产品—年份效应以及出口目的地—年份效应，列（3）在列（2）的基础上加入了省份—年份效应，这主要是为了控制住影响银行业竞争的地区因素。列（4）在列（3）的基础上加入了企业年龄和企业年龄的平方项，以及初始企业规模与年份效应的交互，这是为了控制住影响产品质量升级的企业层面因素，企业年龄和初始企业规模在该模型中均为外生设定，这些变量又能够通过影响融资约束对企业行为产生影响。列（5）在列（4）的基础上加入了城市层面的实际人均GDP，该变量是为了控制影响银行业竞争的城市层面因素。从实证估计结果来看，列（1）至列（5）中的Loghhi估计系数均显著为负。即使考虑了产品需求层面因素（出口目的地—年份效应）以及产品供给层面因素（产品—年份效应、省份—

年份效应),银行业竞争的加强将会有助于出口产品质量升级。列(5)还考虑了遗漏变量问题,在计量模型中加入城市层面实际人均GDP以及省份—年份效应,这些因素可能会影响企业产品质量,同时也可能影响银行分支机构的开设,当考虑了这些因素之后,$Loghhi$估计系数同样显著为负,并且估计数值的绝对值要高于列(1)至列(4)中的估计系数的绝对值。如果银行业竞争程度提高10%,那么有效产品质量将会提高3.51%。

表8-2 银行业竞争与产品质量提升:对有效产品质量的考察

	被解释变量:$Logquality$				
	(1)	(2)	(3)	(4)	(5)
$Loghhi$	-0.280*** (0.025)	-0.306*** (0.023)	-0.310*** (0.025)	-0.309*** (0.025)	-0.351*** (0.026)
Age				0.011*** (0.002)	0.010*** (0.002)
Age_sq				$-1.46e-4$*** ($2.31e-5$)	$-1.42e-4$*** ($2.31e-5$)
$Logpgdp$					-0.103*** (0.017)
$Scale_b$×年份 FE	No	No	No	Yes	Yes
产品×年份 FE	No	Yes	Yes	Yes	Yes
出口目的地×年份 FE	No	Yes	Yes	Yes	Yes
省份×年份 FE	No	No	Yes	Yes	Yes
样本量	2117103	2117103	2117103	2117103	2117103
R^2	<0.001	0.027	0.031	0.032	0.032

注:*、**、***分别表示10%、5%和1%显著性水平,括号内为稳健标准误。

二 产品价格的考察

有效产品质量是计量模型回归的误差项,缺少量纲,为了使得分析更为直观,本书在此还将出口产品价格的对数作为被解释变量,其他解释变量以及模型设定均与前文相同。出口产品价格的变化可能反映产品质量的变化，给定其他因素不变的情况下，高质量产品对应高价格，低质量产品对应低价格，但是价格变化也有可能反映需求和供给层面因素的变化。给定产品质量和供给情况下，产品需求越高，产品价格越高；给定产品价格和需求情况下，产品供给越高，产品价格越低。因此，为了使产品价格变化反映产品质量变化，就需要控制产品需求和供给层面的因素。本书通过加入产品—年份效应、出口目的地—年份效应、省份—年份效应来控制产品需求和供给层面因素。比如，出口目的地—年份效应可以控制住该出口目的地的经济周期因素，从而能够控制住该出口目的地对中国产品的需求因素；产品—年份效应可以控制由于新技术、新材料出现等因素，这些因素可能从供给层面引起产品质量的升级。当考虑了产品需求和供给层面因素之后，产品价格变化就能够反映产品质量的变化。表8-3报告了以出口产品价格对数为被解释变量的估计结果，列（1）仅仅加入了关键解释变量，列（2）在列（1）的基础上加入了产品—年份效应以及出口目的地—年份效应，列（3）在列（2）的基础上加入了省份—年份效应，列（4）在列（3）的基础上加入了企业年龄和企业年龄的平方项，以及初始企业规模与年份效应的交互，列（5）在列（4）的基础上加入了城市层面的实际人均GDP。在所有模型设定中，$Loghhi$ 的估计系数均显著为负。列（1）中，$Loghhi$ 的估计系数较其他模型设定有较大差异，由于没有控制其他固定效应，这里面的估计系数只能反映银行业竞争与出口产品价格的相关性，无法进行因果关系推断。当考虑到产品需求、供给层面因素之后，$Loghhi$ 的估计系数依然显著为负。根据列（5）的估计结果，如果银行业竞争程度提高10%，那么出口产品价格将提升0.6%。

表8-3　银行业竞争与产品质量提升：对产品价格的考察

	被解释变量：$Logprice$				
	（1）	（2）	（3）	（4）	（5）
$Loghhi$	-0.745***	-0.076***	-0.063***	-0.063***	-0.059***
	(0.007)	(0.005)	(0.005)	(0.005)	(0.005)

续表

	被解释变量：Logprice				
	（1）	（2）	（3）	（4）	（5）
Age				0.001*** (4.19e-4)	0.001*** (4.21e-4)
Age_sq				−1.20e-5 (6.89e-6)	−9.43e-6 (6.91e-6)
$Logpgdp$					−0.002 (0.003)
$Scale_b$×年份 FE	No	No	No	Yes	Yes
产品×年份 FE	No	Yes	Yes	Yes	Yes
出口目的地×年份 FE	No	Yes	Yes	Yes	Yes
省份×年份 FE	No	No	Yes	Yes	Yes
样本量	2117103	2117103	2117103	2117103	2117103
R^2	0.005	0.065	0.066	0.066	0.066

注：*、**、***分别表示10%、5%和1%显著性水平，括号内为稳健性标准误。

第四节 扩展性分析

一 银行业竞争与企业融资约束

前文的分析表明，银行业竞争的提高有助于出口产品质量的提升，并且产品质量提升效应是通过融资约束的缓解来实现的。为了进一步来阐明银行业竞争在产品质量升级中的作用，本书对匹配的中国工业企业数据库和银行经营许可证数据来展开分析。企业融资约束的缓解体现在两个方面，即借贷利率的下降以及信贷规模的提升。前者意味着企业能够以更低成本融入资金，后者说明企业能够获取更多银行信贷。因此，本书在此着重考虑银行业竞争对企业借贷成本以及借贷资金规模的影响。本书使用利息支出与总负债之比来衡量企业借贷成本，利用利息支出来衡量借贷资金规模。如果给定企业借贷成本下降或者不变的前提下,企业利息支出增加则说明企业借贷资金规模在提升,企业利息支出下降则说明企业借贷资金规模在下降。

表8-4报告了估计结果。列(1)和列(4)只包括了关键解释变量、时间固定效应和企业固定效应,列(2)和列(5)依次在列(1)和列(4)的基础上加入了前述的一系列控制变量,关键解释变量和控制变量均取滞后一期以避免由于互为因果关系引起的内生性问题。列(3)和列(6)在列(2)和列(5)的基础上加入了城市层面的人均实际GDP,城市层面的经济发展程度对信贷条件以及银行业分支机构开设都可能有影响,因此加入人均实际GDP可以规避遗漏部分变量导致的内生性问题。列(1)至列(3)的被解释变量为 *Lendingrate*,列(4)至列(6)的被解释变量为 *Loginterest*。在列(1)至列(6)中,关键解释变量均显著。列(1)至列(3)中,关键解释变量显著为正,这说明随着银行业竞争程度的提高,企业借贷成本出现下降。融资约束下降体现在企业融资成本下降上。控制变量能够对借贷利率产生显著影响。比如,企业规模越大,企业借贷利率越低,给定其他因素不变情况下,银行更愿意为大规模企业提供资金,因此大规模企业融资约束越小;国有控股企业的借贷利率要明显低于非国有控股企业,这与中国金融体系的政治优序融资息息相关;高生产率的企业借贷利率往往越高,从信贷供给层面来看,银行更愿意为高生产率企业提供资金;但是从信贷需求层面来看,高生产率企业往往有更好的投资机会,对资金需求更为旺盛,由此推高借贷成本,全要素生产率的估计结果表明需求面的影响渠道占据主导。企业的市场势力越大,企业融资成本越低,企业议价能力不仅体现在产品市场,而且也体现在要素市场。

列(4)至列(6)中,关键解释变量估计系数显著为负,结合列(1)至列(3)的估计结果,银行业竞争程度提高不仅降低了企业借贷成本,同时也提高了企业的利息支出水平,即企业的借贷规模也由于银行业竞争加剧而出现了提升。企业融资约束的缓解也体现在企业借贷资金的数量提升上。从控制变量的估计结果来看,企业规模越大,企业

表8-4　　　　　　　　　银行业竞争与融资条件

被解释变量	Lendingrate (1)	Lendingrate (2)	Lendingrate (3)	Loginterest (4)	Loginterest (5)	Loginterest (6)
Loghhi	0.890*** (0.037)	0.877*** (0.037)	0.376*** (0.034)	-0.060*** (0.010)	-0.054*** (0.009)	-0.137*** (0.009)
Age		-0.017*** (0.003)	-0.016*** (0.003)		-0.011*** (0.001)	-0.011*** (0.001)
Age_sq		$-1.28e{-4}$** ($6.32e{-5}$)	$-3.19e{-4}$*** ($6.30e{-5}$)		$-2.98e{-4}$*** ($2.12e{-5}$)	$-3.27e{-4}$*** ($2.18e{-5}$)
Logemployee		-0.174*** (0.011)	-0.164*** (0.011)		0.901*** (0.004)	0.904*** (0.003)
Logtfp		0.189*** (0.008)	0.250*** (0.008)		0.156*** (0.002)	0.166*** (0.002)
Soecontrol		-0.738*** (0.027)	-0.959*** (0.027)		-0.122*** (0.009)	-0.156*** (0.009)
Logcapintensity		0.045*** (0.010)	0.066*** (0.009)		0.581*** (0.003)	0.586*** (0.003)
Loghhi_ms		-0.023* (0.012)	-0.034*** (0.712)		0.062*** (0.003)	0.060*** (0.003)
Logpgdp			-1.498*** (0.018)			-0.256*** (0.004)
年份FE	Yes	Yes	Yes	Yes	Yes	Yes
省份×年份FE	Yes	Yes	Yes	Yes	Yes	Yes
企业FE	Yes	Yes	Yes	Yes	Yes	Yes
样本量	1253780	1253780	1253780	1253780	1253780	1253780
R^2	0.005	0.013	0.036	0.008	0.024	0.036

注：*、**、***分别表示10%、5%和1%显著性水平，括号内为稳健性标准误。

借贷资金数量就越多，这与银行对大规模企业偏好相关；高生产率企业投资机会更多，其借贷规模也越大；国有控股企业的借贷规模相对非国有控股企业而言更小，这也反映了中国经历的国有企业向非国有企业的转型，在这个转型过程中，国有部门在萎缩，投资需求萎缩。

企业的市场势力越大，企业也越容易获取更多银行信贷。

二 工具变量的估计结果

上述回归中，关键解释变量银行业竞争程度可能存在内生性问题，虽然本书的关键解释变量为宏观层面变量，被解释变量为微观层面，微观层面的变量往往难以影响宏观层面变量，但这里可能存在遗漏变量问题。本书在此进一步使用工具变量方法来展开研究。与已有文献相似，本书利用同一省级地区其他城市的银行竞争程度均值作为该城市银行竞争程度的工具变量（Chong et al.，2013；蔡竞和董艳，2016；张杰等，2017）。数据显示，工具变量与 $Loghhi$ 高度相关，二者相关系数为 0.793，在 1% 显著性水平下显著；如果将 $Loghhi$ 作为被解释变量，$Loghhi\_mean$ 作为解释变量，在控制地区效应、年份效应后，$Loghhi\_mean$ 的估计系数为 0.605，在 1% 显著性水平下显著。两个第一阶段回归中 F 值均超过 1000，远大于拇指规则中临界值 10，不存在弱工具变量的问题。

表 8-5 报告了基于工具变量回归分析的银行业竞争对产品质量提升影响的结果。列（1）和列（2）分别报告了被解释变量为 $Logquality$ 和 $Logprice$ 的估计结果，从估计结果来看，关键解释变量的估计系数显著为负，与前文回归结果相似，但是与表 8-2 及表 8-3 中列（5）中关键解释变量估计系数相比，其绝对值都有所减少。根据回归结果，如果银行业竞争程度提高 10%，那么有效产品质量将会提升 2.82%，产品价格将会提升 0.48%。表 8-6 报告了基于工具变量回归分析的银行业竞争对融资条件影响的结果。列（1）和列（2）分别报告了被解释变量为 $Lendingrate$ 和 $Loginterest$ 的估计结果，关键解释变量的估计结果均显著，银行业竞争程度加强有助于降低企业融资成本，提高企业利息支出，在企业融资降低的同时，利息支出提升，这意味着企业融资规模也因此有所扩大。根据回归结果，如果银行业竞争程度提高 10%，那么融资成本会下降 0.03 个百分点，利息支出将会提高 1%。

表 8-5　　　银行业竞争与产品提质升级：基于工具变量的回归

被解释变量	*Logquality* (1)	*Logprice* (2)
Loghhi	-0.282*** (0.033)	-0.048*** (0.006)
Age	0.007*** (0.002)	0.001*** (3.71e-4)
Age_sq	-8.24e-5*** (3.16e-5)	-5.99e-6 (5.63e-6)
Logpgdp	-0.069*** (0.020)	-0.011*** (0.003)
$Scale_b$×年份 FE	Yes	Yes
产品×年份 FE	Yes	Yes
出口目的地×年份 FE	Yes	Yes
省份×年份 FE	Yes	Yes
样本量	2117103	2117103
R^2	0.027	0.068

注：*、**、***分别表示10%、5%和1%显著性水平，括号内为稳健标准误。

表 8-6　　　银行业竞争与融资条件：基于工具变量的回归

被解释变量	*Lendingrate* (1)	*Loginterest* (2)
Loghhi	0.279*** (0.075)	-0.099*** (0.027)
Age	-0.018 (0.046)	-0.080*** (0.014)
Age_sq	-2.40e-4 (2.08e-4)	-0.002*** (5.07e-5)
Logemployee	-0.141*** (0.023)	0.647*** (0.007)
Logtfp	0.147*** (0.011)	0.122*** (0.004)

续表

被解释变量	*Lendingrate* (1)	*Loginterest* (2)
Soecontrol	-0.148*** (0.046)	-0.040*** (0.013)
Logcapintensity	0.074*** (0.016)	0.322*** (0.005)
Loghhi_ms	-0.052*** (0.019)	0.013** (0.006)
Logpgdp	-0.112*** (0 043)	-0.091*** (0.012)
年份 FE	Yes	Yes
省份×年份 FE	Yes	Yes
企业 FE	Yes	Yes
样本量	1253780	1253780
R^2	0.023	0.023

注：*、**、***分别表示10%、5%和1%显著性水平，括号内为标准误。

第五节 主要结论

中国经济潜在增速处于下行区间，过去要素驱动型经济增长模式亟待向效率驱动型，甚至是创新驱动型经济增长模式转型，中国经济增长模式的转型离不开产品质量的提升。根据第一财经研究院发布的《中国与全球制造业竞争力》报告，中国制造业的平均劳动成本增长速度从次贷危机之前的11.0%攀升至之后的13.1%，随着中国劳动力成本的提升以及资源环境约束的加强，过去以价格作为国际竞争力的企业发展战略已经不能持续，中国企业重获国际竞争力需要依赖于产品质量的提升，产品质量是企业的核心竞争力，核心竞争力提高，企业自然发展的越快越好，由此对宏观经济产生积极影响。本书通过识别融资约束缓解这一机制在银行业竞争与产品质量升级二者间建立了桥梁，对银行业竞争经济影响以及产品质量升级驱动因素这两方面的文献做了补充，并提供了全球最大发展中国家这一案例。

本书结果表明，银行业竞争的"市场势力假说"成立，银行业竞争程度的提升能够缓解企业融资约束，进而使企业能够在技术创新以及高技能生产要素方面配置更多资源，从而促进产品质量提升。如果银行业竞争程度提高10%，那么融资成本会下降0.03个百分点，有效产品质量将会提升2.82%，产品价格将会提升0.48%。该研究有助于更好地评估中国银行业改革的经济效应，对缓解当前潜在经济增速下行、推动经济结构调整、经济增长模式转型具有重要的战略意义。这意味着，在中国经济结构转型过程中，金融体系的健康发展十分重要。最优金融结构理论表明，最优金融结构内生于经济体的资源禀赋结构，因此受到了产业结构的影响（林毅夫等，2009）。经济发展程度越高，产业越处于技术前沿，金融结构更应偏向市场导向型，包括债券市场、股票市场在内的金融市场发展对经济发展作用力越大。本书表明，在当前中国经济发展阶段，鼓励资本市场发展促进企业创新行为的同时，中国还需要鼓励包括城市商业银行在内的中小银行的发展。银行信贷作为企业外部融资的重要来源在满足企业融资需求方面发挥了十分重要的作用，通过降低区域准入门槛提升区域银行业竞争力，使"市场势力效应"在银行业竞争经济影响中占据主导，能够有效降低该区域企业融资约束程度。这将对企业在研发部门的资源配置以及采用高质量中间投入品产生正向激励，有助于产品质量的提升，进而帮助企业产品在国际市场中重获竞争力。此外，本书也表明，银行业竞争力的加强能够提高间接融资对经济发展促进作用的力度，经济体的最优金融结构也会受到银行业竞争力的影响，这将有助于更好地评估中国银行业改革引致的经济效应，对缓解当前潜在经济增速下行、推动经济结构调整、经济增长模式转型具有重要的战略意义。

第九章

研究结论和政策启示

第一节 研究结论概述

当前,中国经济增速已经连续九年(2012—2020年)在8%以下,面临着过剩产能处置、产业升级、产品提质升级的压力,中国产业结构、就业结构、投融资体系都在发生重大转变,中国潜在经济增速较过去相比出现了下降,进入下行区间。应对这一变化,中国经济正经历着从要素驱动型经济增长模式向效率型、创新型经济增长模式的转型;同时国际形势也发生了巨大变化,俄乌冲突、美联储货币政策的重大转向等都给中国经济平稳运行增加了不确定性,中国需要通过加强国家间贸易、投融资联系,推进高水平对外开放,寻求新的经济增长点。对外直接投资是中国对外开放战略的重要组成部分,也是实现资源全球配置、主动参与国际分工、规避贸易壁垒、及时获取外部信息、技术等的重要政策举措。同时,对外直接投资的发展对于加快构建以国内大循环为主体、国内国际双循环相互促进的新发展格局,实现产业迈向全球价值链高端具有重大意义。

事实上,中国经济增速处于下行区间的同时,中国对外直接投资的步伐在不断加快。近年来,中国涌现出大量企业成功"走出去"的案例,吉利控股于2018年2月以约90亿美元价格收购了戴姆勒(Daimler)9.69%股份,成为奔驰母公司戴姆勒的最大股东。早在

2010年，吉利控股便以18亿美元从福特汽车手中购得沃尔沃100%股权，并获得沃尔沃轿车品牌的拥有权。2018年4月，青岛双星集团成功控股韩国锦湖轮胎，中国轮胎业最大并购案宣告收官。企业对外直接投资规模不断攀升。中国对外直接投资的快速崛起与中国潜在经济增速下行现象并存。当前，中国经济亟待从过去要素驱动型的增长模式转向效率驱动型、创新驱动型的增长模式，实现这种经济增长模式的转变需要中国经济更好融入全球经济之中，提高资源配置的效率。对外直接投资是否对中国经济高质量发展、产业升级产生了积极影响？本书基于多个微观层面数据库，包括中国工业企业数据库、CSMAR上市企业数据库、中国海关数据库和境外投资企业（机构）名录等，采取倾向性得分匹配的方法和双重差分的方法，从产品提质升级的视角来研究对外直接投资对中国经济高质量发展的影响。产品提质升级有助于提高产品在全球产业链价值链分工中的竞争优势，提高中国在全球产业链价值链中的地位。

理论上，对外直接投资具有逆向技术溢出效应，逆向技术溢出是与技术溢出相对应的概念，指的是母国通过对外直接投资，吸收了被投资国的知识、技术等，并由此带动母国技术进步和经济发展。具体而言，这种溢出涉及三个方面，一是海外研发外溢，对外直接投资通过研发活动对母国产生影响。二是经营成果反馈，对外直接投资通过海外生产经营获得的先进管理知识、经营理念等对母国产生影响。三是内部整合，跨国公司进行内部资源整合，包括核心技术的渐进转移，进而对母国产生影响（Johanson and Vahlne, 1990; Kogut and Chang, 1991; Meyer et al., 2009; Ghauri and Park, 2012; Chen and Tang, 2014; Huang and Zhang, 2017, Fu et al., 2018）。逆向技术溢出效应所带来的生产技艺改进、经营理念变化等都能够影响产品提质升级。产品提质升级的因素可以概括为三个方面，第一，中间投入品质量出现提升，最终产品质量依赖于期间投入的中间投入品的质量，如果能够得到高质量的中间投入品，那么最终产品质量也会因此得到提升。第二，生产技艺的复杂度提高，具有较高复杂度技艺的产品，其最终产品质量也会较高。第三，企业创新能力增强，企业创新能力

第九章　研究结论和政策启示

影响企业生产工艺，以及企业产品的品质（Bernini et al.，2015；Fan et al.，2018；祝树金和汤超，2020）。对外直接投资的逆向技术外溢效应能够对以上第二个和第三个因素产生影响，进而影响产品提质升级。此外，对外直接投资还能够获取更多海外市场资讯，本国企业如果掌握更多信息，也将有助于获取高质量的进口中间投入品，从而有助于改善最终产品的质量。

本书的结果表明，第一，根据对外直接投资的管制程度指标来看，中国采取的渐进式的对外开放策略，每一个时期都会有企业选择对外直接投资，本书构建计量模型，控制了企业层面的特征、时间维度的固定效应、企业层面的固定效应以及国家—产品层面的固定效应等来展开研究。对外直接投资能够显著提升产品质量，对外直接投资的产品提质升级的作用在差异化产品、一般贸易商品中更为突出，在采取了一系列稳健性检验后，这一结论依然成立。

第二，从不同类型经营范围的对外直接投资来看，生产制造型对外直接投资能够显著提高产品质量，贸易销售型、研究开发型和咨询服务型外商直接投资并不能够产生提质升级的作用，这也表明，对外直接投资对产品质量升级的作用渠道主要是逆向技术溢出，而非资讯获取带来的中间投入品质量的改进。

第三，外商直接投资的提质升级的作用渠道主要是集约边际上的逆向技术溢出，而非广延边际上的逆向技术溢出。外商直接投资并没有增加进口中间产品种类，从而可以推断外商直接投资并没有提高企业使用技术的复杂度，生产技术复杂性并不是外商直接投资提质升级的作用渠道。其中原因可能在于本国企业可以利用已有生产技术复杂性，充分利用已有的进口中间投入品，通过研发创新来提高产品质量。

第四，不同类型的对外直接投资都能够显著提升产品质量，绿地投资和跨境并购均能产生显著的产品提质升级效应。将跨境并购分为横向跨境并购和纵向跨境并购后，研究发现驱动跨境并购提升效应的主要是纵向跨境并购，纵向跨境并购能够产生显著的提质升级效应。同时，研究也验证了对外直接投资提质升级效应的三个具体渠道，包括学习机制、国外市场资讯获取和规模经济效应。学习机制下如果企业的吸收能力更强，那么企业从对外直接投资中的获益就更多，这表现为产品质量出现了更大幅度的提升。对于上市企业而言，国外资讯的获取以及产生的规模经济也对产品质量产生了作用，一般工业企业却没有从这两个渠道中获益。

第五，银行业"松绑"引致的银行业竞争对企业对外直接投资产生了显著影响，有效地促进了企业对外直接投资。银行业"松绑"能够有效降低企业融资成本，并且银行业"松绑"对企业对外直接投资的促进效应对融资约束更为严重的企业更为显著，这表明"市场势力假说"中缓解融资约束的效应占据主导。此外，银行业"松绑"引致的银行业竞争还提升了产品质量。本书表明，在当前中国经济发展阶段，鼓励资本市场发展促进企业创新行为的同时，中国还需要鼓励包括城市商业银行在内的中小银行的发展。银行信贷作为企业外部融资的重要来源在满足企业融资需求方面发挥了十分重要的作用，通过降低区域准入门槛提升区域银行业竞争力，使得"市场势力效应"在银行业竞争经济影响中占据主导，能够有效降低该区域企业融资约束程度。这将对企业在研发部门的资源配置以及采用高质量中间投入品产生正向激励，有助于产品质量的提升，进而帮助企业产品在国际市场中重获竞争力。整体来看，本书有助于系统的、全面的理解、评估中国对外开放战略的经济效果，对中国未来对外开放政策，打通"双循环"堵点，实现经济高质量发展有着重要的启示。

第二节 政策启示

一 国家层面的政策启示

中国经济增速已经连续多年低于7%，过去依赖要素投入、忽视效率、环境保护的要素驱动型经济增长模式亟待向效率驱动型，甚至是创新驱动型经济增长模式转型。这也意味着中国企业不能仅依赖于廉价要素投入来维系低价竞争模式立足于国际市场，而需要紧抓提高质量这个关键来提高中国产品在全球价值链分工中的竞争优势。目前国际环境复杂多变，国际市场需要不足，地缘政治冲突加剧，贸易主义抬头，要素成本上升、环境规制加强，跨境贸易发展变得更加困难。企业对外直接投资能够通过知识、技术的外溢和转移、生产要素的流动以及规模效应带来产品质量提质升级。这有助于缓解内外部环境变化带来的不利影响。中国应继续鼓励企业对外直接投资，实施"走出去"战略，实现资源的全球配置和要素配置效率的提升。

第一，中国应当进一步鼓励企业"走出去"，特别是对能够带来显著知识、技术外溢的领域进行投资，使更多企业从"走出去"战略，特别是"一带一路"倡议中获益。目前，中国对外直接投资时间较短，但是发展态势较好。随着政策的逐步开放，越来越多企业选择"走出去"，开拓国际市场。这不仅有利于中国国内产业结构调整与产品提质升级，而且有益于规避风险。市场环境复杂多变，只有合作才能互利共赢。政府要出台相应政策支持企业"走出去"，同时通过税收减免、拓宽融资渠道等一些优惠的产业政策来支持企业对外直接投资，引导企业通过更加有效的对外投资来提升产品质量和优化产业结构，进而优化贸易结构。

第二，鼓励企业"走出去"需要重视法律体系的作用。当前中国对外直接投资的法律体系相对而言比较单薄，关于对外直接投资政策更多是部委通知、办法、意见和规定，缺少更高层级的国家法律体系。此外，知识产品的保护和配套法规同样存在不健全的问题，由于知识产品的保护意识相对薄弱，对外直接投资过程中往往出现专利、技术的流失、商标冒用等知识产权纠纷。事实上，已有研究发现，产权保护是维持市场正常运行不可或缺的基石，对产权的法律保护程度与金融市场的发展有着密切联系（La Porta et al.，1998）。完善的金融市场能够为企业提供融资支持，有助于企业开展对外直接投资。

第三，继续完善担保物权制度。对产权制度的完善一方面要设置有利于债权人的条款，保护债权人利益，另一方面要"物尽其用"，使资源能得到充分利用（Vig，2013；Campello and Larrain，2016）。2007年出台并实施的《中华人民共和国物权法》，一方面简化了诉讼流程，减免诉讼费用。随着对债权人保护的加大，企业的有形资产对债权人来说更有价值；另一方面将应收账款、存货、基金份额等纳入质押融资范畴，扩大了企业的融资渠道。这可能使企业对银行的议价能力提高，企业获得的信贷成本降低，融资约束程度降低（钱雪松和方胜，2017；Li et al.，2021）。这都有助于企业"走出去"，这也意味着担保物权制度改革能够发挥促进企业"走出去"的效果（余静文和李媛媛，2022）。担保物权制度改革通过加大债权人保护，扩大融资渠道，降低了企业整体的融资约束，并对融资约束程度较高的企业，如非国有企业，年龄较小的企业作用要更为明显，这也符合"十四五"规划下"聚焦于缓解中小企业融资难、融资贵，加强中小企业合法权益保护"的政策目标。故应以现有的担保物权制度改革为指引，修订法律条例继续加大债权人保护，完善产权制度，充分发挥法律改革对构建更高水平开放型经济新体制的作用。此外，担保物权制度改革对不同地区企业具有异质性的影响，位于政府干预程度较大地区、金融市场化程度较低地区的非国有企业受到的影响更为突出。政府在制定政策时，不仅要保证全局的统一，也要因地制宜，对重点对象进行筛查，力图精准施策。需要注意的是，法律改革只是起到一个引领作用，重在监管与实施。应加大对法律法规实施的监管，比如进一步完善应收账款质押融资登记，加大对债务人违约导致抵押品清算过程中的监管力度，确保债权人债务人合同实施的公平公正。

第四，加强非国有企业对外直接投资的政策支持。对外直接投资面临着东道国合规监管要求、文化制度差异、政府审批程序复杂、透明度低等方面的挑战，这些挑战也带来了诸多交易成本。非国有企业还面临着融资约束程度高、治理成本高、政治风险意识不强等问题。因此，政府需要通过财政政策、金融政策来支持有意愿进行对外直接投资的企业，鼓励其进行对外直接投资，实现资源的全球配置，获取更多技术的外溢。最优金融结构理论提出，随着经济发展水平的提高，更多产业处于技术前沿，直接融资对经济发展的促进作用越发突出。在中国当前经济发展阶段，鼓励资本市场发展促进研发创新的同时，中国还需要鼓励中小银行的发展。银行信贷作为企业外部融资的重要来源在满足企业融资需求方面发挥了重要作用，通过降低区域准入门槛提升区域银行业竞争力，发挥缓解融资约束效应的主导作用，这将更有助于促进"走出去"战略的实施，使中国能够更加充分的利用国际市场、国际资源促进国内产业结构调整，也能够更好地推动"一带一路"建设，加快培育国际经济合作，并形成竞争新优势。

同时，政府也应充分利用行业商会等非政府组织，通过与行业商会合作，获取更多非国有企业信息，采取联合担保等方式提高非国有企业的征信等级。政府也可以通过国有企业参股，国有企业民营企业共同设立新企业等方式来帮助企业实施"走出去"战略，一方面参股企业或新设企业能够获得金融部门的青睐，降低其融资约束程度；另一方面参股企业或新设企业也可以为企业分散风险、缩减制度距离，在激励机制上能够更好地发挥企业对外直接投资的自主性。

第五，需要加强参与国际规则制定的能力。标准与规则的竞争是最高层级的国际经济竞争，中国更多扮演的是国际规则追随者的角色，这使中国对外直接投资面临市场准入限制、环境与劳动保护、企业并购监管等方面的隐性制度障碍。中国需要更多的参与国际规则的制定中，在制度规则上保障企业"走出去"的合理利益诉求，能够获得公平的竞争条件。为此，首先要持续推动国际投资协定的签订，稳定扩大并保障对外直接投资的利益；其次要成立相关政府机构，统一组织参与国际规则讨论、国际规则制定、国际法与国内法的衔接等；最后构建中国企业主导的国际生产经营网络，扩大中国企业、名牌、产品的国际影响力，不仅要推动中国产品"走出去"，而且要推动中国品牌、技术、标准和服务"走出去"。

二 企业层面的政策启示

第一，加强技术研发类的对外直接投资。信息咨询、贸易销售的企业由于其进入门槛较低，更容易通过对外直接投资方式提升产品质量。但是，现在国际形势变得越发严峻，依靠规模经济拉动经济增长变得越发困难。因此中国对外投资应该降低一定程度的贸易销售类比重，增加技术研发类的对外直接投资比重。技术研发类对外直接投资的优势在于能够充分吸收东道国先进的生产技术与管理方法，通过对外直接投资所获得的逆向技术溢出效应，促进产品提质升级，使企业从模仿转变为主动创新，加快产业结构优化升级，全方面提升产品质量。

第二，加强企业自身的学习吸收能力。本国企业对外直接投资所带来的产品质量提升效应依赖于本国企业自身的吸收能力，打铁还需自身硬，企业应积极通过对外直接投资，进入全球市场，开展国际合作，在其中模仿吸收国外的一些先进的技术和方法。首先，企业应该加大科研的投入。在企业正常生产经营的前提下，增加科研投入力度，比如提高研发经费、招聘高素质专业人才、专家学者等。只有当企业自身能力过硬的时候，才能更容易进行对外直接投资。其次，企业要选择适合自己的对外投资方式。不同的对外直接投资方式将会产生不同的侧重点，然而所有的企业决策应该是动态附有弹性的，即在不同发展阶段，企业应选择适宜的对外直接投资方式。因此，为了更好地发挥对外直接投资的产品提质升级效应，中国企业应当注重加强自身创新能力、提高生产率、技术水平，有效地吸收来自对外直接投资的逆向溢出效应，使得对外直接投资能够反哺企业自生能力，从而形成良性循环。

第三，主动融入跨国公司的全球价值链。对外直接投资是中国经济高质量发展的重要支撑，主动融入跨国公司的全球价值链是中国企业对外投资的现实选择。为此，中国企业在跨国企业重新布局分散生产过程中，可以积极参与海外市场布局，以"一带一路"建设为抓手，吸纳整合全球资源，培育竞争新优势，实现从全球价值链中低端向中高端攀升的目标；同时，中国企业也需要更积极地融入跨国企业的全球价值链，主要实施产业调整，转移部分生产环节，实现向价值链高端的攀升。中国企业不仅要高水平地"走出去"，还应着力高质量地"引进来"，打造出国内外双循环相互促进的格局。

第四，打造国有企业与民营企业共生的产业链。在新冠疫情暴发期间，国有企业在产业链布局中发挥了重要的领头作用。此次疫情更是让人们意识到，企业的生存与发展绝不是一个企业的"单打独斗"，而是整个产业链的"同心共济"。2018年国家领导人针对当时市场上

"国进民退"的言论时提到,"国有企业和民营企业已经形成了完整的产业链",国有企业主要在基础产业和重型制造业发挥作用,处在产业链的上游,在整个产业链条上国有企业与民营企业互补、相互依存。工信部、发改委、财政部、国资委四部门印发了《促进大中小企业融通发展三年行动计划》,提出大中小企业依靠产业链发展的战略布局,着重强调了大企业的引领支撑作用,其中就包括鼓励大企业利用订单和应收账款融资等供应链金融。2019年,习近平总书记在中央财经委员会第五次会议上也强调"打造具有战略性和全局性的产业链",产业链上下游企业应加强协同作用。

事实上,经过"抓大放小"以及其后的一系列国企改革后,国有企业和民营企业形成一种共生关系,国企民企对经济绩效增进的作用各有侧重。民营企业在组织起源、核心团队、市场需求、技术起源等方面与国有企业有着紧密联系。郭年顺(2019)对部分中国民营企业500强(2016)进行了详细的追根溯源,发现65.1%的企业从集体(乡镇)企业或国营企业改制而来,比如联想、宇通客车、美的等,71.8%的企业核心成员来自国有或集体企业关键岗位,有67.5%的企业在发展关键时期从国有企业或研究所获取重要技术支持,59.5%的企业请教或聘请过国有部门(退休)技术人员,27%的企业通过与国有部门联营或配套生产获得技术支持。此外,在进行"抓大放小"国企改革后,民营企业还通过兼并国有企业方式获得国有企业的技术、人才、设备、市场等,比例约为49%。从中国经济改革的视角来看,民营企业的发展壮大与国有企业息息相关。国有企业工作经验也有助于民营企业发展(徐尚昆等,2020)。由于中间投入品质量是最终产品质量的重要影响因素,因此,对外直接投资不仅具有促进产品质量升级的直接效应,而且也具有通过投入产出关联影响生产网络上企业产品质量的潜在效应。未来竞争格局将不再是单个企业的"单打独斗",而是整个产业链的"联合作战",在对外直接投资过程中同样如此。

参考文献

习近平：《在经济社会领域专家座谈会上的讲话》，中国政府网，http://www.gov.cn/xinwen/2020-08/25/content_5537101.htm，2020。

白俊红、刘宇英：《对外直接投资能否改善中国的资源错配》，《中国工业经济》2018年第1期。

包群、张志强：《地震的余波：价值链断裂、进口停滞与贸易危机传染》，《经济学（季刊）》2021年第2期。

卞泽阳等：《开发区政策、供应链参与和企业融资约束》，《经济研究》2021年第10期。

才国伟、杨豪：《外商直接投资能否改善中国要素市场扭曲》，《中国工业经济》2019年第10期。

蔡竞、董艳：《银行业竞争与企业创新——来自中国工业企业的经验证据》，《金融研究》2016年第11期。

蔡婉婷：《出口产品质量的空间差异及其变迁》，《财贸研究》2016年第3期。

蔡卫星：《银行业市场结构对企业生产率的影响——来自工业企业的经验证据》，《金融研究》2019年第4期。

曹翔、李慎婷：《"一带一路"倡议对沿线国家经济增长的影响及中国作用》，《世界经济研究》2021年第10期。

陈斌开等：《住房价格、资源错配与中国工业企业生产率》，《世界经济》2015年第4期。

陈东、苏雯锦：《外资流入与居民健康异质性》，《国际贸易问题》2021年第11期。

陈雷等：《三元悖论还是二元悖论——基于跨境资本流动波动视

角的分析》,《国际金融研究》2021 年第 6 期。

陈琳等:《人民币汇率波动如何影响中国企业的对外直接投资》,《金融研究》2020 年第 3 期。

陈晓林、陈培如:《知识产权保护与对外直接投资逆向技术溢出——基于南北产品周期模型的分析》,《国际贸易问题》2021 年第 11 期。

陈甬军、周末:《市场势力与规模效应的直接测度——运用新产业组织实证方法对中国钢铁产业的研究》,《中国工业经济》2009 年第 11 期。

崔敏、魏修建:《吸收能力与技术结构双重机制下服务业国际溢出效应研究》,《数量经济技术经济研究》2016 年第 2 期。

段小梅、李晓春:《中国对外投资:发展历程、制约因素与升级策略》,《西部论坛》2020 年第 3 期。

樊纲等:《中国市场化指数:各地区市场化相对进程 2011 年报告》,经济科学出版社 2011 年版。

范小云等:《三元悖论还是二元悖论——基于货币政策独立性的最优汇率制度选择》,《经济学动态》2015 年第 1 期。

方芳、蔡卫星:《银行业竞争与企业成长:来自工业企业的经验证据》,《管理世界》2016 年第 7 期。

方森辉、毛其淋:《高校扩招、人力资本与企业出口质量》,《中国工业经济》2021 年第 11 期。

费兆奇、刘康:《金融开放条件下国债市场的波动溢出和风险定价研究》,《经济研究》2020 年第 9 期。

高鹏飞等:《新中国 70 年对外直接投资:发展历程、理论逻辑与政策体系》,《财经理论与实践》2019 年第 9 期。

顾露露等:《移民网络是否促进中国企业对外直接投资——以中国 A 股上市公司为例》,《对外经济贸易大学学报》2022 年第 1 期。

顾雪松等:《产业结构差异与对外直接投资的出口效应——"中国—东道国"视角的理论与实证》,《经济研究》2016 年第 4 期。

郭娟娟等:《房价上涨是否促进中国制造业企业 OFDI》,《世界经济》2020年第12期。

郭年顺:《工业体系和民营企业兴起？——基于252家中国最大民营制造业企业的经验研究》,《南方经济》2019年第12期。

郭晔、房芳:《新型货币政策担保品框架的绿色效应》,《金融研究》2021年第1期。

韩会朝、于翠萍:《价格竞争还是质量竞争——中国出口产品竞争力的实证研究》,《产经评论》2014年第6期。

洪俊杰、张宸妍:《产业政策影响对外直接投资的微观机制和福利效应》,《世界经济》2020年第11期。

侯成琪、黄彤彤:《影子银行、监管套利和宏观审慎政策》,《经济研究》2020年第7期。

黄凌云等:《对外投资与引进外资的双向协调发展研究》,《中国工业经济》2018年第3期。

黄远浙等:《跨国投资与创新绩效——基于对外投资广度和深度视角的分析》,《经济研究》2021年第1期。

冀相豹、王大莉:《金融错配、政府补贴与中国对外直接投资》,《经济评论》2017年第2期。

贾妮莎等:《中国企业对外直接投资的"就业效应":理论机制与实证检验》,《管理评论》2019年第6期。

江小敏等:《对外直接投资、劳动合同与技能工资差距》,《财贸研究》2021年第2期。

姜青言等:《中国对美OFDI对母国的就业效应:创造还是替代》,《系统工程理论与实践》2021年第9期。

蒋冠宏、蒋殿春:《绿地投资还是跨国并购:中国企业对外直接投资方式的选择》,《世界经济》2017年第7期。

蒋冠宏、蒋殿春:《中国工业企业对外直接投资与企业生产率进步》,《世界经济》2014年第9期。

蒋冠宏、曾靓:《融资约束与中国企业对外直接投资模式:跨国并购还是绿地投资》,《财贸经济》2020年第2期。

蒋海等:《货币政策、流动性与银行风险承担》,《经济研究》

2021年第8期。

蒋为等：《中国企业对外直接投资快速扩张的新解释——基于路径、社群与邻伴的视角》，《中国工业经济》2019年第3期。

解维敏、方红星：《金融发展、融资约束与企业研发投入》，《金融研究》2011年第5期。

金刚、沈坤荣：《中国企业对"一带一路"沿线国家的交通投资效应：发展效应还是债务陷阱》，《中国工业经济》2019年第9期。

景光正、李平：《OFDI是否提升了中国的出口产品质量》，《国际贸易问题》2016年第8期。

鞠晓生等：《融资约束、营运资本管理与企业创新可持续性》，《经济研究》2013年第1期。

孔群喜等：《对外直接投资提高了中国经济增长质量吗》，《财贸经济》2019年第5期。

李怀建、沈坤荣：《出口产品质量的影响因素分析——基于跨国面板数据的检验》，《产业经济研究》2015年第6期。

李建军、李俊成：《"一带一路"倡议、企业信贷融资增进效应与异质性》，《世界经济》2020年第2期。

李坤望等：《中国出口产品品质变动之谜：基于市场进入的微观解释》，《中国社会科学》2014年第3期。

李磊等：《对外直接投资如何影响了母国就业？——基于中国微观企业数据的研究》，《经济研究》2016年第8期。

李磊等：《"引进来"是否促进了"走出去"——外商投资对中国企业对外直接投资的影响》，《经济研究》2018年第3期。

李小帆、蒋灵多：《"一带一路"建设、中西部开放与地区经济发展》，《世界经济》2020年第10期。

李雪松等：《对外投资与企业异质性产能利用率》，《世界经济》2017年第5期。

李杨、车丽波：《对外直接投资对企业就业技能结构的影响效应》，《数量经济技术经济研究》2021年第3期。

李志辉：《中国银行业改革与发展：回顾、总结与展望》，格致出版社 2018 年版。

林毅夫、孙希芳：《银行业结构与经济增长》，《经济研究》2008 年第 9 期。

林毅夫等：《经济发展中的最优金融结构理论初探》，《经济研究》2009 年第 8 期。

刘娟等：《OFDI 如何影响母国创业：抑制剂还是助推器？》，《世界经济研究》2020 年第 7 期。

刘莉亚等：《生产率与企业并购：基于中国宏观层面的分析》，《经济研究》2016 年第 3 期。

刘莉亚等：《僵尸企业与货币政策降杠杆》，《经济研究》2019 年第 9 期。

刘青等：《中国海外并购的动因研究——基于广延边际与集约边际的视角》，《经济研究》2017 年第 1 期。

刘瑞明、石磊：《国有企业的双重效率损失与经济增长》，《经济研究》2010 年第 1 期。

卢盛峰等：《"一带一路"倡议促进了中国高质量出口吗——来自微观企业的证据》，《中国工业经济》2021 年第 3 期。

鲁渤等：《基于"一带一路"倡议评估的中国沿海节点港口与港城发展策略研究》，《系统工程理论与实践》2020 年第 6 期。

鲁晓东、连玉君：《中国工业企业全要素生产率估计：1999—2007》，《经济学（季刊）》2012 年第 2 期。

陆简：《避险情绪、货币乘数与二元悖论》，《国际金融研究》2017 年第 6 期。

吕怀立等：《金融政策竞争中性与民营企业融资纾困——来自突发公共卫生事件的准自然实验》，《金融研究》2021 年第 7 期。

吕越、邓利静：《金融如何更好地服务实体企业对外直接投资——基于中资银行"走出去"的影响与机制分析》，《国际金融研究》2019 年第 10 期。

吕越等：《"一带一路"倡议的对外投资促进效应》，《经济研究》2019 年第 9 期。

罗长远、曾帅：《"走出去"对企业融资约束的影响——基于"一带一路"倡议准自然实验的证据》，《金融研究》2020年第10期。

罗伟、吕越：《外商直接投资对中国参与全球价值链分工的影响》，《世界经济》2019年第5期。

马君潞等：《银行竞争、代理成本与借款期限结构——来自中国上市公司的经验证据》，《金融研究》2013年第4期。

马理、娄田田：《基于零利率下限约束的宏观政策传导研究》，《经济研究》2015年第11期。

毛其淋：《外资进入自由化如何影响了中国本土企业创新？》，《金融研究》2019年第1期。

聂辉华、贾瑞雪：《中国制造业企业生产率与资源误置》，《世界经济》2011年第7期。

聂辉华等：《中国工业企业数据库的使用现状和潜在问题》，《世界经济》2012年第5期。

欧阳艳艳等：《企业对外直接投资对母国环境污染的影响：本地效应与空间溢出》，《中国工业经济》2020年第2期。

潘春阳、廖捷：《为资本而赛跑？——城市马拉松赛事吸引FDI的实证研究》，《财经研究》2021年第2期。

潘越等：《民营资本的宗族烙印：来自融资约束视角的证据》，《经济研究》2019年第7期。

庞家任等：《资本市场开放与股权资本成本——基于沪港通、深港通的实证研究》，《金融研究》2020年第12期。

裴长洪、刘洪愧：《习近平新时代对外开放思想的经济学分析》，《经济研究》2018年第2期。

彭红枫等：《全球资本管制的动态变化——基于GKAOPEN资本账户开放指标体系的分析》，《国际金融研究》2022年第11期。

彭红枫、余静文：《政策协同与经济增长：基于"一带一路"沿线国家的分析》，《世界经济》2022年第12期。

钱雪松、方胜：《担保物权制度改革影响了民营企业负债融资吗？——来自中国〈物权法〉自然实验的经验证据》，《经济研究》

2017年第5期。

邱煜等：《"中国方案"果真布局了债务陷阱吗？：来自"一带一路"倡议的经验证据》，《世界经济研究》2021年第7期。

任永菊：《跨国公司与对外直接投资》，清华大学出版社2019年版。

邵玉君：《FDI、OFDI与国内技术进步》，《数量经济技术经济研究》2017年第9期。

沈春苗、郑江淮：《中国企业"走出去"获得发达国家"核心技术"了吗？——基于技能偏向性技术进步视角的分析》，《金融研究》2019年第1期。

沈国兵、袁征宇：《联网化、创新保护与中国企业出口产品质量提升》，《世界经济》2020年第11期。

施炳展：《中国企业出口产品质量异质性：测度与事实》，《经济学（季刊）》2014年第1期。

施炳展、曾祥菲：《中国企业进口产品质量测算与事实》，《世界经济》2015年第3期。

宋科等：《全球失衡条件下的货币政策传导机制：基于估值效应视角》，《世界经济》2021年第4期。

孙楚仁等：《对非援助与中国企业对外直接投资》，《中国工业经济》2021年第3期。

孙国峰等：《全局最优视角下的货币政策国际协调》，《金融研究》2017年第3期。

孙好雨：《对外投资与对内投资——替代还是互补》，《财贸经济》2019年第6期。

孙浦阳等：《服务技术前沿化与对外直接投资：基于服务企业的研究》，《世界经济》2020年第8期。

孙浦阳等：《外资自由化与贸易福利提升：理论与经验研究》，《世界经济》2018年第3期。

谭小芬等：《美国量化宽松政策的退出公告对新兴经济体的影响》，《国际金融研究》2016年第7期。

唐清泉、巫岑：《银行业结构与企业创新活动的融资约束》，《金融研究》2015年第7期。

唐遥等：《需求和供给冲击对企业投资以及价值链影响——基于突发事件的研究》，《金融研究》2020年第6期。

田毕飞、陈紫若：《FDI对中国创业的空间外溢效应》，《中国工业经济》2016年第8期。

田巍、余淼杰：《汇率变化、贸易服务与中国企业对外直接投资》，《世界经济》2017年第11期。

铁瑛、何欢浪：《城市劳动供给与出口产品质量升级——"成本效应"抑或"技能效应"》，《国际贸易问题》2019年第9期。

汪建新：《贸易自由化、质量差距与地区出口产品质量升级》，《国际贸易问题》2014年第10期。

王碧珺等：《融资约束是否抑制了中国民营企业对外直接投资》，《世界经济》2015年第12期。

王桂军、卢潇潇：《"一带一路"倡议与中国企业升级》，《中国工业经济》2019年第3期。

王海成等：《国有企业改制是否会提升出口产品质量》，《世界经济》2019年第3期。

王欢欢等：《最低工资、法律制度变化和企业对外直接投资》，《管理世界》2019年第11期。

王文春、荣昭：《房价上涨对工业企业创新的抑制影响研究》，《经济学（季刊）》2014年第2期。

王曦、金钊：《同业市场摩擦、银行异质性与货币政策传导》，《经济研究》2021年第10期。

王小鲁等：《中国分省份市场化指数报告（2016）》，社会科学文献出版社2017年版。

王雄元、卜落凡：《国际出口贸易与企业创新——基于"中欧班列"开通的准自然实验研究》，《中国工业经济》2019年第10期。

王永进、施炳展：《上游垄断与中国企业产品质量升级》，《经济研究》2014年第4期。

王永钦、吴娴：《中国创新型货币政策如何发挥作用：抵押品渠道》，《经济研究》2019年第12期。

王泽宇等：《中国企业对外投资选择的多样性及其绩效评价》，《中国工业经济》2019年第3期。

王自锋、白玥明：《产能过剩引致对外直接投资吗？——2005—2007年中国的经验研究》，《管理世界》2017年第8期。

韦东明、顾乃华：《国际运输通道与区域经济高质量发展——来自中欧班列开通的证据》，《国际贸易问题》2021年第12期。

温忠麟等：《中介效应检验程序及其应用》，《心理学报》2004年第5期。

伍戈、陆简：《全球避险情绪与资本流动——"二元悖论"成因探析》，《金融研究》2016年第11期。

肖建忠等：《"一带一路"倡议对沿线国家能源投资的促进效应：基于中国企业对外投资数据的三重差分检验》，《世界经济研究》2021年第7期。

肖文、薛天航：《劳动力成本上升、融资约束与企业全要素生产率变动》，《世界经济》2019年第1期。

谢红军、吕雪：《负责任的国际投资：ESG与中国OFDI》，《经济研究》2022年第3期。

谢靖、王少红：《数字经济与制造业企业出口产品质量升级》，《武汉大学学报》（哲学社会科学版）2022年第1期。

徐大策、李磊：《中国对外直接投资能否提高进口产品质量——基于工业企业的微观证据》，《对外经济贸易大学学报》2021年第6期。

徐尚昆等：《国有企业工作经历、企业家才能与企业成长》，《中国工业经济》2020年第1期。

许家云等：《中间品进口与企业出口产品质量升级：基于中国证据的研究》，《世界经济》2017年第3期。

许家云等：《人民币汇率、产品质量与企业出口行为——中国制造业企业层面的实证研究》，《金融研究》2015年第3期。

闫雪凌、林建浩：《领导人访问与中国对外直接投资》，《世界经济》2019 年第 2 期。

严兵等：《境外经贸合作区贸易效应评估——基于东道国视角》，《中国工业经济》2021 年第 7 期。

杨波、柯佳明：《新中国 70 年对外投资发展历程回顾与展望》，《世界经济研究》2019 年第 9 期。

杨国超等：《长痛还是短痛？——金融危机期间经济刺激政策的长短期效应研究》，《经济学季刊》2020 年第 3 期。

杨红丽、陈钊：《外商直接投资水平溢出的间接机制：基于上游供应商的研究》，《世界经济》2015 年第 3 期。

杨连星等：《对外直接投资如何影响企业产出》，《世界经济》2019 年第 4 期。

叶静怡等：《中国国有企业的独特作用：基于知识溢出的视角》，《经济研究》2019 年第 6 期。

叶志强等：《外资持股对中国上市公司 OFDI 的影响及机制研究》，《系统工程理论与实践》2021 年第 4 期。

易信、刘凤良：《金融发展、技术创新与产业结构转型——多部门内生增长理论分析框架》，《管理世界》2015 年第 10 期。

尹斯斯等：《中国企业对外直接投资与贸易福利：理论与经验研究》，《世界经济》2020 年第 7 期。

尹志超等：《银企关系、银行业竞争与中小企业借贷成本》，《金融研究》2015 年第 1 期。

于新亮等：《企业年金的"生产率效应"》，《中国工业经济》2017 年第 1 期。

余官胜等：《国际投资保护会导致中国企业对外直接投资受阻吗？：典型事实与实证检验》，《世界经济研究》2020 年第 9 期。

余静文：《信贷约束、股利分红与企业预防性储蓄动机——来自中国 A 股上市公司的证据》，《金融研究》2012 年第 10 期。

余静文：《最优金融条件与经济发展——国际经验与中国案例》，《经济研究》2013 年第 12 期。

余静文、惠天宇：《银行业竞争有助于产品质量升级吗？》，《金融学季刊》2019年第4期。

余静文等：《银行业"松绑"与企业"走出去"：基于中国工业企业数据库数据的分析》，《统计研究》2021年第4期。

余静文、李媛媛：《轻装上阵，行稳致远——企业"走出去"中的担保物权制度因素研究》，武汉大学金融发展与政策研究中心工作论文，2022年。

余静文等：《对外直接投资与出口产品质量升级：来自中国的经验证据》，《世界经济》2021年第1期。

余淼杰、高恺琳：《进口中间品和企业对外直接投资概率——来自中国企业的证据》，《经济学（季刊）》2021年第4期。

余淼杰、张睿：《人民币升值对出口产品质量的提升效应：来自中国的微观证据》，《管理世界》2017年第5期。

余明桂等：《民营化、融资约束与企业创新——来自中国工业企业的证据》，《金融研究》2019年第4期。

余振、陈鸣：《贸易摩擦对中国对外直接投资的影响：基于境外对华反倾销的实证研究》，《世界经济研究》2019年第12期。

余子良、佟家栋：《所有制、出口行为与企业融资约束》，《世界经济》2016年第3期。

袁堂军：《中国企业全要素生产率水平研究》，《经济研究》2009年第6期。

苑德宇等：《外商直接投资进入是否增进了中国城市基础设施绩效》，《世界经济》2017年第8期。

臧成伟、蒋殿春：《"主场优势"与国有企业海外并购倾向》，《世界经济》2020年第6期。

张成思等：《宏观经济感知、货币政策与微观企业投融资行为》，《经济研究》2021年第10期。

张春生、蒋海：《资本项目开放的测度方法研究》，《上海经济研究》2016年第7期。

张海波：《外部冲击、信贷扩张与中国企业对外直接投资——基于 2008 年国际金融危机的研究启示》,《国际贸易问题》2021 年第 3 期。

张建清、龚恩泽:《中欧班列对中国城市全要素生产率的影响研究》,《世界经济研究》2021 年第 11 期。

张杰:《金融抑制、融资约束与出口产品质量》,《金融研究》2015 年第 6 期。

张杰等:《中国的银行管制放松、结构性竞争和企业创新》,《中国工业经济》2017 年第 10 期。

张杰等:《中国出口产品质量得到提升了么?》,《经济研究》2014 年第 10 期。

张俊美、佟家栋:《"一带一路"国际人才网络对中国出口贸易的影响:来自出口企业的微观证据》,《世界经济研究》2021 年第 9 期。

张礼卿、钟茜:《全球金融周期、美国货币政策与"三元悖论"》,《金融研究》2020 年第 2 期。

张铭心等:《数字金融的发展对企业出口产品质量的影响研究》,《财贸研究》2021 年第 6 期。

张夏等:《事实汇率制度选择、企业生产率与对外直接投资》,《金融研究》2019 年第 10 期。

张永亮、邹宗森:《进口种类、产品质量与贸易福利:基于价格指数的研究》,《世界经济》2018 年第 1 期。

张勇等:《二元悖论是否是真实的货币政策约束》,《世界经济》2021 年第 4 期。

中国人民银行赣州市中心支行课题组:《市场分割与信贷配给:利率市场化的体制及经济效应》,《金融研究》2006 年第 1 期。

钟宁桦等:《全球经济危机后中国的信贷配置与稳就业成效》,《经济研究》2021 年第 9 期。

钟伟等:《人民币 J 曲线效应的经验分析》,《世界经济》2001 年第 1 期。

周学仁、张越:《国际运输通道与中国进出口增长——来自中欧班列的证据》,《管理世界》2021 年第 4 期。

祝树金等：《环境信息公开、成本冲击与企业产品质量调整》，《中国工业经济》2022年第3期。

祝树金、汤超：《企业上市对出口产品质量升级的影响——基于中国制造业企业的实证研究》，《中国工业经济》2020年第2期。

Abiad Abdul, et al., "A New Database of Financial Reforms", *IMF Staff Papers*, Vol. 57, No. 2, 2010, pp. 281–302.

Abidi Nordine and Miquel-Flores Ixart, "Who Benefits from the Corporate QE? A Regression Discontinuity Design Approach", ECB Working Paper, No. 2145, 2018.

Acemoglu Daron, et al., "The Network Origins of Aggregate Fluctuations", *Econometrica*, Vol. 80, No. 5, 2012, pp. 1977–2016.

Ackerberg A. Daniel, et al., "Identification Properties of Recent Production Function Estimators", *Econometrica*, Vol. 83, No. 6, 2015, pp. 2411–2451.

Adelino Manuel, et al., "Trade Credit and the Transmission of Unconventional Monetary Policy", NBER Working Papers, No. 27077, 2020.

Aghion Philippe, et al., "When Does Domestic Saving Matter for Economic Growth?", NBER Working Paper, No. 12275, 2006.

Aguirregabiria Victor, et al., "A Dynamic Structural Model of Virus Diffusion and Network Production: A First Report", Working Paper, 2020.

Aizenman Joshua, et al., "Monetary Policy Spillovers and the Trilemma in the New Normal: Periphery Country Sensitivity to Core Country Conditions", *Journal of International Money & Finance*, Vol. 68, 2016, pp. 298–330.

Akins Brain, et al., "Bank Competition and Financial Stability: Evidence from the Financial Crisis", *Journal of Financial & Quantitative Analysis*, Vol. 51, No. 1, 2016, pp. 1–28.

Albagli Elias, et al., "Channels of US Monetary Policy Spillovers to International Bond Markets", *Journal of Financial Economics*, Vol. 134, No. 2, 2019, pp. 447–473.

Allen Franklin, et al., "Law, Finance, and Economic Growth in China", *Journal of Financial Economics*, Vol. 77, No. 1, 2005, pp. 57–116.

Amberg Niklas, et al., "Curbing Shocks to Corporate Liquidity: The Role of Trade Credit", *Journal of Political Economy*, Vol. 129, No. 1, 2021, pp. 182–242.

Amiti Mary, et al., "Supply and Demand Side Factors in Global Banking", CEPR Working Paper, No. 12091, 2017.

Ammer John, et al., "International Spillovers of Monetary Policy", IFDP Notes 2016-02-08-1, Board of Governors of the Federal Reserve System (U.S.), 2016.

Anwar Sajid and Sun Sizhong, "Foreign Direct Investment and Export Quality Upgrading in China's Manufacturing Sector", *International Review of Economics & Finance*, Vol. 54, No. 3, 2018, pp. 289–298.

Baker C. Andrew, et al., "How Much Should We Trust Staggered Difference-in-Differences Estimates", *Journal of Financial Economics*, Vol. 144, No. 2, 2022, pp. 370–395.

Baqaee David and Farhi Emmanuel, "Supply and Demand in Disaggregated Keynesian Economies with an Application to the Covid-19 Crisis", Mimeo, UCLA and Harvard, 2020.

Bas Maria and Strauss-Kahn Vanessa, "Input-Trade Liberalization, Export Prices and Quality Upgrading", *Journal of International Economics*, Vol. 95, No. 2, 2015, pp. 250–262.

Bastos Paulo and Silva Joana, "The Quality of a Firm's Exports: Where You Export to Matters", *Journal of International Economics*, Vol. 82, No. 2, 2010, pp. 99–111.

Beck Thorsten and Levine Ross, "Stock Markets, Banks, and Growth: Panel Evidence", *Journal of Banking & Finance*, Vol. 28, No. 3, 2004, pp. 423–442.

Beck Thorsten, et al., "SMEs, Growth, and Poverty: Cross-Country Evidence", *Journal of Economic Growth*, Vol. 10, No. 3, 2005, pp. 199-229.

Beck Thorsten, et al., "Bank Competition and Access to Finance: International Evidence", *Journal of Money, Credit, and Banking*, Vol. 36, No. 3, 2004, pp. 627-648.

Beck Thorsten, et al., "Big Bad Banks? The Winners and Losers from Bank Deregulation in the United States", *Journal of Finance*, Vol. 65, No. 5, 2010, pp. 1637-1667.

Berger N. Allen, et al., "The Effects of Focus Versus Diversification on Bank Performance: Evidence from Chinese Banks", *Journal of Banking & Finance*, Vol. 34, 2010, pp. 1417-1435.

Bernanke S. Ben and Blinder S. Alan, "The Federal Funds Rate and the Channels of Monetary Transmission", *American Economic Review*, Vol. 82, No. 4, 1992, pp. 901-921.

Bernini Michele, et al., "Financial Leverage and Export Quality: Evidence from France", *Journal of Banking & Finance*, Vol. 59, No. 6, 2015, pp. 280-296.

Brainard S. Lael, "An Empirical Assessment of the Proximity-Concentration Trade-off between Multinational Sales and Trade", *American Economic Review*, Vol. 87, No. 4, 1997, pp. 520-544.

Brambilla Irene, et al., "Exports, Export Destinations, and Skills", *American Economic Review*, Vol. 102, No. 7, 2012, pp. 3406-3438.

Brandt Loren, et al., "Creative Accounting or Creative Destruction? Firm-Level Productivity Growth in Chinese Manufacturing", *Journal of Development Economics*, Vol. 97, No. 2, 2012, pp. 339-351.

Broda Christian and Weinstein E. David, "Globalization and the Gains from Variety", *Quarterly Journal of Economics*, Vol. 121, No. 2, 2006, pp. 541-585.

Broda Christian, et al., "From Groundnuts to Globalization: A Structural Estimate of Trade and Growth", *NBER Working Paper*, No. 12512, 2006.

Buch M. Claudia, et al., "The International Transmission of Monetary Policy", *NBER Working Paper*, No. 24454, 2018.

Buch M. Claudia, et al., "Financial Constraints and Foreign Direct Investment: Firm - Level Evidence", *Review of World Economics*, Vol. 150, No. 2, 2014, pp. 393-420.

Buckley J. Peter and Casson Mark, "The Future of the Multinational Enterprise", *London: Macmillan*, 1976.

Bureau Benjamin, et al., "Corporate Liquidity during the Covid-19 Crisis: The Trade Credit Channel", *Working Paper*, 2021.

Bussière Matthieu and Fratzscher Marcel, "Financial Openness and Growth: Short-run Gain, Long-run Pain?", *Review of International Economics*, Vol. 16, No. 1, 2008, pp. 69-95.

Cai Hongbin and Liu Qiao, "Competition and Corporate Tax Avoidance: Evidence from Chinese Industrial Firms", *Economic Journal*, Vol. 119, No. 537, 2009, pp. 764-795.

Calvo A. Guillermo and Reinhart M. Carmen, "Fear of Floating", *Quarterly Journal of Economics*, Vol. 117, No. 2, 2002, pp. 379-408.

Cameron A. Colin and Miller L. Douglas, "A Practitioner's Guide to Cluster-Robust Inference", *Journal of Human Resources*, Vol. 50, No. 2, 2015, pp. 317-372.

Campello Murillo and Larrain Mauricio, "Enlarging the Contracting Space: Collateral Menus, Access to Credit, and Economic Activity", *Review of Financial Studies*, Vol. 29, No. 2, 2016, pp. 349-383.

Cantwell John. and Tolentino Estrella Paz, "Technological accumulation and Third World multinationals", University of Reading, 1990.

Carbó-Valverde Santiago, et al., "Bank Market Power and SME Financing Constraints", *Review of Finance*, Vol. 13, No. 2, 2006, pp. 143-163.

Carvalho M. Vasco, et al., "Supply Chain Disruptions: Evidence from the Great East Japan Earthquake", *Quarterly Journal of Economics*,

Vol. 136, No. 2, 2021, pp. 1255-1321.

Casu Barbara and Girardone Claudia, "Testing the Relationship Between Competition and Efficiency in Banking: A Panel Data Analysis", *Economics Letters*, Vol. 105, No. 1, 2009, pp. 134-137.

Chava Sudheer, et al., "Banking Deregulation and Innovation", *Journal of Financial Economics*, Vol. 109, No. 3, 2013, pp. 759-774.

Chen Cheng, et al., "Outward FDI and Domestic Input Distortions: Evidence from Chinese Firms", *Economics Journal*, Vol. 129, No. 624, 2019, pp. 3025-3057.

Chen Jinzhao and Qian Xingwang, "Measuring On-Going Changes in China's Capital Controls: A De jure and a Hybrid Index Data Set", *China Economic Review*, Vol. 38, 2016, pp. 167-182.

Chen Shenglan, et al., "Bank Credit and Trade Credit: Evidence from Natural Experiments", *Journal of Banking & Finance*, Vol. 108, 2019, pp. 105-616.

Chen Wenjie and Tang Heiwai, "The Dragon is Flying West: Micro-Level Evidence of Chinese Outward Direct Investment", *Asian Development Review*, Vol. 31, No. 2, 2014, pp. 109-140.

Child John and Rodrigues B. Suzana, "The Internationalization of Chinese Firms: A Case for Theoretical Extension", *Management and Organization Review*, Vol. 1, No. 3, 2005, pp. 381-410.

Chinn D. Menzie and Ito Hiro, "What Matters for Financial Development? Capital Controls, Institutions, and Interactions", *Journal of Development Economics*, Vol. 81, No. 1, 2006, pp. 163-192.

Chong Tai-Leung Terence, et al., "Does Banking Competition Alleviate or Worsen Credit Constraints Faced by Small-and Medium-Sized Enterprises?", *Evidence from China. Journal of Banking & Finance*, Vol. 37, 2013, pp. 3412-3424.

Christiano J. Lawrence, et al., "The Effects of Monetary Policy Shocks: Evidence from the Flow of Funds", *Review of Economics and Statis-

tics, Vol. 78, No. 1, 1996, pp. 16-34.

Cloyne James, et al., "Monetary Policy when Households have Debt: New Evidence on the Transmission Mechanism", *Review of Economic Study*, Vol. 87, No. 1, 2020, pp. 102-129.

Conley G. Timothy, et al., "Plausibly Exogenous", *Review of Economics and Statistics*, Vol. 94, No. 1 2012, pp. 260-272.

Cordella Tito and Rojas O. Anderson, "Financial Globalization and Market Volatility: An Empirical Appraisal", *World Bank Working Paper*, No. 8091, 2017.

Cornaggia Jess, et al., "Does Banking Competition Affect Innovation?", *Journal of Financial Economics*, Vol. 115, No. 1, 2015, pp. 189-209.

Cortes S. Gustavo, et al., "Credit Shock Propagation in Firm Networks: Evidence from Government Bank Credit Expansions", Working Paper, 2019.

Costello M. Anna, "Credit Market Disruptions and Liquidity Spillover Effects in the Supply Chain", *Journal of Political Economy*, Vol. 129, No. 9, 2020, pp. 3434-3468.

Cozza Claudio, et al., "The Impact of Outward FDI on the Performance of Chinese Firms", *China Economic Review*, Vol. 36, 2015, pp. 42-57.

Coşar A. Kerem and Demir Banu, "Domestic Road Infrastructure and International Trade", *Journal of Development Economics*, Vol. 118, 2016, pp. 232-244.

Crinò Rosario and Ogliari Laura, "Financial Imperfections, Product Quality, and International Trade", *Journal of International Economics*, Vol. 104, 2017, pp. 63-84.

Curcuru E. Stephanie, et al., "International Spillovers of Monetary Policy: Conventional Policy vs. Quantitative Easing", *International Finance Discussion Papers*, No. 1234, 2018.

Dai Mi, et al., "Persistent Effects of Initial Labor Market Conditions: The Case of China's Tariff Liberalization after WTO Accession", *Journal of Economic Behavior & Organization*, Vol. 178, 2020, pp. 566-581.

Daniel Kent, et al., "Monetary Policy and Reaching for Income", *Journal of Finance*, Vol. 76, No. 3, 2021, pp. 1145-1193.

Delis D. Manthos, "Bank Competition, Financial Reform, and Institutions: The Importance of Being Developed", *Journal of Development Economics*, Vol. 97, 2012, pp. 450-465.

Dell Melissa, "The Persistent Effects of Peru's Mining 'Mita'", *Econometrica*, Vol. 78, No. 6, 2010, pp. 1863-1903.

Demir Banu and Javorcik Beata, "Trade Finance Matters: Evidence from the COVID-19 Crisis", *Oxford Review of Economic Policy*, Vol. 36, No. S1, 2020, pp. S397-S408.

Demirgüç-Kunt Asli, et al., "The Evolving Importance of Banks and Securities Markets", *World Bank Economic Review*, Vol. 27, No. 3, 2013, pp. 476-490.

di Giovanni Julian and Hale Galina, "Stock Market Spillovers via the Global Production Network: Transmission of U.S. Monetary Policy", *Journal of Finance*, 2022, forthcoming.

di Giovanni Julian, et al., "International Spillovers and Local Credit Cycles", *Review of Economic Studies*, 2021, forthcoming.

di Giovanni Julian, et al., "Foreign Shocks as Granular Fluctuations", *Working Paper*, 2021.

Du Julan and Zhang Yifei, "Does One Belt One Road Initiative Promote Chinese Overseas Direct Investment", *China Economic Review*, Vol. 47, 2018, pp. 189-205.

Dunning H. John and Narula Rajneesh, "Foreign Direct Investment and Governments: Catalysts for Economic Restructuring", London: Taylor & Francis, 1996.

Dunning H. John, "Explaining the International Direct Investment Position of Countries: Towards a Dynamic or Developmental Approach", *Review of World Economics*, Vol. 117, No. 1, 1981, pp. 30-64.

Edamura Kazuma, et al., "Impact of Chinese Cross-Border Outbound M&As on Firm Performance: Econometric Analysis Using Firm-Level Data", *China Economic Review*, Vol. 30, 2014, pp. 169-179.

Fan Haichao, et al., "Trade Liberalization and Markups: Micro Evidence from China", *Journal of Comparative Economics*, Vol. 46, No. 1, 2018, pp. 103-130.

Fan Haichao, et al., "Credit Constraints, Quality, and Export Prices: Theory and Evidence from China", *Journal of Comparative Economics*, Vol. 43, No. 2, 2015, pp. 390-416.

Fan Haichao, et al., "On the Relationship Between Quality and Productivity: Evidence from China's Accession to the WTO?", *Journal of International Economics*, Vol. 110, 2018, pp. 28-49.

Fan Haichao, et al., "Trade Liberalization, Quality, and Export Prices", *Review of Economics and Statistics*, Vol. 97, No. 5, 2015, pp. 1033-1051.

Feenstra C. Robert, et al., "Exports and Credit Constraints under Incomplete Information: Theory and Evidence from China", *Review of Economics and Statistics*, Vol. 96, No. 4, 2014, pp. 729-744.

Feldstein Martin and Horioka Charles, "Domestic Saving and International Capital Flows", *Economic Journal*, Vol. 90, No. 358, 1980, pp. 314-329.

Fernández Andrés, et al., "Capital Control Measures: A New Dataset", *IMF Economic Review*, Vol. 64, No. 3, 2016, pp. 548-574.

Fisman Ryamond and Love Inessa, "Trade Credit, Financial Intermediary Development, and Industry Growth", *Journal of Finance*, Vol. 58, No. 1, 2003, pp. 353-374.

Fu Xiaolan, et al., "Unpacking the Relationship between Outward Direct Investment and Innovation Performance: Evidence from Chinese Firms",

World Development, Vol. 102, 2018, pp. 111-123.

Fung K. Michael, "Financial Development and Economic Growth: Convergence or Divergence", *Journal of International Money & Finance*, Vol. 28, No. 1, 2009, pp. 56-67.

Fungáčová Zuzana, et al., "Does Bank Competition Reduce Cost of Credit? Cross-Country Evidence from Europe", *Journal of Banking & Finance*, Vol. 82, 2017, pp. 104-120.

Fungáčová Zuzana, et al., "Does Competition Influence the Bank Lending Channel in the Euro Area?", *Journal of Banking & Finance*, Vol. 49, 2014, pp. 356-366.

Gabaix Xavier, "The Granular Origins of Aggregate Fluctuations", *Econometrica*, Vol. 79, No. 3, 2011, pp. 733-772.

Garcia-Appendini Emilia and Montoriol-Garriga Judit, "Firms as Liquidity Providers: Evidence from the 2007-2008 Financial Crisis", *Journal of Financial Economics*, Vol. 109, No. 1, 2013, pp. 272-291.

Garvin A. David, "What Does 'Product Quality' Really Mean?", *MIT Sloan Management Review*, Vol. 26, No. 1, 1984, pp. 25-43.

Georgiadis Georgios and Mehl Arnaud, "Financial Globalisation and Monetary Policy Effectiveness", *Journal of International Economics*, Vol. 103, 2016, pp. 200-121.

Ghauri N. Pervez and Park Byung, "The Impact of Turbulent Events on Knowledge Acquisition: Comparison of Cross-Border Acquisitions Formed Before and After the Crisis", *Management International Review*, Vol. 52, 2012, pp. 293-315.

Goetz R. Martin, et al., "Does the Geographic Expansion of Banks Reduce Risk?", *Journal of Financial Economics*, Vol. 120, No. 2, 2016, pp. 34-62.

Goetz R. Martin, et al., "Identifying the Valuation Effects and Agency Costs of Corporate Diversification: Evidence from the Geographic Diversification of U.S. Banks", *Review of Financial Studies*, Vol. 26, No. 7,

2013, pp. 1787-1823.

Greenwood Jeremy and Jovanovic Boyan, "Financial Development, Growth, and the Distribution of Income", *Journal of Political Economy*, Vol. 98, No. 5, 1990, pp. 1076-1107.

Hadlock J. Charles and Pierce R. Joshua, "New Evidence on Measuring Financial Constraints: Moving Beyond the KZ Index", *Review of Financial Studies*, Vol. 23, No. 5, 2010, pp. 1909-1940.

Hall H. Bronwyn, "The Financing of Research and Development", *Oxford Review of Economic Policy*, Vol. 18, No. 1, 2002, pp. 35-51.

Hallak C. Juan, "Product Quality and the Direction of Trade", *Journal of International Economics*, Vol. 68, No. 1, 2006, pp. 238-265.

Han Xuehui and Wei Shangjin, "International Transmissions of Monetary Shocks: Between a Trilemma and a Dilemma", *Journal of International Economics*, Vol. 110, 2018, pp. 205-219.

Hanson G. Samuel and Stein C. Jeremy, "Monetary Policy and Long-Term Real Rates", *Journal of Financial Economics*, Vol. 115, No. 3, 2015, pp. 429-48.

Harding Torfinn and Javorcik S. Beata, "Foreign Direct Investment and Export Upgrading", *Review of Economics and Statistics*, Vol. 94, No. 4, 2012, pp. 964-980.

Hayami Hitoshi, et al., "Wages, Overseas Investment and Ownership: Implications for Internal Labor Markets in Japan", *International Journal of Human Resource Management*, Vol. 23, No. 14, 2012, pp. 2959-2974.

Helpman Elhanan, et al., "Export vs FDI", *America Economic Review*, Vol. 94, No. 1, 2004, pp. 300-316.

Henry B. Peter and Sasson Diego, "Capital Account Liberalization, Real Wages, and Productivity", *NBER Working Paper*, No. 13880, 2008.

Hofmann Brois, et al., "Sovereign Yields and the Risk-Taking Channel of Currency Appreciation", *Bank for International Settlements*, 2015.

Hsieh Chang-Tai and Klenow J. Peter, "Misallocation and Manufacturing TFP in China and India", *Quarterly Journal of Economics*, Vol. 124, No. 4, 2009, pp. 1403-1448.

Hu Cui and Lin Faqin, "Product Standards and Export Quality: Micro Evidence from China", *Economics Letters*, Vol. 145, 2016, pp. 274-277.

Huang Youxing and Zhang Yan, "How does Outward Foreign Direct Investment Enhance Firm Productivity? A Heterogeneous Empirical Analysis from Chinese Manufacturing", *China Economic Review*, Vol. 44, 2017, pp. 1-15.

Hummels David and Skiba Alexandre, "Shipping the Good Apples Out? An Empirical Confirmation of the Alchian-Allen Conjecture", *Journal of Political Economy*, Vol. 112, No. 6, 2004, pp. 1384-1402.

Huo Zhen, et al., "International Comovement in the Global Production Network", NBER Working Paper, No. 25978, 2020.

Huremović Kenan, et al., "Production and Financial Networks in Interplay: Crisis Evidence from Supplier-Customer and Credit Registers", Working Paper, 2020.

Hutchison M. Micheal, et al., "Effectiveness of Capital Controls in India: Evidence from the Offshore NDF Market", *IMF Economic Review*, Vol. 60, No. 3, 2012, pp. 395-438.

Hymer Stephen, *International Operations of National Firms: A Study of Direct Foreign Investment*, Cambridge MA: MIT Press, 1976.

Hymer Stephen, "The Efficiency (Contradictions) of Multinational Corporations", *American Economic Review*, Vol. 60, No. 2, 1960, pp. 441-448.

Ilzetzki Ethan, et al., "Exchange Arrangements Entering the 21st Century: Which Anchor Will Hold?", *Quarterly Journal of Economics*, Vol. 134, No. 2, 2019, pp. 599-646.

Jackson E. John and Thomas R. Ann, "Bank Structure and New Business Creation Lessons from an Earlier Time", *Regional Science & Urban E-*

conomics, Vol. 25, No. 3, 1995, pp. 323-353.

Jarociński Marek and Karadi Peter, "Deconstructing Monetary Policy Surprises: The Role of Information Shocks", *American Economic Journal: Macroeconomics*, Vol. 12, No. 2, 2020, pp. 1-43.

Jayaraman Sudarshan and Kothari S. P., "Cross-Border Financing by the Industrial Sector Increases Competition in the Domestic Banking Sector", *Accounting Review*, Vol. 91, No. 2, 2016, pp. 535-558.

Jiang Liangliang, et al., "Competition and Bank Liquidity Creation", NBER Working Paper, No. 22195, 2016.

Johanson Jan and Vahlne Jan-Erik, "The Mechanism of Internationalisation", *International Marketing Review*, Vol. 7, No. 4, 1990, pp. 111-124.

Joya Omar and Rougier Eric, "Do (all) Sectoral Shocks Lead to Aggregate Volatility? Empirics from a Pproduction Network Perspective", *European Economic Review*, Vol. 113, 2019, pp. 77-107.

Kalemli-Özcan Şebnem, "U. S. Monetary Policy and International Risk Spillovers", NBER Working Paper, No. 26297, 2019.

Khandelwal K. Amit, et al., "Trade Liberalization and Embedded Institutional Reform: Evidence from Chinese Exporters", *American Economic Review*, Vol. 103, No. 6, 2013, pp. 2169-2195.

Khandelwal K. Amit, "The Long and Short (of) Quality Ladders", *Review of Economic Studies*, Vol. 77, No. 4, 2010, pp. 1450-1476.

Kim Kyungkun and Pyun Hyun Ju, "Exchange Rate Regimes and the International Transmission of Business Cycles: Capital Account Openness Matters", *Journal of International Money and Finance*, Vol. 87, 2018, pp. 44-61.

Kippersluis V. Hans and Rietveld A. Cornelius, "Beyond Plausibly Exogenous", *Econometrics Journal*, Vol. 21, 2018, pp. 316-331.

Kogut Bruce and Chang J. Sea, "Technological Capabilities and Japanese Foreign Direct Investment in the United States", *Review of Economics* and Statistics, Vol. 73, No. 3, 1991, pp. 401-413.

Kojima Kiyoshi, "Japanese and American Direct Investment in Asia: A Comparative Analysis", Hitotsubashi Journal of Economics, Vol. 26, No. 1, 1978, pp. 1-35.

Konings Jozef and Murphy P. Alan, "Do Multinational Enterprises Relocate Employment to Low-Wage Regions? Evidence from European Multinationals", Review of World Economics, Vol. 142, No. 2, 2006, pp. 267-286.

Kose M. Ayhan, et al., "Does Openness to International Financial Flows Raise Productivity Growth?", Journal of International Money & Finance, Vol. 28, No. 4, 2009, pp. 554-580.

La Porta Rafael, et al., "Law and Finance", Journal of Political Economy, Vol. 106, No. 6, 1998, pp. 1113-1155.

Lacoviello Matteo and Navarro Gaston, "Foreign Effects of Higher U.S. Interest Rates", Journal of International Money and Finance, Vol. 95, 2019, pp. 232-250.

Lakdawala Aeimit, et al., "The International Spillover Effects of US Monetary Policy Uncertainty", Journal of International Economics, Vol. 133, 2021, pp. 103-525.

Lall Sanjaya, "The New Multinationals: The Spread of Third World Enterprises", John Wiley & Sons, New York, 1983.

Lane R. Philip and Milesi-Ferretti M. Gian, "The External Wealth of Nations Mark II: Revised and Extended Estimates of Foreign Assets and Liabilities, 1970 - 2004", Journal of International Economics, Vol. 73, No. 2, 2007, pp. 223-250.

Larrain Mauricio and Stumpner Sebastian, "Capital Account Liberalization and Aggregate Productivity: The Role of Firm Capital Allocation", Journal of Finance, Vol. 72, No. 4, 2017, pp. 1825-1857.

Law H. Siong and Singh Nirvikar, "Does Too Much Finance Harm Economic Growth?", Journal of Banking & Finance, Vol. 41, No. 1, 2014, pp. 36-44.

Leon Florian, "Does Bank Competition Alleviate Credit Constraints in Developing Countries?", *Journal of Banking & Finance*, Vol. 57, 2015, pp. 130–142.

Levine Ross, "Financial Development and Economic Growth: Views and Agenda", *Journal of Economic Literature*, Vol. 35, No. 2, 1997, pp. 688–726.

Levinsohn James and Petrin Amil, "Estimating Production Functions Using Inputs to Control for Unobservables", *Review of Economic Studies*, Vol. 70, No. 2, 2003, pp. 317–341.

Li Guangzhong, et al., "Does Property Rights Protection Affect Export Quality? Evidence from a Property Law Enactment", *Journal of Economic Behavior & Organization*, Vol. 183, 2021, pp. 811–832.

Li Qingyuan, et al., "Political Investment Cycles of State-Owned Enterprises", *Review of Financial Studies*, Vol. 33, No. 7, 2020, pp. 3088–3129.

Ligonnierea Samuel, "Trilemma, Dilemma and Global Players", *Journal of International Money and Finance*, Vol. 85, 2018, pp. 20–39.

Lin Mi and Kwan K. Yum, "FDI Technology Spillovers, Geography, and Spatial Diffusion", *International Review of Economics & Finance*, Vol. 43, 2015, pp. 257–274.

Lin Shu and Ye Haichun, "Foreign Direct Investment, Trade Credit, and Transmission of Global Liquidity Shocks: Evidence from Chinese Manufacturing Firms", *Review of Financial Studies*, Vol. 31, No. 1, 2018, pp. 206–238.

Long B. John and Plosser I. Charles, "Real Business Cycles", *Journal of Political Economics*, Vol. 91, No. 1, 1983, pp. 39–69.

Lu Yi, et al., "Identifying FDI Spillovers", *Journal of International Economics*, Vol. 107, 2017, pp. 75–90.

Lucas E. Jr. Robert, "Why Doesn't Capital Flow from Rich to Poor Countries?", *American Economic Review*, Vol. 80, No. 2, 1990, pp. 92–96.

Ludema D. Rodney and Yu Zhi, "Tariff Pass-Through, Firm Heterogeneity and Product Quality", *Journal of International Economics*, Vol. 103, 2016, pp. 234-249.

Manova Kalina and Zhang Zhiwei, "Export Prices across Firms and Destinations", *Quarterly Journal of Economics*, Vol. 127, No. 1, 2012, pp. 379-436.

Meier Simone, "Financial Globalization and Monetary Transmission", *Globalization Institute Working Papers*, 2013.

Meyer E. Klaus, et al., "Managing Knowledge in Foreign Market Entry Strategies: A Resource Based Analysis", *Strategic Management Journal*, Vol. 30, No. 5, 2009, pp. 557-574.

Miranda-Agrippino Silvia and Rey Hélène, "U. S. Monetary Policy and the Global Financial Cycle", *Review of Economics Studies*, Vol. 87, No. 6, 2020, pp. 2754-2776.

Morris Stephen and Shin S. Hyun, "Risk-Taking Channel of Monetary Policy: A Global Game Approach", Working Paper, *Princeton University*, 2014.

Moulton R. Brent, "An Illustration of a Pitfall in Estimating the Effects of Aggregate Variables on Micro Units", *Review of Economics and Statistics*, Vol. 72, No. 2, 1990, pp. 334-338.

Mourao R. Paulo, "What is China Seeking from Africa? An Analysis of the Economic and Political Determinants of Chinese Outward Foreign Direct Investment Based on Stochastic Frontier Models", *China Economic Review*, Vol. 48, 2018, pp. 258-268.

Narula Rajneesh and Dunning H. John. "Multinational Enterprises, Development and Globalization: Some Clarifications and a Research Agenda", *Oxford Development Studies*, Vol. 38, No. 3, 2010, pp. 263-287.

Navaretti Barba Giorgio, Castellani Davide and Disdier Anne-Célia, "How Does Investing in Cheap Labour Countries Affect Performance at Home? Firm-Level Evidence from France and Italy", Oxford Economic Papers, Vol. 62, No. 2, 2010, pp. 234-260.

Neely J. Christopher, "Unconventional Monetary Policy Had Large International Effects", *Journal of Banking & Finance*, Vol. 52, 2015, pp. 101-111.

Nunn Nathan and Wantchekon Leonard, "The Slave Trade and the Origins of Mistrust in Africa", *American Economic Review*, Vol. 101, No. 7, 2011, pp. 3221-3252.

Obstfeld Maurice, et al., "A Tie That Binds: Revisiting the Trilemma in Emerging Market Economies", *Review of Economics and Statistics*, Vol. 101, No. 2, 2019, pp. 279-293.

Obstfeld Maurice, et al., "The Trilemma in History: Tradeoff among Exchange Rates, Monetary Policies, and Capital Mobility", *Review of Economics and Statistics*, Vol. 87, No. 3, 2005, pp. 423-438.

Obstfeld Maurice, "Trilemmas and Tradeoffs: Living with Financial Globalization", Mimeo, University of California, Berkeley, 2014.

Olley G. Steven and Pakes Ariel, "The Dynamics of Productivity in the Telecommunications Equipment Industry", *Econometrica*, Vol. 64, No. 6, 1996, pp. 1263-1297.

Ozdagli K. Ali and Weber Michael, "Monetary Policy through Production Networks: Evidence from the Stock Market", *NBER Working Paper*, No. 23424, 2017.

Pasricha K. Gurnain, et al., "Domestic and Multilateral Effects of Capital Controls in Emerging Markets", *Journal of International Economics*, Vol. 115, 2018, pp. 48-58.

Passari Evgenia and Rey Hélène, "Financial Flows and the International Monetary System", *Economic Journal*, Vol. 125, No. 584, 2015, pp. 675-698.

Pasten Ernesto, et al., "The Propagation of Monetary Policy Shocks in a Heterogeneous Production Economy", *Journal of Monetary Economics*, Vol. 116, 2020, pp. 1-22.

Peng Hongfeng and Yu Jingwen, "Absorptive Capacity and Quality Upgrading Effect of OFDI: Evidence from China", *Pacific Economic Review*, Vol. 26, No. 5, 2021, pp. 651-671.

Petersen A. Mitchell and Rajan G. Raghuram, "The Effect of Credit Market Competition on Lending Relationships", *Quarterly Journal of Economics*, Vol. 110, No. 2, 1995, pp. 407-443.

Petersen A. Mitchell and Rajan G. Raghuram, "Trade Credit: Theories and Evidence", *Review of Financial Studies*, Vol. 10, No. 3, 1997, pp. 661-691.

Quinn P. Dennis and Toyoda A. Maria, "Does Capital Account Liberalization Lead to Growth?", *Review of Financial Studies*, Vol. 21, No. 3, 2008, pp. 1403-1449.

Quinn P. Dennis, "The Correlates of Change in International Financial Regulation", *American Political Science Review*, Vol. 91, No. 3, 1997, pp. 531-551.

Rauch E. James, "Networks Versus Markets in International Trade", *Journal of International Economics*, Vol. 48, No. 1, 1999, pp. 7-35.

Rey Hélène, "Dilemma not Trilemma: The Global Financial Cycle and Monetary Policy Independence", NBER Working Paper, No. 21162, 2015.

Rodrik Dani and Subramanian Arvind, "Why Did Financial Globalization Disappoint?", IMF Staff Papers, Vol. 56, No. 1, 2019, pp. 112-138.

Romer D. Christina and Romer H. David, "A New Measure of Monetary Shocks Derivation and Implications", *American Economic Review*, Vol. 94, No. 4, 2004, pp. 1055-1084.

Rosenbaum R. Paul and Rubin B. Donald, "Assessing Sensitivity to an Unobserved Binary Covariate in an Observational Study with Binary Outcome", *Journal of the Royal Statistical Society. Series B (Methodological)*, Vol. 45, No. 2, 1983, pp. 212-218.

Samargandi Nahla, et al., "Is the Relationship Between Financial Development and Economic Growth Monotonic? Evidence from a Sample of Middle-Income Countries", *World Development*, Vol. 68, No. 1, 2015, pp. 66-81.

Savignac Frederique, "Impact of Financial Constraints on Innovation: What can be Learned from a Direct Measure?" *Economics of Innovation & New Technology*, Vol. 17, No. 6, 2008, pp. 553-569.

Shambaugh C. Jay, "The Effects of Fixed Exchange Rates on Monetary Policy", *Quarterly Journal of Economics*, Vol. 119, No. 1, 2004, pp. 301-352.

Shen Yan, et al., "Bank Size and Small-and Medium-sized Enterprise (SME) Lending: Evidence from China", *World Development*, Vol. 37, No. 4, 2009, pp. 800-811.

Shewhart A. Walter, *Economic Control of Quality of Manufactured Product*, Milwaukee. WI: ASQ Quality Press, 1931.

Shu Chang and Ng Brian, "Monetary Stance and Policy Objectives in China A Narrative Approach", *China Economic Issues*, No. 1/10, 2010.

Simone Auer, "Monetary Policy Shocks and Foreign Investment Income: Evidence from a Large Bayesian VAR", *Journal of International Money and Finance*, Vol. 93, 2019, pp. 142-166.

Slaughter J. Matthew, "Production Transfer within Multinational Enterprises and American Wages", *Journal of International Economics*, Vol. 50, No. 2, 2000, pp. 449-472.

Song Zheng, et al., "Growing Like China", *American Economic Review*, Vol. 101, No. 1, 2011, pp. 202-241.

Sun Liyang and Abraham Sarah, "Estimating Dynamic Treatment Effects in Event Studies with Heterogeneous Treatment Effects", *Journal of Econometrics*, Vol. 225, No. 2, 2021, pp. 175-199.

Todo Yasuyuki, "Quantitative Evaluation of the Determinants of Export and FDI: Firm-level Evidence from Japan", *World Economy*, Vol. 34, No. 3, 2011, pp. 355-381.

Todorov Karamfil, "Quantify the Quantitative Easing: Impact on Bonds and Corporate Debt Issuance", *Journal of Financial Economics*,

Vol. 135, No. 2, 2020, pp. 340-358.

Tolentino Estrella Paz, "Technological Innovation and Third World Multinationals", London; New York: Routledge, 1993.

VanderWeele, J. Tyler, "Mediation Analysis: A Practitioner's Guide", *Annual Review of Public Health*, Vol. 37, 2016, pp. 17-32.

Verhoogen A. Eric. "Trade, Quality Upgrading and Wage Inequality in the Mexican Manufacturing Sector", *Quarterly Journal of Economics*, Vol. 123, No. 2, 2008, pp. 489-530.

Vernon Raymond, "International Investment and International Trade in the Product Cycle", *Quarterly Journal of Economics*, Vol. 80, No. 2, 1966, pp. 190-207.

Vig Vikrant, "Access to Collateral and Corporate Debt Structure: Evidence from a Natural Experiment", *Journal of Finance*, Vol. 68, No. 3, 2013, pp. 881-928.

Wang Chengqi, et al., "What Drives Outward FDI of Chinese Firms? Testing the Explanatory Power of Three Theoretical Frameworks", *International Business Review*, Vol. 21, No. 3, 2012, pp. 425-438.

Wei Shangjin and Xie Yinxi, "Monetary Policy in an Era of Global Supply Chains", *Journal of International Economics*, Vol. 124, 2020, pp. 1-30.

Wells T. Louis, "The Internationalization of Firms from Developing Countries", In Agmon Tamir and Kindleberger P. Charles (Eds.), *Multinationals from Small Countries*: 133-156, Cambridge, MA: MIT Press, 1977.

Wells T. Louis, *Third World Multinationals: The Rise of Foreign Investments from Developing Countries*, MIT Press, Cambridge, MA, 1983.

Wu Shujie and Ye Haichun, "FIEs and the Transmission of Global Financial Uncertainty: Evidence from China", *Journal of Financial and Quantitative Analysis*, 2022, Forthcoming.

Yamashita Nobuaki and Fukao Kyoji, "Expansion Abroad and Jobs at Home: Evidence from Japanese Multinational Enterprises", *Japan & the*

World Economy, Vol. 22, No. 2, 2010, pp. 88-97.

Yan Bing, et al., "Productivity, Financial Constraints and Outward Foreign Direct Investment: Firm-Level Evidence", *China Economic Review*, Vol. 47, 2018, pp. 47-64.

Yu Miaojie, "Processing Trade, Tariff Reductions and Firm Productivity: Evidence from Chinese Firms", *Economic Journal*, Vol. 125, No. 585, 2015, pp. 943-988.

Zhu Shunjin and Fu Xiaolan, "Drivers of Export Upgrading", *World Development*, Vol. 51, 2013, pp. 221-233.

Çakmaklı Cem, et al., "The Economic Case for Global Vaccinations: An Epidemiological Model with International Production Networks", NBER Working Paper, No. 28395, 2021.